Datensicherung als Teil der IT- und Cybersecurity

Patrick Müller • Vanessa Chamera •
Martin Bodenstein

Datensicherung als Teil der IT- und Cybersecurity

Technische, menschliche und betrügerische Risiken erkennen und mit umfassenden Backup- und IT-Sicherheitsstrategien minimieren

Springer Gabler

Patrick Müller
Stuttgart, Deutschland

Vanessa Chamera
Düsseldorf, Deutschland

Martin Bodenstein
Düsseldorf, Deutschland

ISBN 978-3-658-43700-8 ISBN 978-3-658-43701-5 (eBook)
https://doi.org/10.1007/978-3-658-43701-5

Die Deutsche Nationalbibliothek verzeichnet diese Publikation in der Deutschen Nationalbibliografie; detaillierte bibliografische Daten sind im Internet über https://portal.dnb.de abrufbar.

Planung/Lektorat: Vivien Bender
Springer Gabler ist ein Imprint der eingetragenen Gesellschaft Springer Fachmedien Wiesbaden GmbH und ist ein Teil von Springer Nature.
Die Anschrift der Gesellschaft ist: Abraham-Lincoln-Str. 46, 65189 Wiesbaden, Germany

Vorwort

Herzlich willkommen zu diesem Buch über ein Thema, das in der heutigen digitalen Welt von entscheidender Bedeutung ist: die Datensicherung.

Zuallererst ist es wichtig zu betonen, dass wir uns in diesem Buch auf die Sicherung geschäftlicher Daten konzentrieren. Das bedeutet, dass wir uns darauf fokussieren, wie Daten regelmäßig gesichert werden können, um sie vor Verlust oder Beschädigung zu schützen. Dies ist nicht zu verwechseln mit der forensischen Datensicherung, bei der es darum geht, Daten in einem bestimmten Zustand zu erfassen, oft für rechtliche oder investigative Zwecke. Datensicherung darf ebenso nicht mit Datensicherheit verwechselt werden, welche sich mit dem Schutz von Daten vor unerlaubtem Zugriff oder Angriffen befasst.

Obwohl wir uns auf die Sicherung geschäftlicher Daten konzentrieren, können die hier vorgestellten Konzepte und Methoden durchaus auf private Geräte und Heimnetzwerke übertragen werden, um auch dort eine effektive Sicherung der Daten zu gewährleisten.

▶ **Datensicherung (Backup)** bezieht sich darauf, Kopien von Daten zu erstellen, die zur Wiederherstellung im Falle eines Datenverlustes verwendet werden können. Dies kann durch Hardwareausfälle, menschliche Fehler oder Katastrophen wie Brände oder Überschwemmungen verursacht werden. Das Hauptziel der Datensicherung ist es, die Integrität und Verfügbarkeit von Daten zu gewährleisten und sie bei Bedarf wiederherzustellen.

▶ **Datensicherheit** dagegen konzentriert sich darauf, Daten vor unerlaubtem Zugriff, Missbrauch, Diebstahl oder Angriffen zu schützen. Es geht darum, sicherzustellen, dass nur berechtigte Personen auf die Daten zugreifen und diese verwenden können. Datensicherheit umfasst Themen wie Verschlüsselung, Authentifizierung und Zugriffskontrollen.

Die moderne Gesellschaft ist von einer beispiellosen Datenflut umgeben. Wir verlassen uns auf unsere Computer, Smartphones, Tablets und Cloud-Services, um unser tägliches Leben zu organisieren, mit anderen zu kommunizieren, wichtige Dokumente aufzubewahren und Erinnerungen festzuhalten. Im Privaten wie im Geschäftlichen. Doch all diese digitalen Informationen sind nicht unverwundbar. Datenverlust kann auf vielfältige Weise auftreten, sei es durch Hardwarefehler, versehentliches oder auch bewusstes Löschen durch die Anwender:innen, Malware-Angriffe oder sogar Naturkatastrophen.

Die Konsequenzen eines Datenverlusts können dabei verheerend sein. Von persönlichen Erinnerungen und wertvollen Dokumenten bis hin zu geschäftskritischen Informationen und sensiblen Daten – der Verlust kann immense finanzielle, emotionale und praktische Auswirkungen haben. Umso wichtiger ist es, präventiv Maßnahmen zu ergreifen, um die Daten zu sichern und vor Verlust oder ungewollter Manipulation zu schützen.

Während vor wenigen Jahren die Datensicherungen hauptsächlich vorbeugend gegen mögliche Hardwaredefekte durchgeführt wurden, hat sich mittlerweile die Notwendigkeit, Daten zu sichern, durch andere Gefahrenquellen gesteigert. Organisatorische Gegebenheiten durch mehrere Anwender:innen sowie technologische Unwissenheit führen oft zu ungewollten Datenveränderungen oder -verlusten.

Die größte Gefahr der aktuellen Zeit birgt jedoch die Internetkriminalität (Cybercrime) – durch Manipulation oder Zerstörung von Systemen oder Dateien. Insbesondere die Vernetzung von verschiedenen Systemen wie Servern, Computern und Smartphones in Kombination mit zahlreichen verschiedenen Programmen und Apps bieten viele Schwachstellen, an denen Schadsoftware ins System eindringen kann. Beim sorglosen Umgang mit dem Smartphone wird dieses Eindringen zusätzlich begünstigt. Durch die niedrige Hemmschwelle, beliebige Apps von unbekannten Anbietern herunterzuladen und zu installieren, oder das Öffnen und Weiterleiten von Spaßbildern, -videos und -dateien von Smartphone zu Smartphone steigt die Gefahr durch Internetkriminalität stark.

Erschwerend kommt hinzu, dass auf den wenigsten Smartphones ein professionelles kommerzielles Virenschutz- oder Sicherheitsprogramm installiert ist. Selbst private Computer oder solche von kleinen Gesellschaften werden oftmals nur mit kostenlosen Virenschutz- oder Sicherheitsprogrammen ausgestattet. Selbst wenn ein professionelles kommerzielles Virenschutz- oder Sicherheitsprogramm installiert ist, deckt dieses lediglich die bislang bekannten Erscheinungsformen von Schadsoftware ab, sodass es keinen ausreichenden Schutz gegen neue Varianten oder Angriffe bietet.

Entsteht nun durch die Auswirkungen unerkannter Schadsoftware oder andere Ursachen ein Schaden, kann dieser dank eines ausgeklügelten Sicherungskonzepts minimiert werden. Vorab sei jedoch gesagt: Achten Sie immer auf verdächtige E-Mails oder Textnachrichten und folgen Sie keinen Links, die Ihnen eigenartig erscheinen. Verwenden Sie professionelle Schutzsoftware, halten Sie Ihre Betriebssysteme immer durch die Installation der verfügbaren Updates auf dem aktuellen Stand und seien Sie beim Browsen im Internet vorsichtig mit Ihrem Vertrauen auf das, was Ihnen angezeigt wird.

In diesem Buch möchten wir Ihnen die Grundlagen der Datensicherung vermitteln und Ihnen praktische Tipps und Strategien zur Verfügung stellen, um Ihre Daten effektiv zu schützen. Wir werden die verschiedenen Arten von Bedrohungen für Ihre Daten untersuchen und die besten Praktiken zur Vorbeugung von Datenverlust diskutieren. Wir werden Ihnen auch erklären, wie Sie eine robuste Datensicherungsstrategie entwickeln und implementieren können, die Ihre Daten vor den unterschiedlichsten Gefahren schützt. Zusätzlich bieten wir Ihnen auch einen Einblick in die relevanten Themen der Informations- und IT-Sicherheit, denn eine Datensicherung stellt die letzte Bastion dar und ist nicht die primäre Schutzmaßnahme.

Wir haben dieses Buch für Leser:innen aller Erfahrungsstufen konzipiert. Ob Sie gerade erst in die Welt der Datensicherung eintauchen oder bereits über fortgeschrittene Kenntnisse verfügen – wir hoffen, dass Sie hier wertvolle Informationen und Einsichten finden werden.

Die Datensicherung ist kein einmaliges Ereignis, sondern ein fortlaufender Prozess. Technologien entwickeln sich weiter, neue Bedrohungen entstehen und unsere Datenmengen sowie Ablageorte wachsen stetig. Daher ist es wichtig, sich kontinuierlich über neue Entwicklungen und bewährte Verfahren zu informieren und die Veränderungen im Blick zu behalten. Dieses Buch soll Ihnen dabei als verlässlicher Leitfaden dienen und Sie auf dem Weg zu einer umfassenden Datensicherungsstrategie begleiten. Wir geben Ihnen in diesem Buch auch einen Überblick über die Bordmittel der gängigsten Betriebssysteme und Plattformen, zeigen Unterschiede auf und geben Ihnen einige Tipps und Tricks zur Hand.

Des Weiteren verweisen wir auf Klick-für-Klick-Anleitungen für Windows, Windows Server oder macOS sowie auf diverse Online-Quellen mit längeren Hyperlinks. Damit Sie diese längeren Internetadressen nicht abschreiben müssen, möchten wir Ihnen die Möglichkeit bieten, diese über eine Linksammlung anzuklicken. Diese Linksammlung können Sie sich als PDF unter https://backup.patrick-mueller.de herunterladen.

Wir hoffen, dass Sie von diesem Buch profitieren, lernen wie Sie ein starkes Datensicherungs- und IT-Sicherheitsfundament einrichten können und dass es Ihnen hilft, Ihre wertvollen Informationen und Daten zu schützen.

> **Tipp** Gerne möchten wir Sie mit einem Augenzwinkern ermutigen, die Informationen, die Sie hier finden, nicht nur zu lesen, sondern auch anzuwenden. Denn letztendlich liegt es in Ihrer Hand, die Kontrolle über Ihre Daten zu behalten und dafür zu sorgen, dass sie sicher und geschützt sind.

Vielen Dank, dass Sie sich für dieses Buch entschieden haben. Wir wünschen Ihnen nun eine spannende Reise in die Welt der Datensicherung!

Abschließend möchten wir uns herzlich beim Springer-Verlag für die hervorragende Zusammenarbeit bedanken. Ein besonderer Dank geht dabei an Vivien Bender, die nicht nur als Ansprechpartnerin, sondern auch als Lektorin maßgeblich zum Gelingen dieses Werkes beigetragen hat. Unser Dank geht auch an msk media und insbesondere an Nadine Müller für die grafische Unterstützung, sowie an Gabriele Bodenstein für die prüferische Durchsicht des Manuskripts im Entwurf. Zuletzt möchten wir uns bei Christian Gräser bedanken, der uns Autoren zu diesem spannenden Thema zusammengebracht hat, um Ihnen als Leser:innen[1] die ganzheitliche Betrachtung von Datensicherung und IT-Sicherheit aufzeigen zu können.

Stuttgart, Deutschland — Patrick Müller
Düsseldorf, Deutschland — Vanessa Chamera
Düsseldorf, Deutschland — Martin Bodenstein
Oktober 2024

[1] Hinweis zur geschlechtsspezifischen Formulierung:

Im Rahmen dieses Buches haben wir uns bemüht, wo immer möglich und sinnvoll, geschlechtsspezifische Formulierungen zu verwenden oder beide Formen zu berücksichtigen, um niemanden zu übersehen oder auszuschließen. Sollten uns dennoch Stellen entgangen sein, bei denen wir nicht alle Geschlechter berücksichtigt haben, so war dies nicht unsere Absicht und bitten dies zu entschuldigen. Wir möchten betonen, dass wir stets alle Personen, unabhängig von Geschlecht oder Identität, in unsere Überlegungen und Aussagen einbeziehen.

Da der Hauptfokus dieses Buches auf Unternehmen liegt, verwenden wir unter anderem Begriffe wie „Anbieter“ oder „Dienstleister“. Bei diesen Bezeichnungen für juristische Personen verzichten wir auf eine Mehrgeschlechtlichkeit in der Formulierung. Wir danken für Ihr Verständnis und hoffen, dass der Inhalt des Buches für alle Leser:innen wertvoll und informativ ist.

Inhaltsverzeichnis

Über die Autoren

Vanessa Chamera sammelte nach Abschluss ihres Masters in Economic Policy Consulting (M.Sc.) an der Ruhr-Universität Bochum berufliche Erfahrung anhand verschiedener Projekte in der IT-Sicherheit. Dabei spezialisierte sie sich auf die Analyse von Informationssicherheitsmaßnahmen zur Risikoprävention und die Durchführung von Compliance- und IT-Audits. Grundlage hierbei waren unter anderem die Anforderungen der ISO/IEC 27001 sowie aktuelle EU-Richtlinien und -Verordnungen (NIS2, DORA).

Im Rahmen ihrer Arbeit in der Digitalen Forensik war sie außerdem Teil digital-forensischer Untersuchungen in Folge von Cyberangriffen und half bei der Gewinnung, Analyse und Interpretation digitaler Beweismittel. Nicht zuletzt war sie verantwortlich für die operative Umsetzung und Koordination von IT-Projekten sowie die Kommunikation mit Stakeholdern.

Akademischer Hintergrund/Zertifizierungen

- M.Sc., Economic Policy Consulting, Ruhr-Universität Bochum
- B.A., Wirtschaft/Politik Ostasiens, Ruhr-Universität Bochum
- Lead Implementer and Lead Auditor ISO/IEC 27001
- Google Cloud Digital Leader

Kontaktmöglichkeiten und Informationen zum CV

LinkedIn: www.linkedin.com/in/vanessa-chamera

Martin Bodenstein verfügt über mehr als fünfzehn Jahre Berufserfahrung im Bereich IT-Service-, Security- und Projekt-Management. Mit einer mehrjährigen, internationalen Arbeitserfahrung (NATO) ist der Kern seiner Expertise die kontinuierliche Weiterentwicklung und professionelle Härtung von Information Security Maßnahmen, denen forensische Expertise und Know-how zugrunde liegen.

Die beruflichen Tätigkeitsschwerpunkte liegen im Bereich der Informationssicherheit mit Fokus auf Managementsysteme (ISMS), ISO- oder individuellen- Standards und IT-Prozessoptimierung nach ITIL bzw. COBIT 5.

Ausgeprägte Projekterfahrungen bestehen im Bereich der Implementierung, Zertifizierung sowie Auditierung von ISMS gemäß ISO/IEC 27001/22301, MaRisk, BSI C5, PCI DSS, TISAX® und KRITIS.

Ebenso dominiert die Verantwortung für die proaktive Bereitstellung von IT-Sicherheitsservices auf Basis IT-forensischer Methoden.

Akademischer Hintergrund/Zertifizierungen

- Diplom-Informatik (univ.) an der Universität der Bundeswehr München
- Master in Business Administration (MBA) an der Kempten University of Applied Science
- Certified Information Systems Security Professional (CISSP)
- Information Technology Infrastructure Library (ITIL) v3 Expert
- ISO/IEC 27001 (ISMS) und ISO/IEC 22301 (BCMS) Lead-/Zertifizierungsauditor
- Prüfverfahrens-Kompetenz für §8a (3) BSIG

Kontaktmöglichkeiten und Informationen zum CV

LinkedIn: https://www.linkedin.com/in/martin-bodenstein
Xing: https://www.xing.com/profile/martin_bodenstein

Patrick Müller hat sich im Laufe seiner Karriere intensiv mit forensischer Datenanalyse beschäftigt. Sein Studium an der renommierten Universität Mannheim legte den Grundstein für seine vertiefte Beschäftigung mit Datenbanksystemen, forensischer Informatik und Geschäftsprozessmanagement. Aufgrund seiner Funktionen in diversen Beratungs- und Industrieunternehmen konnte er maßgeblich zur Implementierung und Optimierung von Analyseverfahren beitragen.

In seiner Funktion als Dozent an der Frankfurt School of Finance & Management legt er den Schwerpunkt auf die Vermittlung von Kenntnissen in den Bereichen Forensische Datenanalyse, Audit Data Science und Visual Analytics.

Als Coach und Berater basiert seine Arbeitsethik auf Prinzipien der Genauigkeit und Integrität, die er aus der Forensik übernommen und in die Business Data Analytics integriert hat. Er verfolgt stets das Ziel, Unternehmen nicht nur vor Betrug und Schaden zu schützen, sondern ihnen auch transformative Geschäftseinblicke zu bieten. Sein Leitbild „No Data, No Party" betont die essenzielle Rolle von Daten in der heutigen Geschäftswelt und sein unermüdliches Bestreben, diese effektiv und verantwortungsbewusst zu nutzen sowie zu schützen.

Akademischer Hintergrund

- Diplom-Wirtschaftsinformatik an der Universität Mannheim
- Dozent für Forensische Datenanalyse, Audit Data Science und Visual Analytics an der Frankfurt School of Finance and Management

Kontaktmöglichkeiten und Informationen zum CV
LinkedIn: https://www.linkedin.com/in/patrick-mueller-de
Homepage: https://www.patrick-mueller.de

Abbildungsverzeichnis

Einführung: Warum Daten gesichert werden müssen 1

„Die Verantwortung für die Datensicherung ist ein unübertragbares Kernanliegen, das weder durch Outsourcing noch durch Cloud-Lösungen ersetzt werden kann.“

(von den Autoren, basierend auf Erfahrungen aus gescheiterten Datensicherungen)

Zusammenfassung

Daten sind für Unternehmen von unschätzbarem Wert. Sie ermöglichen informierte Entscheidungen, personalisierte Kundeninteraktionen, effiziente Geschäftsprozesse und einen Wettbewerbsvorteil. Die Generierung neuer Daten wird durch Technologietrends wie das Internet of Things (IoT), künstliche Intelligenz (KI) und Blockchain vorangetrieben. In Büros sind Digitalisierungstrends zu beobachten, die aus vorherigen Technologiewellen stammen. Eine zuverlässige Datensicherung ist entscheidend, um Imageverluste, Kundenabwanderung und finanzielle Schäden zu vermeiden und den Wert der Daten zu erhalten.

1.1 Relevanz von Daten für Unternehmen

In der heutigen digitalen Ära sind Informationen in Form von Daten zu einer wertvollen Ressource geworden, die das Potenzial hat, den Erfolg eines Unternehmens maßgeblich zu beeinflussen. Sie kennen vermutlich den inzwischen älteren Spruch „Daten sind das Öl von Morgen“.

P. Müller et al., *Datensicherung als Teil der IT- und Cybersecurity*, https://doi.org/10.1007/978-3-658-43701-5_1

Unternehmen aller Größenordnungen sammeln und generieren kontinuierlich eine immense Menge an Daten, sei es über Kundeninteraktionen, Verkaufstransaktionen, Marketingkampagnen oder interne Prozesse. Doch warum sind diese Daten für Unternehmen so wichtig? Welche Rolle spielen sie bei der Entscheidungsfindung und wie können sie einen Wettbewerbsvorteil verschaffen?

Datenbasierte Entscheidungsfindung

Daten sind die Grundlage für eine fundierte und informierte Entscheidungsfindung in Unternehmen. Indem sie quantitative und qualitative Informationen liefern, ermöglichen sie es Führungskräften und Mitarbeitenden, ihre Strategien, Maßnahmen und Ziele auf objektiven Erkenntnissen aufzubauen. Daten ermöglichen es Unternehmen, Trends zu identifizieren, Muster zu erkennen und Vorhersagen zu treffen. Sie liefern Einblicke in Kundenverhalten, Markttrends und betriebliche Abläufe, die es Unternehmen ermöglichen, ihre Aktivitäten kontinuierlich zu optimieren und ihre Wettbewerbsfähigkeit zu steigern.

Kundenverständnis und personalisierte Erfahrungen

Daten spielen eine entscheidende Rolle bei der Gewinnung eines tiefen Verständnisses der Kundinnen und Kunden. Sie ermöglichen Unternehmen, das Kundenverhalten zu analysieren, Vorlieben zu identifizieren und personalisierte Erfahrungen anzubieten. Durch die Sammlung und Analyse von Kundendaten können Unternehmen ihre Produkte und Dienstleistungen an die Bedürfnisse und Wünsche ihrer Kundinnen und Kunden anpassen. Dies führt zu einer höheren Kundenzufriedenheit, stärkeren Kundenbeziehungen und letztendlich zu einer höheren Kundenbindung.

Effiziente Geschäftsprozesse und Kostenoptimierung

Daten spielen auch eine wichtige Rolle bei der Optimierung der Geschäftsprozesse eines Unternehmens. Durch die Analyse von Daten können Unternehmen Engpässe, ineffiziente Prozesse oder Bereiche mit hohem Kostenaufwand identifizieren. Dies ermöglicht es ihnen, gezielte Verbesserungen vorzunehmen, um die Effizienz zu steigern und Kosten zu senken. Darüber hinaus ermöglichen Daten Unternehmen, ihre Lagerbestände zu optimieren, die Lieferkette zu verwalten und Betriebsrisiken zu minimieren.

Wettbewerbsvorteil und Innovation

Daten können Unternehmen einen entscheidenden Wettbewerbsvorteil verschaffen, indem sie ihnen Einblicke in den Markt und das Verhalten ihrer Kundinnen und Kunden geben. Unternehmen, die in der Lage sind, Daten effektiv zu sammeln, zu analysieren und daraus handlungsrelevante Erkenntnisse zu gewinnen, können schneller auf Veränderungen im Markt reagieren, neue Trends erkennen und innovative Produkte und Dienstleistungen entwickeln. Durch die Nutzung von Daten als strategisches Kapital können Unternehmen ihre Positionierung am Markt stärken und sich von ihren Mitbewerbern abheben.

Fazit

Die Bedeutung von Daten für Unternehmen kann nicht unterschätzt werden. Daten sind der Treibstoff, der Unternehmen antreibt, indem sie informierte Entscheidungen, personalisierte Kundeninteraktionen, effiziente Geschäftsprozesse und einen Wettbewerbsvorteil ermöglichen. Unternehmen, die die Kraft der Daten verstehen und eine datengetriebene Kultur etablieren, sind gut positioniert, um in einer sich ständig wandelnden Geschäftswelt erfolgreich zu sein.

1.2 Herkunft und Nutzung neuer Datenmengen

In der digitalen Welt entstehen kontinuierlich neue Trends und Technologien, die die Art und Weise, wie Daten erzeugt und genutzt werden, grundlegend verändern. Dies führt nicht nur zu einer erheblichen Zunahme der erzeugten Datenmenge, sondern auch zu einem signifikanten Anstieg des Wertes dieser Daten. Daher möchten wir im Folgenden auf einige ausgewählte neue Technologien und Arbeitsmethoden eingehen.

Betrachtung ausgewählter neuer Technologien

Moderne Technologien verändern grundlegend die Art und Weise, wie Daten entstehen und genutzt werden. Sie ermöglichen eine effizientere Datensammlung und -verarbeitung, was Unternehmen neue Chancen eröffnet, aber auch neue Herausforderungen mit sich bringt. Im Folgenden werden die wichtigsten dieser aktuell neuen Technologien vorgestellt.

Internet of Things (IoT) ist eine Technologie, bei der physische Objekte mit Sensoren, Aktoren und Netzwerkverbindungen ausgestattet sind, um Daten zu sammeln und auszutauschen. Geräte wie Smart-Home-Geräte, „Wearables", Industriemaschinen und vernetzte Fahrzeuge erzeugen kontinuierlich Daten über ihren Zustand, ihre Umgebung und ihre Interaktionen. Das IoT trägt erheblich zur stetigen Generierung neuer Daten bei.

Künstliche Intelligenz (KI) sowie maschinelles Lernen und neuronale Netzwerke, sind in der Lage, große Datenmengen zu analysieren und neue Erkenntnisse zu gewinnen. Durch den Einsatz von KI können Daten in Echtzeit verarbeitet und interpretiert werden, was zu einer kontinuierlichen Generierung von Informationen und Erkenntnissen führt.

Blockchain-Technologie wird hauptsächlich mit Kryptowährungen[1] in Verbindung gebracht, hat aber auch Auswirkungen auf die Generierung neuer Daten. Blockchain ermöglicht die sichere und transparente Speicherung und Übertragung von Daten. Durch dezentrale

[1] Eine Kryptowährung ist ein digitales Zahlungsmittel, das Kryptografie nutzt und auf der Blockchain-Technologie basiert. Sie ermöglichen dezentrale Transaktionen und sind oft schwankend im Wert. Das bekannteste Beispiel ist Bitcoin.

Netzwerke und „Smart Contracts[2]" können neue Daten generiert werden, beispielsweise im Bereich der digitalen Identitäten, Lieferkettenverfolgung und Authentifizierung.

Augmented Reality[3] (AR) und Virtual Reality[4] (VR) eröffnen als Technologie neue Möglichkeiten für die Erzeugung und Erfassung von Daten. Durch die Integration virtueller Objekte in die reale Welt (AR) oder das Eintauchen in virtuelle Welten (VR) können Benutzer:innen Daten generieren, sei es durch Interaktionen, Aufzeichnungen oder Erfassung von Umgebungsdaten.

5G-Netzwerke bringen durch ihre Einführung höhere Geschwindigkeiten für das mobile Internet, geringere Latenzzeiten und eine größere Kapazität mit sich. Dadurch können mehr Geräte und Sensoren miteinander verbunden werden, was zu einer erhöhten Datenproduktion führt. Die schnelle Übertragung großer Datenmengen ermöglicht es Unternehmen, in Echtzeit auf Daten zuzugreifen und sie zu analysieren.

Cloud Computing[5] ermöglicht Unternehmen und Nutzer:innen den Zugriff auf theoretisch unbegrenzten Speicherplatz und Rechenleistung. Dies fördert die Generierung neuer Daten, da Unternehmen mehr Informationen speichern und verarbeiten können, ohne die Begrenzungen ihrer lokalen Infrastrukturen.

Sensoren und Wearables und deren zunehmende Verbreitung trägt zur Generierung neuer Daten bei. Diese Geräte, wie Fitness-Tracker, Smartwatches und medizinische Sensoren, erfassen kontinuierlich Informationen wie Herzfrequenz, Bewegungsmuster, Temperatur und Umgebungsbedingungen.

---

[2] Smart Contracts sind selbstausführende Verträge, dessen Vertragsbedingungen in Codeform geschrieben sind. Sie laufen auf einer Blockchain-Plattform und werden automatisch ausgeführt, wenn festgelegte Bedingungen erfüllt sind. Dadurch wird eine vertrauenswürdige, transparente und unveränderliche Vertragsabwicklung ermöglicht, ohne dass Dritte oder Vermittler benötigt werden.

[3] Augmented Reality (AR) ist eine Technologie, die digitale Informationen oder Grafiken in Echtzeit mit der physischen Welt überlagert. Nutzer:innen erleben AR typischerweise durch Smartphone-Apps oder spezielle Brillen und können so eine erweiterte Version ihrer tatsächlichen Umgebung wahrnehmen.

[4] Virtual Reality (VR) ist eine computergenerierte Simulation einer dreidimensionalen Umgebung, mit der Nutzer:innen über spezielle Ausrüstung wie VR-Headsets interagieren können. Sie ermöglicht das Eintauchen in eine virtuelle Welt und bietet oft ein 360-Grad-Bildfeld, wodurch sich die Nutzer:innen so fühlen, als wären sie tatsächlich in dieser Umgebung. Anwendungen reichen von Spielen über Bildung bis hin zu Trainingsszenarien.

[5] Cloud Computing ist ein Modell, bei dem IT-Ressourcen (wie Rechenleistung, Speicher oder Software) über das Internet bereitgestellt und skaliert werden, oft auf Basis von Bedarf und Verbrauch. Nutzer:innen können so auf Daten und Anwendungen von überall aus zugreifen, ohne diese lokal installieren oder verwalten zu müssen. Es ermöglicht Flexibilität, Kosteneffizienz und Skalierbarkeit für Unternehmen und Einzelpersonen.

Diese und weitere Technologien tragen dazu bei, dass ständig neue Daten generiert werden. Unternehmen müssen in der Lage sein, diese Daten effektiv zu sammeln, zu speichern und zu analysieren, um wertvolle Erkenntnisse zu gewinnen und daraus Mehrwert zu schaffen. Die Fähigkeit, die Generierung neuer Daten zu verstehen und zu nutzen, kann Unternehmen einen Wettbewerbsvorteil verschaffen und innovative Lösungen hervorbringen. Es ist wichtig, die Entwicklungen in diesen Technologien zu verfolgen, die Risiken zu verstehen und Strategien zu entwickeln, um die Potenziale der neuen Daten unter sicheren Rahmenbedingungen voll auszuschöpfen.

Digitalisierung in Firmen und Büros

Trotz der bereits erreichten Reife der neueren Technologien sind sie in Firmen und Büros noch nicht flächendeckend im Einsatz. Stattdessen sind in Büros derzeit eher Digitalisierungstrends zu beobachten, die aus vorherigen Technologiewellen stammen. Im Folgenden werden einige der bedeutendsten Digitalisierungstrends aufgeführt, die derzeit in Büros zu sehen sind.

Digitale Dokumentenverwaltung Die Digitalisierung von Dokumenten hat den papierbasierten Arbeitsablauf in vielen Büros abgelöst. Dokumente werden eingescannt, elektronisch archiviert und in digitalen Systemen verwaltet. Dies ermöglicht eine einfachere Suche, Freigabe und Zusammenarbeit von Dokumenten, reduziert den Platzbedarf für physische Akten und erhöht die Effizienz bei der Dokumentenverwaltung.

Cloud-basierte Zusammenarbeit Die Nutzung von cloudbasierten Tools und Plattformen ermöglicht eine nahtlose Zusammenarbeit zwischen Teammitgliedern, auch über geografische Grenzen hinweg. Durch die gemeinsame Nutzung von Dateien, die Zusammenarbeit in Echtzeit und die Kommunikation über Chat- und Videokonferenztools werden Büroprozesse effizienter und flexibler gestaltet.

Automatisierung von Arbeitsabläufen Durch die Automatisierung von Routineaufgaben können Büros Zeit und Ressourcen einsparen. Wiederkehrende Prozesse wie Dateneingabe, Berichterstellung und Genehmigungsworkflows können mit Hilfe von Workflow-Tools, Robotic-Process-Automation (RPA) und Künstlicher Intelligenz automatisiert werden.

Virtuelle Meetings und Remote-Arbeit Die Digitalisierung hat die Möglichkeit geschaffen, Meetings virtuell abzuhalten und Remote-Arbeit zu ermöglichen. Video- und Audiokonferenzsysteme ermöglichen die Zusammenarbeit und Kommunikation mit Kolleginnen bzw. Kollegen sowie Kundinnen bzw. Kunden, unabhängig von ihrem Standort. Remote-Arbeit wird zunehmend als flexible Arbeitsform angesehen, die die Produktivität steigern und die Work-Life-Balance verbessern kann.

Mobiles Arbeiten und Bring Your Own Device (BYOD) Mitarbeitende nutzen zunehmend ihre eigenen mobilen Geräte wie Smartphones und Tablets für die Arbeit. Dieser

Trend ermöglicht es den Mitarbeitenden, flexibler zu arbeiten und von unterwegs auf Unternehmensressourcen zuzugreifen. Unternehmen implementieren BYOD-Policies, um die Sicherheit und den Datenschutz zu gewährleisten.

Datenanalyse und Business Intelligence Die Verfügbarkeit großer Datenmengen ermöglicht es Unternehmen, Datenanalyse- und Business-Intelligence-Tools einzusetzen, um Erkenntnisse zu gewinnen und fundierte Entscheidungen zu treffen. Durch die Analyse von Daten können Unternehmen Trends identifizieren, Leistungskennzahlen verfolgen und ihre Geschäftsprozesse optimieren.

Fazit
Die Digitalisierungstrends haben zu einer enormen Zunahme der Datenmengen geführt. Das Internet of Things, Social Media, E-Commerce, digitale Dienste und Cloud Computing tragen maßgeblich dazu bei. Unternehmen erkennen den Wert dieser Daten und nutzen sie für bessere Entscheidungen, personalisierte Services und Innovationen. Effektives Datenmanagement und Schutz sind entscheidend, um von dieser Datenflut zu profitieren.

1.3 Motivation für Datensicherung

In den beiden vorherigen Abschnitten haben wir die Relevanz von Daten für Unternehmen, ausgewählte digitale Trends sowie Herkunft und Nutzung von neuen Datenmengen kennengelernt. Daten haben einen schutzbedürftigen Wert und ermöglichen datenbasierte Entscheidungen, personalisierte Kundeninteraktionen und effiziente Geschäftsprozesse. Der uneingeschränkte Zugriff auf diese Daten ist von entscheidender Bedeutung für Unternehmen, um die Vorteile der Datenanalyse und -nutzung zu erreichen und einen Wettbewerbsvorteil zu erlangen.

Davon abgeleitet lässt sich sagen, dass ein Verlust der Daten und eine ausbleibende Nutzung ein oft schwer bewertbarer Schaden bedeutet, da die nicht ergriffenen Chancen schwierig vorstellbar sind und schwer beziffert werden können. Doch die Schadenszenarien gehen noch viel weiter.

Die Datensicherung im Unternehmen ist nicht zu vernachlässigen, da mit dem Verlust von Daten oft ein Imageverlust einhergeht. Kundinnen und Kunden könnten den Eindruck gewinnen, dass Unternehmen das Thema Datensicherung vernachlässigen und ihre Daten nicht ausreichend schützen. Dies könnte dazu führen, dass ein Teil des Kundenstamms zur Konkurrenz abwandert, da befürchtet wird, dass die eigenen Daten hier unzureichend behandelt werden und nicht sicher sind. Schließen sich zu viele diesen Befürchtungen an, kann dies die Existenz des Unternehmens gefährden.

Darüber hinaus können bei Nichterfüllung von Verträgen oder Zusicherungen Ansprüche auf Schadenersatz entstehen, unabhängig von den Gründen für die Nichterfüllung. Unternehmen speichern ihre Dokumentationen heutzutage digital und ohne Backup. Im Falle eines Schadensfalls könnten Monate oder Jahre an Entwicklungsarbeit verloren gehen.

Neben den klassischen Dateien basieren auch der Aufbau und die Konfiguration der IT-Infrastruktur eines Unternehmens auf Daten, die gesichert werden müssen. Dazu gehören

Servereinstellungen, das Active Directory,[6] das Domain Name System (DNS)[7] u nd der Domänencontroller.[8] Fehlt hier die Sicherung, steht das Unternehmen auf „unsicherem Grund".

Die Datensicherung im Unternehmen schützt auch vor Wissensverlust, da wichtige Patente, Konstruktionszeichnungen, Maschinenprogramme und Originaldateien für physische Produkte ausreichend gesichert werden müssen. Ein Verlust von Kunden- oder Auftragsdaten sowie der aktuellen Geschäftskorrespondenz beeinträchtigt die Erfüllung von Aufträgen und die Anbahnung von Folgeaufträgen.

Zudem gibt es gesetzlich vorgeschriebene Aufbewahrungspflichten für eine ordnungsgemäße, nachvollziehbare und revisionssichere Buchführung sowie für Daten und Geschäftskorrespondenz. Das Vernachlässigen der Datensicherung kann als grob fahrlässig angesehen werden, und die Geschäftsführungsmitglieder haften persönlich dafür – möglicherweise sogar bis hin zum Privatvermögen.

Die Wiederherstellung eines Systems nach einem Schadensfall ist zeitaufwendig und kann unter Umständen nicht mehr vollständig sein. Es erfordert die Wiederherstellung der gesamten IT-Infrastruktur, die Rekonstruktion alter Versionen der Geschäftskorrespondenz und möglicherweise auch das erneute Digitalisieren des Papierarchivs.

Fazit

Die Sicherung der eigenen Daten ist nicht nur eine gute Praxis, sondern stellt gewissermaßen eine Sicherung der Existenz dar – sowohl auf persönlicher Ebene als auch im geschäftlichen Kontext. Datenverlust kann verheerende Auswirkungen haben und ist oft mit erheblichem Ärger, Kosten und Frustration verbunden. Die gute Nachricht ist, dass Datenverlust in den meisten Fällen vermeidbar ist, da es heute eine Vielzahl von einfachen und effektiven Methoden gibt, um Daten zu sichern.

Nehmen Sie sich einen Moment Zeit und betrachten Sie Ihre Ordner und Dateien im Windows Explorer oder Mac Finder. Stellen Sie sich die Frage: Was würde passieren, wenn Sie all Das verlieren würden? Wie würde es sich anfühlen, die wertvollen Notizen, die geschäftlichen Unterlagen oder die kostbare Zeit, die in die Erstellung und Organisation dieser Daten investiert wurde, zu verlieren?

Die Antwort auf diese Frage verdeutlicht, wie wichtig eine regelmäßige Datensicherung ist. Es ist ein Akt der Vorsorge, der es ermöglicht, die Daten zu schützen und im Fall eines unvorhergesehenen Ereignisses schnell wiederherzustellen.

---

[6] Das Active Directory ist ein Verzeichnisdienst von Microsoft zur zentralen Verwaltung von Netzwerkressourcen und Benutzer:innen. Er ermöglicht die Anwendung von Sicherheits- und Zugriffsrichtlinien.

[7] Das Domain Name System ist ein hierarchisches und dezentrales System zur Übersetzung von leicht verständlichen Domainnamen (z. B. „example.com") in IP-Adressen, die von Computern verwendet werden, um Websites zu identifizieren und zu erreichen. DNS ermöglicht es Benutzer:innen, Webseiten über ihre Domainnamen anstelle von IP-Adressen aufzurufen, und spielt eine zentrale Rolle im Internet, um den Zugriff auf Ressourcen zu erleichtern und zu organisieren.

[8] Der Domänencontroller ist der Server in einem Active Directory-Netzwerk, der die Steuerung und Verwaltung übernimmt.

Datensicherung ist sowohl technisch als auch organisatorisch eine komplexe Aufgabe. Bei mangelhaften Backup-Strategien können veraltete oder lückenhafte Backups entstehen, die kaum mehr Sicherheit bieten als gar keine Sicherung. Es gibt verschiedene Möglichkeiten, Herangehensweisen und Dinge, die beachtet werden müssen. Die Sicherung Ihrer Daten sollte bei Ihnen zu einer Gewohnheit werden und dabei sollten auch die Überprüfung und eine etwaige Rücksicherung nicht aus dem Auge verloren werden. Die dabei zu betrachtenden Themen finden Sie im folgenden Abschn. 1.4 zusammen mit dem Überblick und Aufbau dieses Buches.

1.4 Aufbau dieses Buches

In der heutigen Zeit sind Daten für Unternehmen von unschätzbarem Wert, getrieben von Digitalisierung und Technologien wie IoT, KI und Blockchain. Sie bieten Wettbewerbsvorteile, doch sie bergen auch Risiken. Ein Datenverlust kann zu erheblichen Schäden führen, von Imageverlust bis hin zu finanziellen Einbußen. Deshalb ist Datensicherung unerlässlich.

In diesem Buch navigieren wir Sie durch die essenziellen Bereiche der Datensicherung, von den Bedrohungen bis hin zu praktischen Schutzstrategien. Mit konkreten Praxisbeispielen, Tipps und Leitfäden unterstützen wir Sie dabei, Ihre Daten effektiv zu schützen. Egal ob Sie Neuling oder bereits Expertin bzw. Experte sind, dieses Buch dient als Ihr Leitfaden in der Welt der Datensicherung. Zudem geben wir Ihnen einen Einblick in die IT-Sicherheit als Ergänzung zur Datensicherung.

Lassen Sie uns starten!

In Kap. 2 beschäftigen wir uns mit der Datenvielfalt, den Verlustkosten und möglichen Aufbewahrungspflichten. In der digitalen Ära sind Daten das Rückgrat der Unternehmen. Sie lassen sich in verschiedene Kategorien einteilen, die es zu erkennen und zu schützen gilt. Datenverluste können finanzielle Einbußen bedeuten und das Ansehen eines Unternehmens beeinträchtigen. Zudem bestehen je nach Standort, Branche und Datentyp rechtliche Aufbewahrungspflichten. Daher ist eine solide Datenhandhabung und -sicherung für jedes Unternehmen unverzichtbar.

In Kap. 3 gehen wir auf Ursachen für Datenverluste ein. Diese Datenverluste resultieren aus unterschiedlichen Risikokategorien, darunter technische, räumliche und betriebliche Gefahren. Vor allem mobile Geräte sind anfällig für physische Schäden und Diebstahl. Unkenntnis in Technologie kann zu Missverständnissen über die Datenaufbewahrung führen. Internetkriminalität, ein wachsendes Risiko, nutzt sowohl technische Mängel als auch betriebliche Unzulänglichkeiten für ihre Angriffe. In diesem Kapitel gehen wir intensiv auf diese Bedrohungen ein und verdeutlichen sie mit praxisnahen Beispielen.

Um keinen falschen Eindruck zu erwecken, möchten wir an dieser Stelle betonen, dass, obwohl Datensicherung essenziell ist, andere Schritte erforderlich sind, um Datenverlust zu verhindern. **In Kap. 4** widmen wir uns der IT-Sicherheit als ergänzendes Element zur Datensicherung.

In diesem Abschnitt beleuchten wir die organisatorischen und technologischen Gefahrenpunkte in der IT-Sicherheit und führen die verschiedenen Kategorien der Schutzmaßnahmen auf. IT-Sicherheit zielt darauf ab, digitale Daten zu schützen, was sämtliche Maßnahmen einschließt, die die IT-Systeme vor Ausfällen und unberechtigten Zugriffen bewahren. Daher spielt sie auch im Schutz von Backup-Daten eine zentrale Rolle. Angesichts der Wichtigkeit unveränderter Daten, vor allem in der Forensik, wird zudem der Stellenwert der Informationssicherheit innerhalb eines umfassenden Sicherheitsansatzes erörtert. Das Kapitel rundet sich mit praktischen Erfahrungsberichten ab.

In der heutigen digitalen Ära ist die Datensicherung unerlässlich, um Datenintegrität zu sichern und Datenverluste zu vermeiden. Zum Erstellen einer Datensicherungsstrategie beleuchten wir **in Kap. 5** zu Beginn den Unterschied zwischen reaktiven und präventiven Sicherungsverfahren. Eine durchdachte Strategie erfordert die Kategorisierung von Daten, das Festlegen passender Backup-Verfahren und die Wahl des Speicherorts. Das 3-2-1-Prinzip, bei dem drei Datenversionen auf zwei unterschiedlichen Datenträgern gesichert und eine extern gelagert wird, steht dabei im Fokus. Sowohl zeitgemäße Lösungen wie Cloud-Backups als auch herkömmliche Verfahren werden betrachtet. Ein ausgereifter Notfallplan komplettiert die Herangehensweise. Zum Abschluss des Kapitels wird auf die Wichtigkeit wiederkehrender Überprüfungen und Anpassungen der Sicherungstaktik hingewiesen und ein umfassender Leitfaden zur Strategieerarbeitung vorgestellt.

In Kap. 3 werden die Bedrohungen für Daten, darunter auch die Internetkriminalität, erörtert. Kap. 5 zeigt, wie Sie diesen Bedrohungen mit einer sorgfältig ausgearbeiteten Datensicherung entgegenwirken. **In Kap. 6** verknüpfen wir die theoretischen Überlegungen mit praxisorientierten Lösungen, um ein die erarbeitete Datensicherungsstrategie umsetzen und ein solides Backup-Konzept zu erarbeiten. Es wird hervorgehoben, dass Schwierigkeiten oft auf lückenhafte Strategien oder mangelhafte Implementierungen zurückzuführen sind. Deshalb liegt ein besonderer Fokus auf dem technischen Design der Sicherungsinfrastruktur und dem organisatorischen Rahmen des Backup-Konzepts.

In Kap. 7 steht die Implementierung des Sicherungskonzeptes im Vordergrund. Den Anfang macht der Abschnitt zur Konfiguration, der das Augenmerk auf die korrekte Einrichtung von Backups legt. Im Teil „Kontrolle" wird betont, wie essenziell regelmäßige Überprüfungen der Backups sind. Nach einem Datenverlust ermöglicht das Zurückspielen von Backups die Wiederherstellung von Daten oder Systemen. Die Verlässlichkeit von Backups wird durch wiederholte Rücksicherungstests bestätigt. Bei größeren Ausfällen könnte ein kompletter Systemneustart in Betracht gezogen werden. Der abschließende Abschnitt dieses Kapitels vertieft sich in die integrierten Tools verschiedener Betriebssysteme und Cloud-Dienste.

In Kap. 8 bieten wir Ihnen Arbeitshilfen und Vorlagen an. Diese exemplarischen Checklisten und Orientierungshilfen können Sie auch als PDF unter https://backup.patrick-mueller.de herunterladen. Da wir in diesem Buch auf Online-Quellen mit längeren Hyperlinks verweisen, möchten wir Ihnen die Möglichkeit bieten, diese über eine Linksammlung anzuklicken und nicht abschreiben zu müssen. Diese Linksammlung können Sie ebenfalls auf obiger Seite herunterladen.

Die Kernelemente dieses Buches fasst Abb. 1.1 noch einmal zusammen und gibt einen grafischen Überblick der Themen.

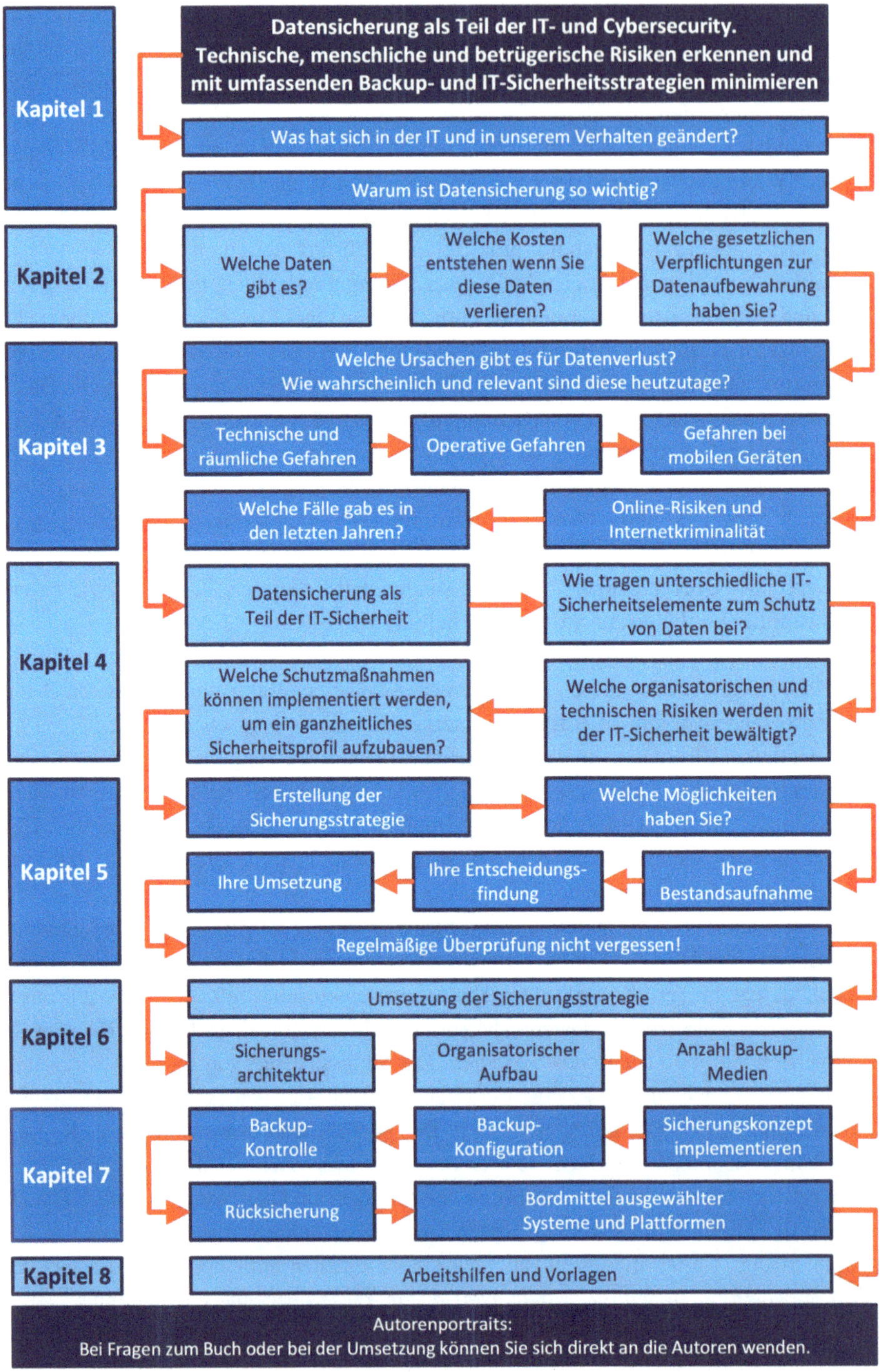

Abb. 1.1 Aufbau dieses Buches

2 Datenvielfalt, Verlustkosten und Aufbewahrungspflichten

„Je tiefer unser Verständnis für Daten wird, desto mehr erkennen wir die Komplexität ihrer Sicherheit.“

(von den Autoren, inspiriert durch die Einsichten in die Natur von Wissen und Zweifel, wie sie von Johann Wolfgang von Goethe, dem deutschen Dichter und Naturforscher, angedacht wurden)

Zusammenfassung

Daten spielen eine zentrale Rolle in der digitalen Transformation von Unternehmen. Es gibt verschiedene Datenkategorien, die verstanden und geschützt werden müssen. Der Verlust von Daten kann erhebliche Kosten verursachen, sowohl finanziell als auch in Bezug auf Vertrauen und Reputation. Unternehmen haben rechtliche Verpflichtungen zur Aufbewahrung von Daten, die je nach Land, Branche und Art der Daten variieren können. Eine effektive Datenverwaltung und -sicherung ist für Unternehmen jeder Größe und Art unerlässlich.

Im Zeitalter der digitalen Transformation spielen Daten eine zentrale Rolle für Unternehmen und Organisationen jeglicher Art. Die Menge und Vielfalt der Daten, die täglich generiert, gespeichert und verarbeitet werden, ist enorm. Doch welche Arten von Daten gibt es? Welche Kosten können entstehen, wenn diese Daten verloren gehen? Welche gesetzlichen Verpflichtungen bestehen hinsichtlich der Aufbewahrung von Daten?

P. Müller et al., *Datensicherung als Teil der IT- und Cybersecurity*,
https://doi.org/10.1007/978-3-658-43701-5_2

In diesem Kapitel widmen wir uns diesen zentralen Fragen des Datenmanagements. Wir betrachten verschiedene Datenkategorien, ihre Bedeutung und Einsatzmöglichkeiten. Zudem beleuchten wir die potenziellen Kosten, die mit dem Verlust von Daten verbunden sind, sei es finanzieller Natur oder in Bezug auf den Verlust von Vertrauen und Reputation. Des Weiteren werden wir einen Blick auf die gesetzlichen Verpflichtungen werfen, die Unternehmen in Bezug auf die Aufbewahrung und den Schutz von Daten haben.

Ob Sie ein kleines Unternehmen, eine Non-Profit-Organisation oder ein multinationaler Konzern sind, die Bedeutung einer effektiven Datenverwaltung und -sicherung kann nicht unterschätzt werden. Lassen Sie uns nun eintauchen in die faszinierende Welt der Datenkategorien.

2.1 Datenkategorien

In der heutigen digitalen Ära ist die Menge an Daten, die von Unternehmen, Organisationen und Menschen generiert werden, immens. Um diese Datenflut zu bewältigen und ihre Bedeutung zu verstehen, ist es wichtig, die verschiedenen Kategorien von Daten zu kennen. In diesem Kapitel werden wir einen Blick auf die vielfältige Welt der Datenkategorien werfen und ihre Merkmale sowie ihre Anwendungen beleuchten.

Die folgende ausführliche Vorstellung der verschiedenen Datenkategorien dient mehreren Zwecken. Einerseits soll sie Ihnen eine Inspiration bieten, welche Arten von Daten in Unternehmen existieren können. Dadurch können Sie ein umfassenderes Verständnis dafür entwickeln, welche Art von Daten in Ihrem eigenen Unternehmen vorhanden sein könnten.

Andererseits fungiert die detaillierte Darstellung der Kategorien auch als eine Art Checkliste. Sie ermöglicht es Ihnen, zu überprüfen, welche Datenkategorien Sie tatsächlich in Ihrem Unternehmen besitzen und möglicherweise absichern müssen. Indem Sie die verschiedenen Kategorien durchgehen, können Sie erkennen, welche Datenquellen und -arten in Ihrem Geschäftsbetrieb eine Rolle spielen.

Diese Checkliste-Funktion ist besonders wichtig, um sicherzustellen, dass Sie angemessene Sicherheitsvorkehrungen treffen und geeignete Maßnahmen ergreifen, um die Vertraulichkeit, Integrität und Verfügbarkeit Ihrer Daten zu gewährleisten. Jede Datenkategorie hat ihre eigenen Risiken und Herausforderungen in Bezug auf Datenschutz, Datensicherheit und gesetzliche Vorschriften. Indem Sie die Kategorien betrachten, können Sie potenzielle Schwachstellen identifizieren und gezielte Maßnahmen ergreifen, um Ihre Daten zu schützen.

Darüber hinaus kann die detaillierte Betrachtung der Kategorien Ihnen helfen, mögliche Chancen und Mehrwerte zu erkennen, die in den verschiedenen Datenarten und -quellen liegen. Sie könnten feststellen, dass bestimmte Datenkategorien Potenzial für datengetriebene Analysen, personalisierte Marketingstrategien oder innovative Produktentwicklungen bieten.

Strukturierte Daten: Ordnung und Konsistenz

Eine der bekanntesten und am häufigsten verwendeten Datenkategorien sind strukturierte Daten. Sie sind in tabellarischer Form organisiert und haben eine einheitliche, vordefinierte Struktur. Strukturierte Daten werden oft in Datenbanken gespeichert und können leicht in Zeilen und Spalten strukturiert werden. Typische Beispiele für strukturierte Daten sind Kundendaten, Transaktionsdaten, Inventardaten und Finanzdaten. Ihre einheitliche Struktur ermöglicht es Unternehmen, sie effizient zu speichern, zu analysieren und darauf zuzugreifen.

In Unternehmen gibt es eine Vielzahl von Beispielen für strukturierte Daten, von denen einige im Folgenden vorgestellt werden:

Kundendaten Kundendaten wie Name, Adresse, Kontaktdaten, Kaufhistorie und Demografie werden oft in einer strukturierten Form gespeichert. Diese Daten ermöglichen es Unternehmen, Kundenprofile zu erstellen, personalisierte Marketingkampagnen durchzuführen und den Kundenservice zu verbessern.

Transaktionsdaten Unternehmen speichern Transaktionsdaten, die Informationen über Verkäufe, Zahlungen, Bestellungen und andere finanzielle Transaktionen enthalten. Diese Daten sind für die Buchhaltung, die Überwachung von Verkaufstrends und die Analyse der finanziellen Leistungsfähigkeit des Unternehmens wichtig.

Lagerbestandsdaten Unternehmen verwalten ihre Lagerbestände mithilfe strukturierter Daten. Diese Daten umfassen Informationen über die Anzahl der verfügbaren Produkte, ihren Standort, die Lieferanteninformationen und die Nachfrage. Durch die Analyse dieser Daten können Unternehmen ihre Bestandsführung optimieren und Engpässe vermeiden.

Personal- und HR-Daten Unternehmen erfassen und verwalten strukturierte Daten zu ihren Mitarbeitenden, einschließlich Informationen wie Namen, Kontaktdaten, Gehälter, Arbeitszeiten, Leistungsdaten und Qualifikationen. Diese Daten werden zur Personalverwaltung, Gehaltsabrechnung, Personalentwicklung und anderen HR-Prozessen genutzt.

Personaldaten haben üblicherweise einen starken Bezug zu einer Person und fallen somit in die Kategorie der personenbezogenen Daten. Da die personenbezogenen Daten jedoch weit über die Personaldaten hinaus gehen, sei an dieser Stelle an den später folgenden Abschnitt zu „Personendaten: Schutz der Privatsphäre und Datenschutz" verwiesen.

Finanzdaten Finanzdaten wie Bilanzen, Gewinn- und Verlustrechnungen, Cashflow-Statements und andere finanzielle Kennzahlen werden in strukturierter Form erfasst und analysiert. Diese Daten liefern Einblicke in die finanzielle Gesundheit eines Unternehmens und dienen der Berichterstattung gegenüber Aktionären, Investoren und Regulierungsbehörden.

Logistikdaten Unternehmen, die Lieferketten betreiben, verwalten strukturierte Daten zu Lieferungen, Transportrouten, Lagerstandorten und Logistikpartnern. Diese Daten ermöglichen eine effiziente Planung und Überwachung der Warenbewegungen, um Lieferengpässe und Verzögerungen zu vermeiden.

Unstrukturierte Daten: Herausforderungen der Vielfalt

Im Gegensatz zu strukturierten Daten sind unstrukturierte Daten nicht in einer festgelegten Form oder Struktur vorliegend. Sie können Texte, Bilder, Videos, Audiodateien oder Social-Media-Beiträge umfassen. Die Vielfalt und Menge unstrukturierter Daten stellen eine Herausforderung für Organisationen dar, da sie nicht einfach in Tabellen oder Datenbanken organisiert werden können. Die Analyse unstrukturierter Daten erfordert fortschrittliche Technologien wie Textanalyse, Bilderkennung und maschinelles Lernen, um relevante Informationen und Erkenntnisse zu gewinnen.

Der Bedarf und die Anforderung diese Art der Daten für Unternehmen nutzbar zu machen ist groß. Der Prozess oder Vorgang wird in Fachkreisen auch als „eDiscovery[1]" bezeichnet. Hierbei geht es im Kern um den Vorgang aus unstrukturierten Informationen und Datenfragmenten, strukturierte Daten zu machen.

Im Folgenden stellen wir einige Beispiel für unstrukturierte Daten im Unternehmen vor:

E-Mails und Kommunikationsverläufe Die Inhalte von E-Mails sind ein häufiges Beispiel für unstrukturierte Daten. Unternehmen archivieren und analysieren beispielsweise E-Mail-Kommunikationen, um Informationen über Kundenanfragen, Geschäftsabsprachen, Feedback und andere relevante Inhalte zu erhalten.

Textdokumente Unternehmen generieren und verarbeiten große Mengen an unstrukturierten Textdokumenten wie Berichte, Verträge, Rechnungen, Präsentationen und Notizen. Diese Dokumente können wertvolle Informationen enthalten, die extrahiert und analysiert werden können, um Erkenntnisse zu gewinnen.

Social-Media-Inhalte Unternehmen nutzen Social-Media-Plattformen wie Facebook, Twitter, LinkedIn und Instagram, um mit Kundinnen und Kunden zu interagieren und ihre Markenpräsenz aufzubauen. Social-Media-Inhalte wie Posts, Kommentare, Bewertungen und Nachrichten sind unstrukturierte Daten, die Informationen über Kundenmeinungen, -bedürfnisse und -trends liefern können.

Multimedia-Inhalte Unternehmen verarbeiten zunehmend multimediale Inhalte wie Bilder, Videos und Audioaufnahmen. Diese unstrukturierten Daten können in verschiedenen Bereichen wie Marketing, Produktentwicklung und Kundenservice eingesetzt werden, um visuelle Informationen zu analysieren und zu nutzen.

[1] eDiscovery (Electronic Discovery) ist der Prozess, bei dem elektronische Daten gesucht, gesammelt und gesichert werden, um sie in einem Rechtsstreit oder einer Untersuchung als Beweismittel zu verwenden. eDiscovery kann E-Mails, Dokumente, Datenbanken, Audiodateien, Videomaterial und andere elektronische Aufzeichnungen umfassen. Da digitale Informationen in modernen Geschäftsumgebungen allgegenwärtig sind, ist eDiscovery zu einem kritischen Aspekt in vielen zivil- und strafrechtlichen Verfahren geworden, bei dem es um die Identifizierung, Sammlung und Analyse digitaler Beweise geht. Die Methoden und Herangehensweisen werden zudem auch außerhalb von Rechtsstreitigkeiten angewandt, um so eine Informationsgewinnung zu erzielen.

Webinhalte und Blogs[2] Unternehmen betreiben oft Websites, Blogs und Foren, auf denen Benutzer:innen Inhalte generieren und diskutieren. Diese unstrukturierten Daten können Informationen über Kundenpräferenzen, Produktbewertungen und Meinungen liefern, die für das Unternehmen wertvoll sein können.

Sensordaten In einigen Branchen wie der Fertigung, dem IoT oder der Medizin sammeln Unternehmen unstrukturierte Sensordaten. Diese Daten können Messwerte, Standortinformationen, Temperaturdaten und andere sensorbasierte Informationen umfassen, die zur Überwachung und Analyse von Prozessen und Systemen verwendet werden.

Halbstrukturierte Daten: Die Verbindung von Struktur und Flexibilität
Halbstrukturierte Daten kombinieren Elemente sowohl strukturierter als auch unstrukturierter Daten. Die folgenden Beispiele für halbstrukturierte Daten in Unternehmen zeigen, dass eine Mischung aus diesen beiden Elementen eine gewisse Ordnung bietet und dennoch eine gewisse Flexibilität in Bezug auf die Datenformate und -inhalte ermöglicht. Unternehmen können diese Daten nutzen, um wertvolle Erkenntnisse zu gewinnen, müssen jedoch geeignete Ansätze zur Datenanalyse und -verarbeitung entwickeln, um die strukturierten und unstrukturierten Aspekte effektiv zu handhaben.

E-Mail-Kommunikation E-Mails können als halbstrukturierte Daten betrachtet werden, da sie eine bestimmte Struktur haben (Absender:in, Empfänger:in, Betreff, Datum usw.), aber der eigentliche Inhalt der E-Mail ist in der Praxis so gut wie immer unstrukturiert. Die Texte, Anhänge oder eingebetteten Links können in Summe variieren und keine festen Strukturen aufweisen.

Social-Media-Inhalte Daten aus sozialen Medien wie Facebook, Twitter oder LinkedIn sind oft halbstrukturiert. Benutzerprofile haben strukturierte Elemente wie Name, Profilbild, Geburtsdatum, usw., aber die eigentlichen Beiträge, Kommentare oder Nachrichten können in verschiedenen Formaten und Längen vorliegen.

Protokolldateien Protokolldateien/Log-Dateien, die von Systemen, Anwendungen oder Netzwerken generiert werden, enthalten Informationen über Ereignisse, Fehler, Aktivitäten und Transaktionen. Diese Daten haben oft eine bestimmte Struktur, wie Zeitstempel, Protokolltyp oder Quell-IP-Adresse, aber der eigentliche Inhalt kann je nach Ereignis oder Protokoll unterschiedlich sein.

Tabellenkalkulationen Tabellenkalkulationen wie Excel-Dateien können sowohl strukturierte als auch unstrukturierte Daten enthalten. Die Tabellenstruktur und die Zellenformate bieten eine gewisse Struktur, aber der Inhalt der Zellen kann unterschiedliche Datentypen und Formen haben.

---

[2] Ein Blog ist eine Webseite oder Plattform, auf der regelmäßig Artikel, Meinungen oder andere Inhalte veröffentlicht werden, meist in chronologischer Reihenfolge. Blogs können von Einzelpersonen, Gruppen oder Unternehmen geführt werden und eine Vielzahl von Themen abdecken.

XML- oder JSON-Daten Daten, die im XML- oder JSON-Format vorliegen, können ebenfalls als halbstrukturiert betrachtet werden. Diese Formate ermöglichen das Hinzufügen von flexiblen oder optionalen Feldern und können sowohl strukturierte als auch unstrukturierte Daten in einem Dokument enthalten.

Zeitreihendaten: Der Verlauf von Ereignissen

Zeitreihendaten sind Daten, die mit einem Zeitstempel versehen sind und Veränderungen oder Entwicklungen im Laufe der Zeit abbilden. Zeitreihendaten ermöglichen es Unternehmen und Organisationen, Trends und Muster im Zeitverlauf zu identifizieren, Vorhersagen zu treffen und Entscheidungen zu treffen, die auf vergangenen Ereignissen basieren. Einige Beispiele sind:

Finanzdaten Unternehmen erfassen regelmäßig Finanzdaten wie Umsätze, Gewinne, Ausgaben und Cashflows über bestimmte Zeiträume. Diese Daten werden in Form von monatlichen, quartalsweisen oder jährlichen Berichten erfasst und analysiert, um die finanzielle Performance zu überwachen und Prognosen zu erstellen.

Sensor- und IoT-Daten In verschiedenen Branchen, wie z. B. Fertigung, Energie oder Logistik, werden Sensoren und IoT-Geräte eingesetzt, um Daten über verschiedene Parameter zu sammeln. Dies können Temperatur, Feuchtigkeit, Druck, Geschwindigkeit, Vibrationen und vieles mehr sein. Diese Daten werden kontinuierlich über einen bestimmten Zeitraum erfasst, um den Zustand von Maschinen, Anlagen oder Prozessen zu überwachen und Wartungsbedarf oder Optimierungspotenziale zu identifizieren.

Verkaufs- und Kundenverhaltensdaten Unternehmen verfolgen oft Verkaufsdaten über die Zeit, um Muster und Trends im Kundenverhalten zu analysieren. Dies umfasst Daten wie Verkaufszahlen, Transaktionsdaten, Kundensegmente, Kaufhistorie, Warenkorbverhalten und Kundenaktivitäten. Durch die Analyse dieser Zeitreihendaten können Unternehmen ihre Vertriebs- und Marketingstrategien optimieren und personalisierte Empfehlungen oder Angebote erstellen.

Wetterdaten Für Unternehmen, die von Wetterbedingungen abhängig sind, sind Zeitreihendaten zu Wettermustern und -vorhersagen von großer Bedeutung. Branchen wie Landwirtschaft, Tourismus, Versicherungen oder Logistik nutzen historische Wetterdaten sowie Echtzeitdaten, um operative Entscheidungen zu treffen und Risiken zu bewerten.

Web-Analytik Unternehmen verfolgen auch zeitbasierte Daten über das Verhalten von Website-Besucherinnen bzw. -Besuchern. Dies umfasst Informationen wie Besucherzahlen, Seitenaufrufe, Verweildauer, Klickpfade und Conversions im Laufe der Zeit. Diese Daten ermöglichen es Unternehmen, die Leistung ihrer Websites zu messen, Marketingkampagnen zu optimieren und das Nutzerverhalten besser zu verstehen.

Strom- und Energieverbrauchsdaten Unternehmen, insbesondere solche mit hohem Energieverbrauch, verfolgen ihren Strom- und Energieverbrauch über die Zeit. Diese Daten helfen ihnen dabei, den Energieverbrauch zu überwachen, Effizienzmaßnahmen zu ergreifen und Kosten zu optimieren.

Geodaten: Die Vermessung der Welt

Geodaten beziehen sich auf Daten, die geografische Informationen enthalten. Sie umfassen Standorte, Koordinaten, Adressen, geografische Grenzen und mehr. Geodaten finden in verschiedenen Bereichen Anwendung. Im Folgenden stellen wir einige Anwendungsfälle vor.

Standortanalyse Unternehmen nutzen Geodaten, um Standortanalysen für die Eröffnung neuer Filialen, Geschäfte oder Produktionsstätten durchzuführen. Sie analysieren geografische Informationen wie Bevölkerungsdichte, Einkommensniveau, Konkurrenzumfeld, Verkehrsanbindung und andere Faktoren, um fundierte Entscheidungen über den idealen Standort zu treffen.

Routenoptimierung Unternehmen im Transport- und Logistikbereich verwenden Geodaten, um die effizientesten Routen für den Güterverkehr zu planen. Durch die Analyse von Verkehrsbedingungen, Straßennetzwerken, Entfernungen und anderen geografischen Faktoren können sie Kosten reduzieren, Lieferzeiten optimieren und die Kundenzufriedenheit verbessern.

Geo-Marketing Geodaten werden genutzt, um gezielte Marketingstrategien umzusetzen. Unternehmen können Informationen über die geografische Verteilung ihrer Zielgruppe nutzen, um maßgeschneiderte Werbekampagnen für bestimmte Regionen oder Standorte zu entwickeln. Durch die Kombination von Geodaten mit anderen demografischen oder Verhaltensdaten können sie ihre Marketingbotschaften gezielter und effektiver gestalten.

Umweltmanagement Unternehmen, die sich mit Umweltfragen befassen, verwenden Geodaten, um ökologische Informationen zu sammeln und zu analysieren. Sie erfassen beispielsweise Daten über Luftqualität, Wasserressourcen, Naturschutzgebiete und Umweltauswirkungen ihrer Aktivitäten. Diese Daten helfen ihnen bei der Überwachung, Bewertung und Umsetzung von Maßnahmen zum Schutz der Umwelt.

Immobilienwesen Im Immobilienbereich werden Geodaten zur Bewertung von Immobilien, zur Identifizierung von Grundstücken und zur Analyse von Markttrends verwendet. Unternehmen können Geodaten nutzen, um Informationen über Immobilienpreise, Verfügbarkeit von Dienstleistungen, Infrastrukturprojekte und andere Faktoren zu erhalten, die bei Immobilientransaktionen eine Rolle spielen.

Geografische Informationssysteme (GIS) Viele Unternehmen setzen GIS-Technologien ein, um Geodaten zu sammeln, zu verwalten und zu visualisieren. GIS ermöglichen es ihnen, geografische Informationen in Form von Karten, Diagrammen und Berichten zu präsentieren und räumliche Zusammenhänge besser zu verstehen. Diese Systeme finden Anwendung in verschiedenen Branchen, wie z. B. Stadtplanung, Notfallmanagement, Versorgungsunternehmen und Naturressourcenmanagement.

Sensordaten: Die Welt der Messungen
Sensordaten werden von Sensoren erfasst und messen physikalische oder chemische Eigenschaften wie Temperatur, Druck, Bewegung oder Licht. Sensordaten ermöglichen es Unternehmen, relevante Informationen über den Zustand von Geräten, Prozessen oder Umgebungen zu erhalten und darauf basierend fundierte Entscheidungen zu treffen. Verschiedene Anwendungsfälle stellen wir im Folgenden vor:

Industrie 4.0[3] und Fertigung In der Fertigungsindustrie werden Sensordaten eingesetzt, um den Produktionsprozess zu überwachen und zu optimieren. Sensoren in Maschinen und Anlagen erfassen Daten wie Temperatur, Druck, Vibration, Geschwindigkeit und andere Parameter. Diese Daten ermöglichen eine Echtzeitüberwachung der Produktionsleistung, die frühzeitige Erkennung von Störungen oder Ausfällen sowie die Optimierung von Prozessen zur Steigerung von Effizienz und Qualität.

Energie- und Umweltmanagement Unternehmen, die Energie oder natürliche Ressourcen nutzen, verwenden Sensordaten, um den Energieverbrauch, die Umweltauswirkungen und die Effizienz ihrer Systeme zu überwachen. Beispielsweise werden Sensoren in Gebäuden eingesetzt, um den Energieverbrauch von Heizung, Lüftung und Beleuchtung zu erfassen. Diese Daten ermöglichen es Unternehmen, Energieeinsparpotenziale zu identifizieren, Nachhaltigkeitsziele zu erreichen und Umweltauflagen einzuhalten.

Gesundheitswesen Im Gesundheitswesen werden Sensordaten in verschiedenen Anwendungen eingesetzt, wie z. B. in medizinischen Geräten, Wearables oder Überwachungssystemen. Sensoren messen beispielsweise Herzfrequenz, Blutdruck, Körpertemperatur oder Bewegung und übermitteln diese Daten an medizinische Fachkräfte oder elektronische Gesundheitsakten. Dadurch können Patientinnen und Patienten überwacht werden, Diagnosen unterstützt und Behandlungen personalisiert werden.

Fahrzeugtechnik und Transportwesen Sensordaten spielen eine entscheidende Rolle in der Fahrzeugtechnik und im Transportwesen. Fahrzeuge sind mit verschiedenen Sensoren ausgestattet, die Daten über Geschwindigkeit, Beschleunigung, Bremsen, Abstand zu ande-

[3] Die Industrie 4.0 ist der nächste Schritt in der Evolution der industriellen Revolutionen und zeichnet sich durch den Einsatz von smarten Technologien und digitalen Systemen in der Fertigung aus. Industrie 4.0 integriert Internet of Thing (IoT), Cloud-Computing, künstliche Intelligenz und andere Technologien, um automatisierte, vernetzte und selbstoptimierende Produktionssysteme zu schaffen. Dies führt zu einer erhöhten Effizienz, Flexibilität und Individualisierung der Produktion.

ren Fahrzeugen, Reifendruck und viele andere Parameter erfassen. Diese Daten werden verwendet, um die Fahrzeugleistung zu überwachen, Fahrerassistenzsysteme zu unterstützen, Wartungsbedarf vorherzusagen und die Sicherheit im Straßenverkehr zu verbessern.

Überwachung und Sicherheit Unternehmen nutzen Sensordaten zur Überwachung und Sicherung ihrer Betriebsstätten, Anlagen oder kritischen Infrastrukturen. Sensoren können Bewegungen, Geräusche, Temperaturschwankungen oder andere abnormale Aktivitäten erfassen und entsprechende Alarme auslösen. Dies ermöglicht eine schnelle Reaktion auf potenzielle Sicherheitsrisiken oder Notfälle.

Umwelt- und Wetterüberwachung Sensordaten werden auch zur Überwachung der Umwelt und des Wetters eingesetzt. Sensoren messen beispielsweise Luftqualität, Feuchtigkeit, Niederschlagsmenge, Windgeschwindigkeit oder Bodenfeuchtigkeit in verschiedenen Umgebungen wie Städten, landwirtschaftlichen Gebieten oder Naturschutzgebieten. Diese Daten werden verwendet, um Umweltauswirkungen zu bewerten, Umweltschutzmaßnahmen zu ergreifen, Wettervorhersagen zu verbessern und Naturkatastrophen frühzeitig zu erkennen.

Personendaten: Schutz der Privatsphäre und Datenschutz
Personendaten sind Daten, die sich auf eine bestimmte Person beziehen und deren Identität offenlegen können. Dazu gehören persönliche Informationen wie Name, Adresse, Geburtsdatum, Sozialversicherungsnummer, Bankdaten und mehr. Der Schutz personenbezogener Daten ist von großer Bedeutung, um die Privatsphäre der Menschen zu wahren und den Datenschutzvorschriften zu entsprechen. Für die Speicherung, Verarbeitung, Analyse, Sicherung und Löschung personenbezogener Daten gelten besondere gesetzliche Vorgaben, welche zu berücksichtigen sind.

Die **Datenschutz-Grundverordnung (DSGVO)** als Verordnung der Europäischen Union regelt hier die Speicherung und Verarbeitung personenbezogener Daten im Detail (siehe Abschn. 2.3). Bei Unternehmen ab einer Größe von 20 Mitarbeitenden ist auch die Benennung einer bzw. eines Datenschutzbeauftragten,[4] als Ansprechpartner:in und zur Überwachung der Einhaltung der gesetzlichen Anforderungen, Pflicht.

Kundendaten Unternehmen sammeln und speichern personenbezogene Daten von Kundinnen und Kunden, um ihnen Produkte oder Dienstleistungen anzubieten. Dazu gehören Name, Adresse, Telefonnummer, E-Mail-Adresse, Zahlungsinformationen und andere

[4] Datenschutzbeauftragte:r ist eine Person oder Stelle in einem Unternehmen oder einer Organisation, die dafür verantwortlich ist, die Einhaltung von Datenschutzgesetzen und -bestimmungen sicherzustellen. Datenschutzbeauftragte beraten zu Datenschutzfragen, überwachen die korrekte Datenverarbeitung und dienen als Kontaktstelle für Datenschutzanfragen von Betroffenen und Aufsichtsbehörden. In vielen Jurisdiktionen, einschließlich der EU durch die Datenschutz-Grundverordnung (DSGVO), kann die Bestellung von Datenschutzbeauftragten unter bestimmten Voraussetzungen verpflichtend sein.

demografische Daten. Diese Daten werden verwendet, um Kundenanfragen zu bearbeiten, Bestellungen abzuwickeln, Marketingkampagnen zu personalisieren und den Kundenservice zu verbessern.

Mitarbeiterdaten Unternehmen erfassen und verwalten personenbezogene Daten von Mitarbeitenden, um deren Beschäftigung zu verwalten. Dazu gehören Informationen wie Name, Anschrift, Kontaktdaten, Sozialversicherungsnummer, Bankverbindung, Gehaltsinformationen, Leistungsdaten, Krankheitsdaten und andere arbeitsbezogene Informationen. Diese Daten werden für Personalmanagementzwecke, Gehaltsabrechnungen, Leistungsüberwachung, Schulungsmaßnahmen und Compliance-Zwecke verwendet.

Lieferantendaten Unternehmen sammeln Daten von Lieferanten und Geschäftspartnern, um Geschäftsbeziehungen zu verwalten. Dazu gehören Kontaktdaten von Ansprechpartner:innen, Rechnungsdaten, Vertragsinformationen und andere geschäftsrelevante Informationen. Diese Daten werden verwendet, um Bestellungen zu verarbeiten, Zahlungen zu leisten, Verträge zu verwalten und die Kommunikation mit Lieferanten aufrechtzuerhalten. Dabei werden auch personenbezogene Daten gespeichert.

Nutzerdaten für Online-Dienste Unternehmen, insbesondere solche mit Online-Präsenz, erfassen personenbezogene Daten von Nutzer:innen, die ihre Websites, Apps oder Online-Dienste nutzen. Dazu gehören IP-Adressen, Standortdaten, Cookies, Anmeldeinformationen, Verlaufsdaten, Präferenzen und andere Informationen, die während der Interaktion mit den Diensten generiert werden. Diese Daten werden verwendet, um personalisierte Inhalte bereitzustellen, das Nutzerverhalten zu analysieren, Marketingmaßnahmen durchzuführen und die Sicherheit der Dienste zu gewährleisten.

Patientendaten im Gesundheitswesen Unternehmen im Gesundheitswesen erfassen und verarbeiten personenbezogene Daten von Patientinnen und Patienten, um medizinische Dienstleistungen anzubieten und zu verwalten. Dazu gehören medizinische Diagnosen, Behandlungsverläufe, medizinische Bilder, Labordaten, Krankengeschichten und andere Gesundheitsinformationen. Diese Daten werden verwendet, um die Patientenversorgung zu unterstützen, Diagnosen zu stellen, Behandlungen zu planen und medizinische Forschung durchzuführen.

Stammdaten: Mehrfacheingaben vermeiden

Stammdaten sind grundlegende und stabile Informationen über Entitäten wie Kunden, Lieferanten, Produkte, Mitarbeitende oder Standorte, die in einem Unternehmen verwendet werden. Sie bilden die Basis für verschiedene Geschäftsprozesse und -aktivitäten. Stammdaten werden in der Regel zentralisiert erfasst, verwaltet und gepflegt, um eine einheitliche und konsistente Datenbasis im gesamten Unternehmen sicherzustellen. Beispiele für Stammdaten in Unternehmen sind:

Kundenstammdaten Diese umfassen personenbezogene Informationen über Kundinnen und Kunden, wie Namen, Kontaktdaten, Rechnungs- und Lieferadressen, Zahlungsbedingungen, Kreditlimits und frühere Kaufhistorie. Kundenstammdaten werden verwendet, um Kundenbeziehungen zu verwalten, Vertriebsaktivitäten zu unterstützen, Marketingkampagnen zu personalisieren und den Kundenservice zu verbessern.

Lieferantenstammdaten Hierbei handelt es sich um teilweise personenbezogene Informationen über Lieferanten und Geschäftspartner, wie Firmennamen, Ansprechpartner:innen, Kontaktdaten, Bankverbindungen, Vertragsdetails und bisherige Geschäftstransaktionen. Lieferantenstammdaten werden verwendet, um die Lieferkette zu verwalten, Bestellungen zu platzieren, Zahlungen zu tätigen und die Kommunikation mit Lieferanten aufrechtzuerhalten.

Produktstammdaten Diese umfassen Informationen über Produkte oder Dienstleistungen, wie Artikelnummern, Beschreibungen, technische Spezifikationen, Preise, Lagerbestände und Lieferzeiten. Produktstammdaten werden verwendet, um Bestandsverwaltung, Verkaufsprozesse, Einkaufsaktivitäten, Marketingkampagnen und die Produktionsplanung zu unterstützen.

Mitarbeiterstammdaten Hierbei handelt es sich um personenbezogene Informationen über Mitarbeitende, wie Namen, Kontaktinformationen, Personalnummern, Gehaltsdaten, Beschäftigungsverhältnisse, Abteilungszugehörigkeit und Qualifikationen. Mitarbeiterstammdaten werden verwendet, um Personalmanagementprozesse durchzuführen, Gehaltsabrechnungen zu erstellen, Leistungen zu verwalten und Schulungsmaßnahmen zu planen.

Produkt-/Materialstammdaten Diese Stammdaten sind Informationen über Materialien oder Produkte, die in Unternehmen verwendet werden. Sie enthalten Daten wie Materialnummern, Beschreibungen, Maßeinheiten, Preise, Lieferanteninformationen, Lagerorte und technische Spezifikationen. Diese Daten dienen der einheitlichen Erfassung, Verwaltung und Planung von Materialien in Geschäftsprozessen.

Standortstammdaten Diese umfassen Informationen über Unternehmensstandorte, wie Adressen, personenbezogene Kontaktdaten, Filialcodes, Lagerkapazitäten und geografische Informationen. Standortstammdaten werden verwendet, um Logistik- und Distributionsprozesse zu steuern, Lagerbestände zu verwalten, Transportwege zu planen und regionale Unterschiede zu berücksichtigen.

Transaktionsdaten: Geschäftsvorfälle verarbeiten

Transaktionsdaten sind Informationen, die bei Geschäftstransaktionen in Unternehmen generiert werden. Sie erfassen spezifische Details zu einzelnen Transaktionen, wie zum Beispiel Datum, Uhrzeit, beteiligte Parteien, Art der Transaktion, Menge, Preis und Zahlungsmethode. Diese Daten werden in der Regel in Transaktionssystemen oder Datenbanken gespeichert und dienen dazu, Geschäftsvorgänge zu dokumentieren, Buchhaltungsaufzeichnungen zu erstellen, Bestände zu verwalten, Zahlungen nachzuverfolgen und Berichte zu erstellen. Transaktionsdaten sind von hoher Bedeutung für die Analyse von Geschäftsprozessen, die Überwachung von Leistungskennzahlen und die Unterstützung von Entscheidungsprozessen in Unternehmen. Unternehmerische Beispiele sind:

Verkaufstransaktionen Informationen über den Verkauf von Produkten oder Dienstleistungen, einschließlich des gekauften Artikels, des Preises, des Datums und der Uhrzeit des Verkaufs, der Zahlungsmethode und der Kundinnen und Kunden.

Finanztransaktionen Daten zu finanziellen Transaktionen wie Einnahmen, Ausgaben, Überweisungen, Gehaltszahlungen, Rechnungen, Kreditkartentransaktionen und Buchungen.

Bestell- und Liefertransaktionen Informationen über Bestellungen von Lieferanten, Bestellnummern, Liefertermine, Lieferdetails, Versand- und Lieferinformationen.

Kundentransaktionen Daten über Kundeninteraktionen, wie beispielsweise Kontaktaufnahme, Anfragen, Beschwerden, Rückgaben, Stornierungen und Kundenfeedback.

Zahlungstransaktionen Informationen über Zahlungen, einschließlich der verwendeten Zahlungsmethode (z. B. Kreditkarte, Banküberweisung), des Betrags, des Zahlungsdatums und der Zahlungsreferenz.

Lagertransaktionen Daten zu Lagerbewegungen, Bestandsänderungen, Wareneingängen, Warenausgängen, Bestandsniveaus und Lagerorten.

Produktions- und Fertigungstransaktionen Informationen über Produktionsaufträge, Fertigungsprozesse, Materialverbrauch, Arbeitszeiten, Maschinen- und Ressourcennutzung.

Service- und Supporttransaktionen Daten zu Kundenanfragen, Support-Tickets, Serviceleistungen, Reparaturen, Wartungsarbeiten und Serviceverträgen.

Meta-Daten: Die Daten über Daten

Metadaten sind Informationen, die beschreibende Details über andere Daten liefern. Sie bieten Kontext und zusätzliche Informationen, um die Bedeutung, den Inhalt, die Struktur und die Eigenschaften der eigentlichen Daten zu verstehen. Im Unternehmenskontext umfassen Metadaten häufig folgende Informationen:

Dateiattribute Diese beziehen sich auf die grundlegenden Merkmale und Eigenschaften von Dateien. Dazu gehören: Informationen wie Dateiname, Dateityp, Dateigröße, Erstellungsdatum, Änderungsdatum und Zugriffsrechte.

Datenbeschreibung Beschreibende Informationen über den Inhalt der Daten, wie Titel, Zusammenfassung, Tags, Stichwörter, Kategorien oder Schlagwörter.

Struktur und Format Informationen über die Struktur und das Format der Daten, beispielsweise die Spaltenüberschriften in einer Tabelle, das Datenbankschema oder das Dateiformat (z. B. XML, CSV, JSON).

Quellinformationen Informationen über die Herkunft der Daten, die Erstellerin bzw. den Ersteller, die Autorin bzw. den Autor, den Standort oder die Datenquelle.

Versionskontrolle Informationen über Versionen der Daten, Änderungsverlauf, Aktualisierungen, Veröffentlichungsdaten und Verknüpfungen zu früheren Versionen.

Beziehungen Informationen über Verknüpfungen und Beziehungen zu anderen Datenobjekten, beispielsweise Verweise auf andere Dateien, Datenbanktabellen oder externe Ressourcen.

Zugriffs- und Sicherheitseinstellungen Informationen über Zugriffsrechte, Berechtigungen, Datenschutzrichtlinien und Sicherheitsmaßnahmen für den Umgang mit den Daten.

Protokolldaten: Logfiles zum Nachvollziehen
Protokolldaten sind Aufzeichnungen oder Protokolle, die Informationen über Ereignisse, Aktivitäten oder Zustände in einem Computersystem oder einer Anwendung festhalten. Sie dienen dazu, relevante Informationen über das Verhalten des Systems, Fehler, Warnungen, Benutzerinteraktionen und andere relevante Vorgänge zu erfassen. Log-Daten werden von verschiedenen Komponenten und Softwareanwendungen in einem Unternehmen generiert, die für die Überwachung, Fehlerbehebung, Sicherheit und Leistungsoptimierung von Systemen und Anwendungen wichtig sind. Beispiele für Log-Daten in Unternehmen können sein:

Server-Logs Diese umfassen Ereignisse wie Start und Stopp des Servers, Benutzeranmeldungen, Zugriffsversuche, Fehler bei der Serverkonfiguration oder Ausführungsfehler in Anwendungen.

Anwendungs-Logs Diese erfassen Ereignisse innerhalb einer Anwendung, wie Benutzerinteraktionen, ausgeführte Aktionen, Datenbankabfragen, Fehler oder Warnungen.

Sicherheits-Logs Sie zeichnen Sicherheitsereignisse auf, wie z. B. fehlgeschlagene Anmeldeversuche, unberechtigte Zugriffsversuche, Aktivitäten von Benutzer:innen mit erhöhten Rechten oder Angriffe auf das System.

Netzwerk-Logs Sie protokollieren Informationen über den Datenverkehr im Netzwerk, wie Verbindungsversuche, Datenübertragungen, Netzwerkfehler oder Anomalien im Datenverkehr.

Fehler-Logs Diese erfassen Fehlermeldungen, Ausnahmen oder Abstürze von Anwendungen, um Fehler zu identifizieren, zu diagnostizieren und zu beheben.

Systemkonfigurationsdaten
Systemkonfigurationsdaten sind Informationen, die die Konfiguration und Einstellungen eines Computersystems oder einer Softwareanwendung beschreiben. Diese Daten enthalten die Parameter, Optionen und Werte, die festlegen, wie das System oder die Anwendung arbeiten soll. Systemkonfigurationsdaten umfassen typischerweise folgende Informationen:

Betriebssystemeinstellungen Hierzu gehören Parameter wie Spracheinstellungen, Zeitzone, Benutzereinstellungen, Netzwerkeinstellungen und andere systemweite Konfigurationsoptionen.

Anwendungskonfiguration Dies bezieht sich auf die Einstellungen und Optionen, die spezifisch für eine bestimmte Softwareanwendung sind. Beispiele hierfür sind Datenbankverbindungsparameter, Zugriffsrechte, Benutzerprofile, benutzerdefinierte Vorlieben und Einstellungen für die Anwendungsfunktionalität.

Hardwarekonfiguration Diese Daten beschreiben die Hardwarekomponenten des Systems, wie Prozessor, Speicher, Festplatten, Netzwerkkarten und andere Peripheriegeräte. Hierzu gehören auch Informationen zu Treibern, Firmware-Versionen und Gerätekonfigurationsoptionen.

Systemdienste und -prozesse Hierbei handelt es sich um Konfigurationsdaten, die spezifisch für die Dienste und Prozesse des Systems sind. Beispiele hierfür sind Einstellungen für den Webserver, Datenbankserver, E-Mail-Server, Firewall, Sicherheitsdienste und andere im Hintergrund laufende Systemkomponenten.

2.2 Kosten durch fehlende Daten

Das Fehlen von Daten in einem Unternehmen kann zu einer Vielzahl von direkten und indirekten Kosten führen. Es ist wichtig anzumerken, dass die genauen Kosten und Auswirkungen durch fehlende Daten stark von der Art des Unternehmens, der Branche und den spezifischen Umständen abhängen können. Dennoch verdeutlichen die folgenden Beispiele, dass das Fehlen von Daten erhebliche Konsequenzen haben kann und dass Unternehmen daher sicherstellen müssen, dass sie über eine effektive Datenverwaltung, Datensicherung und Datenwiederherstellung verfügen. Im Folgenden werden exemplarische Beispiele für Kosten vorgestellt, die durch fehlende Daten entstehen können.

Verpasste Umsatz- und Geschäftsmöglichkeiten Wenn Unternehmen keine umfassenden Daten über ihre Kundinnen und Kunden, deren Vorlieben und Kaufverhalten haben, können sie Schwierigkeiten haben, zielgerichtete Marketingkampagnen oder maßgeschneiderte Angebote zu entwickeln. Dies führt möglicherweise zu verpassten Umsatzchancen und einem geringeren Geschäftswachstum.

Unzureichende Ressourcenallokation Daten dienen als Grundlage für fundierte Entscheidungen und die Zuweisung von Ressourcen. Ohne ausreichende Daten können Unternehmen Schwierigkeiten haben, ihre Ressourcen effizient einzusetzen und Projekte oder Initiativen zu priorisieren. Dies kann zu verschwendeten Ressourcen, ineffektiven Prozessen und Verzögerungen bei der Umsetzung von strategischen Plänen führen.

Schlechte Kundenbindung und Kundenerfahrung Kundendaten sind entscheidend, um die Bedürfnisse und Präferenzen der Kundinnen und Kunden zu verstehen und ihnen personalisierte Erlebnisse zu bieten. Fehlende Daten können zu einer schlechten Kundenbindung und einer enttäuschenden Kundenerfahrung führen. Kundinnen und Kunden könnten das Gefühl haben, dass ihre Bedürfnisse nicht berücksichtigt werden, was zu Abwanderung, geringerer Kundenzufriedenheit und negativen Bewertungen führen kann.

Unzuverlässige Berichterstattung und Analyse Daten bilden die Grundlage für die Berichterstattung und Analyse in einem Unternehmen. Fehlende oder unvollständige Daten können zu unzuverlässigen Berichten und Analysen führen, die keine genauen Einblicke in die Leistung des Unternehmens bieten. Dies erschwert die Überwachung von Kennzahlen, die Identifizierung von Trends und die Entwicklung fundierter Geschäftsstrategien.

Fehlende Compliance und rechtliche Konsequenzen Unternehmen müssen oft gesetzliche Vorschriften einhalten und die Sicherheit und den Schutz von sensiblen Daten gewährleisten. Das Fehlen von Daten oder der Verlust von Daten kann zu Verstößen gegen Compliance-Richtlinien führen und rechtliche Konsequenzen nach sich ziehen, einschließlich Geldstrafen und Reputationsverlust.

Höhere Betriebskosten Das Fehlen von Daten kann zu ineffizienten Prozessen und Arbeitsabläufen führen. Mitarbeitende müssen möglicherweise zusätzliche Zeit und Ressourcen aufwenden, um fehlende Daten zu kompensieren oder zu beschaffen. Dies kann zu höheren Betriebskosten, einem geringeren ROI und einem geringeren Produktivitätsniveau führen.

Reputationsverlust und Imageprobleme Wenn ein Unternehmen Datenverlust oder den Mangel an Datenmanagement offenbart, kann dies zu einem erheblichen Reputationsverlust führen. Kundinnen und Kunden sowie Geschäftspartner könnten das Vertrauen in das Unternehmen verlieren, was zu einem Rückgang der Kundenzahl, einem negativen Image und langfristigen Geschäftsschäden führen kann.

2.3 Rechtliche Verpflichtungen

In Deutschland und der Europäischen Union (EU) gibt es verschiedene rechtliche und gesetzliche Aufbewahrungspflichten für Unternehmen. Diese Pflichten regeln, wie lange bestimmte Arten von Daten aufbewahrt werden müssen. Es ist wichtig zu beachten, dass die genauen Aufbewahrungspflichten je nach Land, Unternehmensgröße, Branche und Art der Daten variieren können. Es ist ratsam, sich an eine bzw. einen Rechtsberater:in oder eine Fachkraft für Datenschutz zu wenden, um die spezifischen rechtlichen Anforderungen und Aufbewahrungspflichten für das jeweilige Unternehmen zu ermitteln und zu gewährleisten, dass diese eingehalten werden. Einige Beispiele:

Handelsrechtliche Aufbewahrungspflicht Gemäß Handelsgesetzbuch (HGB) sind Unternehmen verpflichtet, ihre Handelsbücher, Inventare, Jahresabschlüsse und Geschäftsbriefe für einen Zeitraum von 10 Jahren aufzubewahren. Diese Aufbewahrungspflicht dient der Dokumentation von Geschäftsvorgängen und der Überprüfbarkeit der Finanzlage eines Unternehmens.

Steuerrechtliche Aufbewahrungspflicht Nach den Vorgaben der Abgabenordnung (AO) müssen Unternehmen steuerrelevante Unterlagen, wie beispielsweise Rechnungen, Belege und Buchungsunterlagen, für einen Zeitraum von 10 Jahren aufbewahren. Diese Aufbewahrungspflicht dient der Nachvollziehbarkeit von steuerlichen Angelegenheiten und der Durchführung von Steuerprüfungen.

Datenschutzrechtliche Aufbewahrungspflicht Gemäß DSGVO der EU müssen personenbezogene Daten nur so lange gespeichert werden, wie es für den jeweiligen Verarbeitungszweck erforderlich ist. Unternehmen müssen die Daten aufbewahren, um ihre rechtlichen Verpflichtungen zu erfüllen oder zur Durchsetzung von Rechtsansprüchen. Die genaue Dauer der Aufbewahrung kann je nach Art der Daten und dem Verarbeitungskontext variieren.

Branchenspezifische Aufbewahrungspflichten Bestimmte Branchen und Berufsfelder haben spezifische Aufbewahrungspflichten. Zum Beispiel müssen Banken und Finanzdienstleister in Deutschland Daten gemäß den Vorgaben des Kreditwesengesetzes (KWG) für eine bestimmte Zeit aufbewahren. Ärzte und Gesundheitseinrichtungen haben Aufbewahrungspflichten gemäß dem Sozialgesetzbuch (SGB) für medizinische Aufzeichnungen und Patientendaten.

Ursachen für Datenverluste 3

„Die Kunst der Datensicherung liegt darin, sich den Herausforderungen zu stellen und durch sie zu lernen und zu wachsen."

(von den Autoren, inspiriert durch die Philosophie Anaximanders, des vorsokratischen griechischen Philosophen, über den Umgang mit Problemen)

Zusammenfassung

Datenverluste gliedern sich in diverse Gefahrenkategorien, wie technische, räumliche und operative Risiken. Besonders mobile Endgeräte sind durch physische Schäden und Diebstahl gefährdet. Zudem führt technologische Unwissenheit oft zu Fehlannahmen bezüglich der Datenspeicherung. Ein aktuelles Risiko stellt die Internetkriminalität dar, die durch diverse Angriffsformen auf Daten und Systeme agiert und dabei sowohl technologische Lücken als auch operative Schwächen gezielt ausnutzt. Das Kapitel behandelt diese Gefahren detailliert und will mit Praxisbeispielen das Risikobewusstsein schärfen.

Datenverluste können verschiedene Ursachen haben und lassen sich in unterschiedliche Kategorien einteilen, die reale und virtuelle Gefahren abdecken. Diese Kategorien beinhalten: technische und räumliche Gefahren, operative Gefahren, Gefahren durch mobile Endgeräte, technologische Unwissenheit und Internetkriminalität. Jede dieser Gefahren erfordert unterschiedliche Maßnahmen zur Datensicherung und besitzen unterschiedliche Häufigkeits- und Eintrittswahrscheinlichkeiten. In diesem Kapitel werden wir einen Überblick über die verschiedenen Arten von Gefahren geben, die im weiteren Verlauf detailliert behandelt werden.

P. Müller et al., *Datensicherung als Teil der IT- und Cybersecurity*,
https://doi.org/10.1007/978-3-658-43701-5_3

Technische Gefahren konnten durch Fortschritte in der Technologie und verbesserte Schutzmaßnahmen reduziert werden, sind jedoch nicht ausgeschlossen. Räumliche Gefahren, die physisch greifbar sind, haben eine geringe Wahrscheinlichkeit, aber dennoch besteht ein gewisses Risiko. Wir werden entsprechende Schutzmaßnahmen betrachten und das individuelle Risikobewusstsein stärken.

Operative Gefahren treten mit höherer Wahrscheinlichkeit auf, insbesondere wenn mehrere Personen, Dienstleister und externe Tools involviert sind. Diese Gefahren werden häufig unterschätzt, insbesondere bei Systemen, die von wenigen Personen betrieben werden.

Ein weiteres Risiko besteht im sorglosen Umgang mit Daten, insbesondere mit Bildern und Videos auf mobilen Endgeräten wie Smartphones und Digitalkameras. Diese mobilen Risiken stellen eine Form technischer und räumlicher Gefahren dar, da die Geräte durch den leichten Umgang besonders gefährdet sind einen Hardwaredefekt zu erleiden, durch Wasser, Hitze oder andersartig zerstört zu werden sowie entwendet zu werden. Deswegen erfordern sie eine anspruchsvolle Datensicherungsstrategie sowie einen risikobewussten Umgang.

Technologische Unwissenheit wiederum birgt beispielsweise das Risiko der falschen Annahme, dass Daten bei externen Dienstleistern nicht selbst gesichert werden müssten. Oft ist den Nutzer:innen nicht bewusst, wo genau diese Daten gespeichert werden.

Die größte Gefahr mit den komplexesten Anforderungen an die Datensicherung liegt derzeit im Bereich der Internetkriminalität. Hierbei handelt es sich um verschiedene Arten von Angriffen auf Systeme und Daten. Diese Gefahren werden oft nicht ausreichend berücksichtigt, da sie das Vorstellungsvermögen von Nicht-Expertinnen bzw. Nicht-Experten überschreiten. Dabei besteht die Raffinesse darin, dass Cyberattacken gleichzeitig die Risiken technologischer Unwissenheit und operativer Schwachstellen ausnutzen.

Im weiteren Verlauf des Kapitels werden wir detailliert auf diese fünf Gefahrenquellen eingehen. Die aufgeführten Beispiele und Szenarien sind nicht abschließend und dienen dazu, Sie für verschiedene Eventualitäten zu sensibilisieren und zur Umsetzung einer umfassenden Datensicherungsstrategie zu motivieren. Einen Überblick mit Kategorisierung gibt Abb. 3.1.

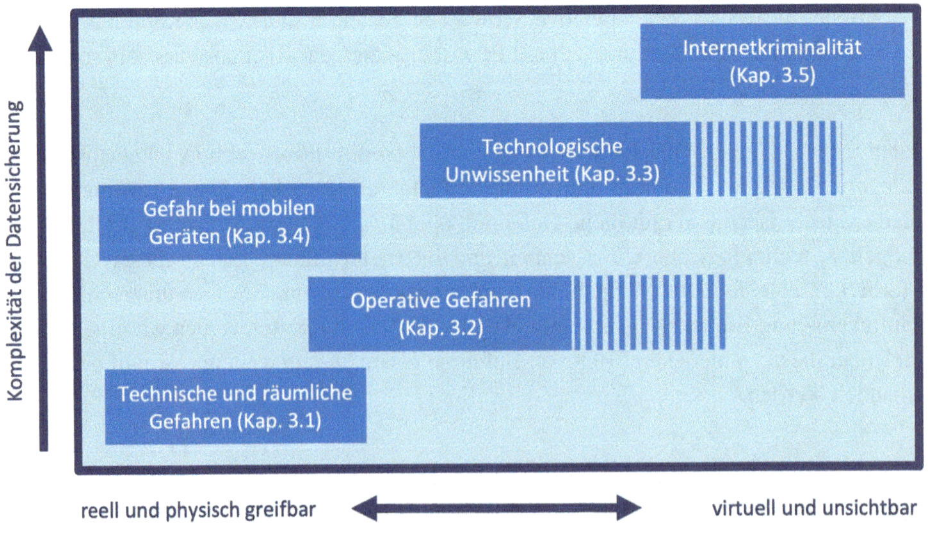

Abb. 3.1 Kategorisierung der Gefahren zum Datenverlust

3.1 Technische und räumliche Gefahren

So gut wie jeder Mensch hat bereits Erfahrungen mit technischen und räumlichen Gefahren gemacht, sei es durch defekte Elektrogeräte aufgrund von Stromspitzen oder durch umgekippte Fernseher. Solche Gefahren können im schlimmsten Fall zum vollständigen Verlust elektronisch gespeicherter Daten führen.

Ein Beispiel für eine räumliche Gefahr ist ein Wasserschaden, der durch eine Hochwasserkatastrophe oder einen Wasserrohrbruch entstehen kann. Sie sollten nicht automatisch davon ausgehen, dass in den eigenen Büroräumen alles in Ordnung ist. Wenn beispielsweise in der Etage über Ihnen ein Rohrbruch auftritt oder aus einem gerissenen Schlauch seit Tagen Wasser sprudelt, weil die Kolleginnen bzw. Kollegen in Betriebsferien oder auf einer Messe sind, dringen bald die Tropfen durch die Decke. Diese Worst-Case-Szenarien können sich tatsächlich jeden Tag ereignen.

Sommerzeit ist Gewitterzeit, und Blitzschläge können im schlimmsten Fall zu extremen Überspannungen führen, die elektronische Daten innerhalb von Sekundenbruchteilen zerstören können. In städtischen Umgebungen, in denen tausende Blitzableiter und Vorsichtsmaßnahmen der Elektrizitätswerke vorhanden sind, mag dies nicht die größte Gefahr sein, aber es besteht dennoch eine gewisse Wahrscheinlichkeit, dass sich „Albträume" erfüllen. Nicht zu vergessen und unterschätzen ist, dass die Kartenlesegeräte an den Einfahrtsschranken und Gebäudetüren mit einem Server verbunden sind, der die jeweiligen Mitarbeiterausweise und deren Berechtigungen überprüft. Eine Überspannung durch äußere Umstände könnte diesen einen oder mehrere Server schädigen. Eine vorsätzliche Sabotage über diesen Weg wäre in einem theoretischen Fall zwar auch denkbar, ist aufgrund des benötigten Energiebedarfes jedoch ein unrealistisches Szenario.

Auch elektrische Ereignisse wie spontane Stromspitzen, Stromausfälle oder Kurzschlüsse, die unabhängig von Gewittern auftreten können, sind nicht vollständig auszuschließen. Eine Festplatte, die aufgrund eines Stromausfalls während des Betriebs stehen bleibt, kann irreparablen Schaden erleiden und alle darauf gespeicherten Daten, die lange Zeit zuverlässig bereitgestellt wurden, verlieren.

Ein weiteres Risiko besteht in Bränden, die seit Jahrhunderten eine allgegenwärtige Angst in menschlichen Behausungen darstellen und auf Unternehmen übertragbar sind. Jedes Jahr brennen viele Häuser zwischen dem ersten Advent und der Entsorgung des ausgetrockneten Adventskranzes, der wochenlang mit brennenden Kerzen im Wohnzimmer stand. In Gebäuden mit Mischnutzungen sollte dies nicht unterschätzt werden. Zusätzlich zu den bereits erwähnten Gefahren durch Blitzschläge besteht auch das Risiko von Bränden. Durch solche Brände können Festplatten beschädigt oder zerstört werden, wodurch Daten unwiederbringlich verloren gehen. Es ist von höchster Priorität, solche Szenarien durch geeignete Vorsichtsmaßnahmen zu verhindern.

Manchmal versagen auch einfach die Hardwarekomponenten. Festplatten können unerwartet ausfallen, oft begleitet von einem unangenehmen Schleifgeräusch, die einem eine böse Vorahnung gibt. Die Konsequenz für die darauf gespeicherten Daten ist dieselbe wie bei anderen technischen und räumlichen Gefahren: Die Daten sind verloren und können bestenfalls durch teure Rettungsmaßnahmen wiederhergestellt werden.

Eine weitere Gefahr besteht im unsachgemäßen Umgang mit elektronischen Geräten. Stellen Sie sich vor, Sie beauftragen eine Mitarbeiterin bzw. einen Mitarbeiter damit, eine neue Festplatte zu kaufen. Er kommt zurück, sieht, dass Sie gerade beschäftigt sind, möchte Sie ein wenig ärgern und erschrecken und ruft: „Hey, pass auf, hier ist die Platte. Fang!" Und schon fliegt der Karton durch die Luft. Elektronische Geräte müssen stets vorsichtig behandelt werden. Wenn sie auf den Boden fallen, starke Erschütterungen erfahren oder jemand versehentlich Kaffee darüber verschüttet, dann ist ein Schaden naheliegend. Selbst wenn ein Ausfall nicht sofort eintritt, beeinflusst dies die Lebensdauer der Geräte und verkürzt sie. Ein möglicher Ausfall rückt immer näher.

Wie viele Backups erstellen Sie? Seien Sie ehrlich! Eins? Das ist zu wenig. Ein Backup allein ist kein richtiges Backup. Viele der oben genannten Gefahren betreffen alle Geräte im Raum, die in Betrieb sind. Wenn das Haus abbrennt, geht auch das einzige Backup in Flammen auf. Wenn Wasser den Raum, in dem der Computer steht, überflutet, geht auch das einzige Backup darin verloren. Wenn es zu einem Einbruch kommt und alle Geräte verschwinden, ist auch das Backup betroffen. Wenn Sie ein einziges Backup verlieren, haben Sie keine Datensicherung mehr.

Diese Beispiele und Erklärungen sind nur eine Auswahl und erheben keinen Anspruch auf Vollständigkeit. Es gibt noch viele weitere technische und räumliche Gefahren, die zu Datenverlusten führen können. Es ist wichtig, sich der verschiedenen Risiken bewusst zu sein und geeignete Maßnahmen zu ergreifen, um die Sicherheit und Verfügbarkeit der Daten zu gewährleisten. Eine umfassende Datensicherungsstrategie sollte regelmäßige Backups, redundante Speicherung[1] und Schutzmaßnahmen gegen technische und räumliche Gefahren umfassen.

3.2 Operative Gefahren

Die Gefahr eines Datenverlusts ist im Bereich der operativen Gefahren besonders hoch. Ein Beispiel dafür ist die Datenfehlmanipulation, die durch unbeabsichtigte oder absichtliche Änderungen, Überschreibungen oder Löschungen von Daten zu deren Verlust führt. Solche Eingriffe können sowohl im geschäftlichen Umfeld als auch zu Hause versehentlich von autorisierten Personen erfolgen.

Wenn mehrere Personen auf derselben Datenablage oder an denselben Dokumenten arbeiten, sind Fehler und Verluste vorprogrammiert. Der Umgang mit unterschiedlichen Dateiversionen oder vermeintlichen Duplikaten stellt oft eine große Herausforderung dar, da der Speicherplatz nicht unnötig beansprucht werden soll und so unbeabsichtigt Daten verloren gehen können. In solchen Situationen hören Sie häufig Aussagen wie „Ich dachte, die Daten sind auch noch im Projektordner", „Oh, war das nicht die neueste Version?"

[1] Eine redundante Speicherung ist eine Methode zur Datensicherheit, bei der Informationen an mehreren Orten oder auf mehreren Geräten gespeichert werden, um Datenverlust bei einem Ausfall zu verhindern. Es kann über verschiedene Technologien, wie RAID oder verteilte Systeme, realisiert werden.

oder „Ich wollte es eigentlich in einer neuen Datei speichern, habe aber reflexartig auf ‚Speichern' geklickt".

Neben der versehentlichen Bearbeitung oder Überschreibung von Dateien kann es ebenso zur versehentlichen Löschung wichtiger Dateien durch Mitarbeitende kommen. Nehmen wir an, ein Team arbeitet gemeinsam an einem Projekt und legt die Dateien in einem gemeinsamen Ordner ab. Ein Teammitglied, welches einen anderen Ordner löschen wollte, klickt versehentlich auf den Projektordner und bestätigt die Löschung. Dadurch gehen alle darin enthaltenen Dateien verloren, die über einen längeren Zeitraum hinweg erstellt und bearbeitet wurden. Eine solche unbeabsichtigte Aktion kann schwerwiegende Auswirkungen haben und erfordert viel Zeit und Mühe, um die verlorenen Daten wiederherzustellen oder zu rekonstruieren.

Besonders ärgerlich ist es, wenn Sie wichtige Dateien aus irgendeinem Grund nicht im richtigen Ordner ablegen und sie dort von Kolleginnen und Kollegen aufgrund einer falschen Ablage gelöscht werden. Durch solche operativen Fehler gehen oft essenzielle Dateien verloren, auf die Sie später gerne zurückgegriffen hätten.

Ähnlich verhält es sich mit fehlerhaften oder abgebrochenen Updates auf Computern oder Servern, bei denen Systemdateien oder -konfigurationen zerstört werden und anschließend erneut installiert und eingerichtet werden müssen. Die erneute Einrichtung oder Konfiguration ist zunächst eine reine Zeitfrage und verlängert sich in der Regel, wenn keine oder unzureichende Dokumentation der Parameter oder Einträge vorhanden ist.

Ein weiterer Gefahrenherd im operativen Bereich sind Zugangsverluste, sowohl auf internen Servern als auch bei externen IT-Dienstleistern oder Cloud- und Hosting-Anbietern. Hier spielen auch staatliche Maßnahmen wie die Abschottung bestimmter Länder vom weltweiten Netz eine Rolle. Ein Beispiel dafür ist das chinesische Videoportal TikTok, das 2018 in Indonesien[2] und 2019 in Indien[3] gesperrt wurde und für das Mitte 2020 auch in den USA[4] ein Verbot erwogen wurde.

Die Gründe für einen Zugangsverlust können jedoch auch banaler sein. Ein Anbieter meldet Insolvenz an, ist nicht mehr zu retten und kurz darauf stehen alle Dienste nicht mehr zur Verfügung. Der Zeitraum bis zur Abschaltung der Dienste verkürzt sich sogar, wenn der Anbieter selbst IT-Dienstleister beauftragt hatte, die aufgrund fehlender Zahlungen die Verträge nicht mehr einhalten und die Dienste abschalten.

Ein weiterer Fall von Zugangsverlust tritt ein, wenn die Rechenzentren der IT-Dienstleister einen Schaden erleiden. So beispielsweise 2021 als Europas größtes Rechenzentrum in Flammen aufging und viele Daten für immer verloren waren.[5] Kritisch wird dies oft, da die Nutzung von Cloud-Diensten nicht vollständig verstanden wird. In Abschn. 3.3 gehen wir hierzu auf das Risiko der vollständigen Auslagerung bei Speicherknappheit ein.

[2] South China Morning Post (2018).

[3] Holland (2019).

[4] Welt (2020).

[5] Maak (2021).

Im April 2023 fielen zwei Cloud-Hosting-Anbieter einem Ransomware-Angriff zum Opfer.[6] Die Angreifer:innen nutzten eine Netzwerkkonfigurationslücke aus und verschlüsselten sämtliche Daten: von Kundensystemen und E-Mail-Servern bis zu Webseiten. Alle Kundendaten, Mailserver und Webserver gingen verloren. Trotz der Wiederherstellung einiger Dienste, wie der DNS-Verwaltungsoberfläche, blieben die Daten für die Kundinnen und Kunden unwiederbringlich verloren. Das bedeutet den Verlust kritischer Daten und möglicherweise erhebliche Geschäftsausfälle.

▶ Ein Datenverlust verursacht durch den Cloud-Hosting-Anbieter kann evtl. Rechts- oder Schadensersatzansprüche entstehen. Oftmals begrenzen Anbieter jedoch ihre Haftung in den Nutzungsbedingungen. Beispielsweise kann es auch sein, dass Kundinnen und Kunden die Schäden belegen müssen. Unser Hinweis an dieser Stelle ist, dass Ihre Verantwortung nicht outsource-bar oder ver-cloud-bar ist! Prüfen Sie aus diesem Grund die Vertragsbestandteile; insbesondere bezüglich IT-Sicherheit und Datensicherung. Fertigen Sie im Zweifel eine eigene Datensicherung an. Als Ausblick auf anstehende Gesetzesänderungen (z. B. in Folge der NIS2[7] -Richtlinie und DORA[8] -Verordnung) sei bereits jetzt schon erwähnt, dass die eigene unternehmerische Haftung sich auch auf das Management der Risiken durch Drittparteien erstreckt.

All diese Fälle haben eine gemeinsame Konsequenz: Es wird viel Arbeit und Geld erforderlich sein, um die Daten wiederherzustellen. Dateien von einmaligen Veranstaltungen in Form von Bildern und Videos oder Messwerte und Dokumentationen von nicht wiederholbaren Ereignissen gehen für immer verloren. Im schlimmsten Fall führt der Datenverlust zu einem Stillstand der Geschäftstätigkeit. Weitere negative Folgen können auftreten, wie verzögerte Lieferungen oder Fertigstellungen, die möglicherweise zu Zahlungen von Vertragsstrafen führen. Durch die Beschäftigung mit dem unerwarteten Ereignis entstehen auch kalkulatorische Umsatzverluste, da Sie gezwungen sind, andere Tätigkeiten durchzuführen als ursprünglich geplant.

---

[6] Eswar (2023).

[7] NIS2 ist die überarbeitete Richtlinie über Maßnahmen zur Gewährleistung eines hohen gemeinsamen Niveaus der Netz- und Informationssystemsicherheit in der Union, oft als NIS2-Richtlinie bezeichnet. Sie baut auf der vorherigen NIS-Richtlinie auf und zielt darauf ab, die allgemeine Cyber-Resilienz in den EU-Mitgliedstaaten zu verbessern, indem sie Anforderungen für Betreiber wesentlicher Dienste und digitale Dienstleister festlegt, um sich gegen Cyberbedrohungen zu schützen.

[8] Der Digital Operational Resilience Act (DORA) ist die EU-Verordnung für digitale operationelle Widerstandsfähigkeit, die darauf abzielt, ein harmonisiertes Regelwerk für die digitale Resilienz von Finanzinstituten in der EU zu schaffen. DORA legt Anforderungen in Bereichen wie Cybersecurity, IT-Risikomanagement und IT-Vorfälle fest. Das Ziel ist es, die EU-Finanzmärkte widerstandsfähiger gegenüber IT-Risiken zu machen und die Integrität des EU-Finanzsystems zu stärken. Die Bundesanstalt für Finanzdienstleistungsaufsicht (BaFin) hat im Oktober 2023 eine Info-Seite zur DORA veröffentlicht, auf der neben allgemeinen Informationen, die häufigsten Fragen und Antworten gesammelt und geteilt wurden. Die Info-Seite ist unter folgendem Link zu finden: www.bafin.de/dora.

Ein weiteres Beispiel ist die fehlerhafte Konfiguration eines Servers durch Systemadministrator:innen. Nehmen wir an, ein Unternehmen entscheidet sich für ein Upgrade seiner Server-Infrastruktur und beauftragt eine bzw. einen Administrator:in mit der Installation und Konfiguration der neuen Server. Aufgrund eines Fehlers bei der Konfiguration werden wichtige Systemdateien beschädigt und der Server funktioniert nicht mehr ordnungsgemäß. Dadurch kann der Zugriff auf die gespeicherten Daten beeinträchtigt oder sogar unmöglich gemacht werden. Eine solche Situation erfordert eine umgehende Fehlerbehebung und möglicherweise eine Neuinstallation des Servers, was mit erheblichem Aufwand und potenziellen Datenverlusten verbunden sein kann.

Es ist wichtig, sich der operativen Gefahren bewusst zu sein und geeignete Maßnahmen zu ergreifen, um das Risiko eines Datenverlusts zu minimieren. Dazu gehören die Schulung der Mitarbeitenden in Bezug auf den sicheren Umgang mit Daten, die Implementierung klarer Verfahren zur Dateiablage und -verwaltung sowie die regelmäßige Überprüfung und Aktualisierung von Sicherheitsmaßnahmen und Zugangsberechtigungen. Durch eine gute Organisation und effektive Prozesse können potenzielle Gefahren minimiert und die Datenintegrität und -verfügbarkeit gewährleistet werden. Geeignete Maßnahmen stellen wir in Kap. 4 vor.

3.3 Gefahren durch technologische Unwissenheit

In der Rubrik der technologischen Unwissenheit besteht die Gefahr von Datenverlusten aufgrund vorgetäuschter Sicherheit. Viele Menschen produzieren private Daten wie Bilder, Videos oder Sprachnachrichten, auf die sie auch in Zukunft zugreifen möchten, und verlassen sich dabei blind auf die vermeintliche Datensicherheit von Cloud-Diensten oder Servern, die sie nutzen. Analog ist es mit Dokumenten, Ablagen, Datenbanken, etc. im unternehmerischen Umfeld. Allerdings bieten nicht alle IT-Dienstleister, Cloud-Systeme oder Hosting-Anbieter ausreichende Backup-Lösungen für alle Szenarien an. Speicherorte oder -medien wie RAID[9] oder die Cloud ersetzen keine umfassende Datensicherung, da sie hauptsächlich technische und räumliche Gefahren abdecken und nur unter bestimmten Bedingungen auch operativen Gefahren und die Gefahren der Internetkriminalität adressieren.

Ein ähnliches Problem tritt bei E-Mails auf. Viele Benutzer:innen kennen den tatsächlichen Speicherort ihrer E-Mails nicht. Wenn E-Mails mit dem POP3-Protokoll[10] vom Mailserver abgerufen werden, werden sie ausschließlich auf dem jeweiligen Endgerät ge-

[9] Redundant Array of Independent Disks (RAID) ist ein Speichersystem, das mehrere Festplatten verwendet, um Datenredundanz, Leistungsverbesserung oder beides zu erzielen. Durch verschiedene RAID-Level (z. B. RAID 0, RAID 1, RAID 5) können Daten verteilt oder gespiegelt werden, um den Schutz vor Festplattenausfällen zu erhöhen und/oder die Datenzugriffszeiten zu verbessern.

[10] Post Office Protocol Version 3 (POP3) ist ein Protokoll zum Abrufen von E-Mails von einem Server. Anders als IMAP, wo E-Mails in der Regel auf dem Server belassen werden, werden E-Mails bei POP3 oft heruntergeladen und dann vom Server gelöscht, wodurch sie lokal auf dem Endgerät gespeichert werden.

speichert und sind nicht mehr auf dem Mailserver verfügbar. Um eine Spiegelung und damit eine verteilte Speicherung der E-Mails durchzuführen, empfiehlt es sich, das IMAP-Protokoll[11] zur Synchronisierung der E-Mails zu verwenden.

Bei der Verwendung einiger Programme, Tools oder Apps werden Daten nicht im lokalen Dateiverzeichnis des Geräts gespeichert, sondern im entsprechenden Programmordner oder in der App selbst. Wenn Sie diese löschen, gehen auch alle gesammelten Daten verloren.

Zudem ist es wichtig, die Einstellungen Ihrer Geräte und Vorgehensweisen der Anwendungen zu kennen und regelmäßig zu überprüfen, um potenziellen Datenverlust zu vermeiden. Sind Sie sich sicher, dass Ihre Daten nur synchronisiert und nicht bei Speicherknappheit vollständig in die Cloud verschoben werden? Achten Sie darauf, wie Ihre Apps mit Ihren Daten umgehen, insbesondere wenn Sie die Inhalte offline speichern bzw. verfügbar machen? Überprüfen Sie die Einstellungen der Funktionen wie „Dateien bei Bedarf" (Microsoft), „Mac-Speicher optimieren" (Apple) oder die Option zur „geräteoptimierten Qualität" in Foto-Apps, um eine optimale Datensicherung zu gewährleisten?

Sollten die Daten zu einem bestimmten Zeitpunkt lediglich in der Cloud vorhanden sein, so könnte es bei einem Zugangsverlust (siehe Abschn. 3.2) sein, dass Ihre lokalen Datensicherungen keine Kopie der ausgelagerten Daten enthalten.[12]

3.4 Gefahr bei mobilen Geräten

Bei mobilen Geräten wie Laptops, Smartphones oder Digitalkameras gibt es zusätzliche Gefahren, die zu Datenverlusten führen können. Diese Gefahren umfassen Verlust, Diebstahl, Beschädigung oder Zerstörung des jeweiligen Gerätes, unabhängig davon, ob es auf eigenes oder fremdes Verschulden zurückzuführen ist. Insbesondere auf Reisen besteht ein erhöhtes Risiko. Die Devise lautet: Je länger, abenteuerlicher oder stressiger die Reise, desto größer ist die Beanspruchung der Geräte. Bereits eine kurze Rastpause an einer Autobahnraststätte kann zu einem Geräteverlust führen, wenn das Smartphone im Auto vergessen und der intensiven Sommersonne ausgesetzt wird. In solchen Situationen kann das Gerät durch die Hitze beschädigt oder sogar zerstört werden.

Um Datenverluste zu vermeiden, sollten die Daten an einem zweiten Ort oder auf einem zweiten Gerät gespeichert werden. Dabei ist zu beachten, dass auch das zweite Gerät betroffen sein könnte, Online-Speicher möglicherweise nicht verfügbar sind oder große Datenmengen die Kapazitäten übersteigen. Wenn eine Speicherung auf einer zweiten Festplatte

[11] Internet Message Access Protocol (IMAP) ist ein Protokoll zum Abrufen und Verwalten von E-Mails auf einem Server, welches Benutzer:innen ermöglicht, E-Mails synchron über verschiedene Geräte hinweg zu sehen und zu organisieren. Im Gegensatz zu POP3 bleiben E-Mails bei IMAP auf dem Server gespeichert.

[12] Müller (2021).

erfolgt, sollte diese an einem anderen Ort aufbewahrt werden. Bei der Synchronisation mit einem Online-Speicher sollte die Verfügbarkeit der Internetverbindung und der Übermittlungsstatus berücksichtigt werden, insbesondere bei Reisen in Gebiete mit schlechter Internetabdeckung oder bei großen Datenmengen.

Im privaten Bereich betreffen diese Datenverluste hauptsächlich Bilder oder Videos, die während der Reise oder Veranstaltungen aufgenommen wurden. Einzelne Schnappschüsse mögen verkraftbar sein, aber das Risiko besteht besonders bei einzigartigen und kostspieligen Erlebnissen wie einer zweimonatigen Wohnwagentour in Australien, einer dreiwöchigen Safari in Afrika, einer Pilgerwanderung auf dem Jakobsweg oder einer Hochzeit. Der Verlust dieser Erinnerungen wäre schmerzhaft. Dementgegen sind die Kosten für eine externe Festplatte, die vorübergehende Erweiterung des Cloud-Speichers oder die temporäre Erweiterung des Datenvolumens im Ausland im Vergleich zu den Ausgaben für die Reise oder Veranstaltung ertragbar. Die Investition in solche Sicherungsmaßnahmen steht in keinem Verhältnis zum Wert des Erlebnisses.

Im geschäftlichen Bereich hängen die betroffenen Daten und Rahmenbedingungen stark vom individuellen Geschäftsmodell ab. Fotografinnen und Fotografen haben beispielsweise andere Datenmengen und Bedürfnisse als Workshop-Moderatorinnen bzw. -Moderatoren mit einigen Fotoprotokollen oder Berater:innen mit digital gemachten Notizen. Unabhängig davon war die Erstellung dieser Daten zeitaufwendig und kostspielig. Wenn Sie beauftragt wurden, diese Daten zu erstellen und weiter damit zu arbeiten, tragen Sie die Verantwortung dafür. Sollte es zu einem Datenverlust kommen, egal ob durch eigenes oder fremdes Verschulden, könnten Sie für Schadensersatz oder die Kosten einer erneuten Erstellung haftbar gemacht werden. Ein solcher Vorfall kann zudem zu erheblichen Image- und Reputationsverlusten führen. Als Dienstleister oder auch als Mitarbeitende.

In den meisten Fällen haben Sie vor einer Rückreise ausreichend Zeit, um die Daten zu sichern. Es gilt: Je aufwendiger die Erstellung war, desto mehr Sorgfalt sollte bei der Sicherung der Daten an den Tag gelegt werden. Es ist ratsam, vor der Abreise genügend Zeit einzuplanen, um die Daten zu kopieren oder zu synchronisieren und somit möglichen Datenverlusten vorzubeugen.

3.5 Internetkriminalität/Cybercrime

Schadsoftware wie Viren, Würmer und Trojaner sind seit langem eine Bedrohung für Computersysteme. Sie haben bisher vor allem darauf abgezielt, Systeme zu verändern, zu zerstören oder Informationen zu gewinnen. Auch gezielte Hacking-Angriffe sind keine Seltenheit mehr.

In den letzten Jahren ist dabei ein neuer Trend zu beobachten: Internetkriminelle haben erkannt, dass Daten die „Währung der Zukunft" sind. Es sind Schadprogramme entstanden, die darauf abzielen, Daten durch unautorisierte Personen oder organisierte Banden zu verschlüsseln, zu verändern oder zu löschen. Gleichzeitig nehmen gezielte Hacking-Angriffe auf interne und externe Systeme zu.

Bislang waren vor allem Computersysteme das Hauptziel solcher Attacken. Mobile Endgeräte blieben weitgehend unberührt. Es bleibt jedoch abzuwarten, wann und wie Hacker ihre Aufmerksamkeit auf diese Geräte richten werden, da Smartphones und Tablets bestimmte Risiken bergen:

- Die Geräte sind in der Regel ständig online und dauerhaft mit verschiedenen Diensten und Systemen verbunden.
- Die Bereitschaft, eine App zu installieren, ist bei mobilen Geräten in der Regel höher als die Installation einer Software auf einem Computer oder Laptop. Zudem unterliegen Smartphones und Tablets oft weniger strengen systemadministrativen Regeln und Kontrollen als Geschäftscomputer.
- Immer mehr Unternehmen bieten Apps für Smartphones und Tablets an, um die Erledigung administrativer Aufgaben von unterwegs aus zu ermöglichen.

Angriffsarten
Zusammengefasst gibt es zwei Arten von Angriffen, bei denen ein Zugriff auf die Daten im Nachhinein unmöglich ist. Bei einer **Ransomware-Attacke** werden die Daten verschlüsselt und als „Geisel" genommen. Bekannte Schadsoftware in diesem Zusammenhang sind WannaCry, Petya, Bitpaymer oder LockerGoga. Bei einer **Wiper-Attacke** werden die Daten direkt gelöscht. Ein solches Schadprogramm ist beispielsweise NotPetya.

Ransomware ist und bleibt die größte Bedrohung
Das Bundesamt für Sicherheit in der Informationstechnik (BSI) warnt in ihrem Lagebericht zur IT-Sicherheit 2023[13] vor der steigenden Internetkriminalität. Ransomware bleibt dabei die größte Bedrohung und betrifft insbesondere klein- und mittelständische Unternehmen (KMUs). Die Bedeutung von Backups sowie die Einführung angemessener Schutzmaßnahmen wird im Zuge dessen verdeutlicht: Bei einem Ransomware-Angriff werden sowohl Daten der Produktions- bzw. Live-Systeme als auch der Backup-Systeme verschlüsselt. Im schlimmsten Fall können die Daten dabei irreversibel geschädigt oder gelöscht werden. Dabei können gerade Offline-Backups den Schäden eines Ransomware-Angriffs entgegenwirken. Zuverlässige Offline-Backups, die getrennt von den befallenen Systemen gesichert sind, stellen in einem solchen Szenario eine schnelle Maßnahme dar, um die befallenen Systeme zu bereinigen und die Daten wiederherzustellen. Sind solche Backups nicht vorhanden, kann nur noch der Notfallbetrieb aufgesetzt werden, welcher wiederum zu erhöhten Zeit- und Kostenaufwänden führt. Im schlimmsten Fall sind alle Daten verloren. Für den Aufbau einer geeigneten Datensicherungsstrategie, siehe Kap. 5.

[13] Bundesamt für Sicherheit in der Informationstechnik, BSI (2023).

Zusätzlich dazu können falsche Sicherheitsvorstellungen dazu beitragen, dass sich Schadsoftware verbreitet. Bisher waren die meisten Viren, Würmer, Trojaner und Angriffe auf das Betriebssystem Windows ausgerichtet. Andere Betriebssysteme wurden aufgrund ihrer geringeren Verbreitung nicht als interessante oder lukrative Ziele angesehen. Mit der zunehmenden Verwendung von Betriebssystemen wie macOS sind jedoch auch verschiedene Ransomware-Versionen für diese Plattformen entstanden, wie etwa KeRanger oder Patcher.

Angriffsziele
Derzeit sind zwei Trends bei den Angriffen zu beobachten:

Angriffe gegen eine breite Masse Dabei wird ein Trojaner weit verbreitet und es werden meist geringe Beträge von den betroffenen Personen gefordert. Die Kriminellen setzen auf die Strategie, dass „Kleinvieh auch Mist" macht. Oft stoßen sie auf eine hohe Zahlungsbereitschaft der betroffenen Zielgruppe, die meist aus Privatpersonen und kleinen Unternehmen besteht. Diese Gruppe ist anfällig, da sie oft über begrenzte Sicherheitsbudgets verfügt und nur selten ausreichende Maßnahmen zur Datensicherung ergreift.

Gezielte Angriffe Diese richten sich gegen spezifische Ziele, meist größere Unternehmen oder Organisationen. Dabei werden in der Regel hohe Geldbeträge gefordert, die oft im Millionenbereich liegen.

Die Lösegeldforderungen werden in der Regel schnell und anonym per Kryptowährung (bspw. Bitcoin) übermittelt. Jedoch besteht immer das Risiko, dass nach der Zahlung keine Garantie für die Herausgabe des Entschlüsselungspasswortes besteht oder sogar weitere Forderungen gestellt werden. In manchen Fällen können die Daten auch nicht wiederhergestellt werden. Wenn die Angreifer:innen die Methoden von Ransomware und Wiper kombinieren, werden die Daten nicht verschlüsselt, sondern zerstört. Dies geschieht schnell und fällt auf den ersten Blick nicht auf, da es wie eine korrekte Verschlüsselung aussieht.

Laut einer internationalen Studie aus 2020[14] zu Ransomware-Angriffen waren 61 % dieser Attacken auf das Verhalten von Mitarbeitenden oder externen Dienstleistern zurückzuführen.

In vielen Fällen handelte es sich um unbeabsichtigte „Unterstützung", die möglicherweise durch bessere Schulungen und erhöhte Wachsamkeit verhindert werden könnte. Weitere Erkenntnisse der Studie des britischen Sicherheitssoftwareherstellers Sophos sind:

- 59 % der Attacken verschlüsselten auch Daten in der Cloud.
- Es wurde erstmals darauf hingewiesen, dass interne Dienstleister als Ursache für Angriffe genannt wurden.

[14] Sophos (2020).

- Lösegeldzahlungen führten nicht immer zur Wiederherstellung der Daten.
- Am häufigsten konnten Daten aus vorhandenen Datensicherungen wiederhergestellt werden.

In der Aktualisierung der Studie aus 2023[15] werden die Ursachen von Ransomware-Angriffen detaillierter aufgeschlüsselt:

- 36 % sind auf eine ausgenutzte Schwachstelle zurückzuführen.
- 29 % sind auf kompromittierte Anmeldedaten zurückzuführen.
- 18 % waren im Zusammenhang mit Schad-E-Mails.
- 13 % hatten einen Bezug zu Phishing.
- 3 % gingen von einem Brute-Force-Angriff aus.
- 1 % lediglich startete durch einen Download.

Auch die Datenwiederherstellungsquote wird in der neueren Studie konkretisiert. 97 % der Unternehmen, deren Daten verschlüsselt wurden, konnten ihre Daten wiederherstellen. In 70 % der Fälle wurde dies durch den Einsatz von Backups erreicht. 46 % der Unternehmen entschieden sich dafür, das Lösegeld zu bezahlen und erlangten so ihre Daten zurück, während 2 % andere Methoden zur Datenwiederherstellung nutzten.

Kritisch stellt die Studie dar, dass bei 30 % der Angriffe, bei denen Daten verschlüsselt wurden, auch ein Datendiebstahl stattfand. Hierzu wurde Lösegeld gefordert, sodass die Daten nicht verkauft bzw. nicht veröffentlicht werden.

Um das Ausmaß von Cyberangriffen und deren Auswirkungen zu verdeutlichen, möchten wir an dieser Stelle einige Beispiele vorstellen:

Beispiel 1
Im Jahr 2019 wurde ein Familienunternehmen mit etwa 2500 Mitarbeitenden Opfer eines Angriffs durch die Ransomware Bitpaymer. Als Folge konnten keine Kundenkontakte mehr hergestellt werden, technische Zeichnungen, Gehaltsabrechnungen und Einkaufslisten waren nicht mehr verfügbar. Drei Monate nach dem Angriff wurde die „Talsohle“ durchschritten, aber der größte Frust war noch nicht überwunden.[16]

Der verlinkte Zeitungsartikel von „brand eins“ zeigt die verheerenden Auswirkungen auf das Unternehmen auf, das zeitweise handlungsunfähig war. Die Geschäftsführung musste schwierige Entscheidungen treffen, um die Folgen des Angriffs einzudämmen und das Unternehmen am Laufen zu halten.

Trotz der Herausforderungen konnte das Unternehmen aus dieser Erfahrung lernen. Es wurde klar, dass die bisherigen Sicherheitsvorkehrungen unzureichend waren und eine umfassendere Strategie zur Abwehr von Cyberangriffen notwendig war. Das Unternehmen

---

[15] Sophos (2023).

[16] Scheytt (2020).

investierte in eine verbesserte IT-Sicherheitsinfrastruktur, Schulungen für Mitarbeitende und die regelmäßige Durchführung von Sicherheitsaudits.

Der Artikel betont die Bedeutung einer präventiven Herangehensweise an die Cybersicherheit und den Aufbau eines Bewusstseins für potenzielle Bedrohungen. Unternehmen sollten die Sicherheitsmaßnahmen kontinuierlich überprüfen und verbessern, um Angriffe zu verhindern oder ihre Auswirkungen zu minimieren.

Die Geschichte zeigt, dass ein Cyberangriff nicht nur eine technische Herausforderung darstellt, sondern auch erhebliche wirtschaftliche und operative Auswirkungen haben kann. Es wird deutlich, dass Unternehmen jeder Größe und Branche von einer soliden Cybersicherheitsstrategie profitieren können, um sich vor den wachsenden Bedrohungen zu schützen.

Beispiel 2

Im Jahr 2017 sorgte die Ransomware WannaCry weltweit für großes Aufsehen, als sie dazu verwendet wurde, geschätzte 200.000 Computer lahmzulegen. Die Auswirkungen dieses Angriffs waren weitreichend und betrafen Unternehmen, Privatpersonen sowie kritische Infrastrukturen wie Krankenhäuser und die Deutsche Bahn. Die Erpresser:innen forderten innerhalb von drei Tagen eine Zahlung von 300 US-Dollar oder innerhalb von sieben Tagen 600 US-Dollar. Als Folge des Angriffs war der Zugriff auf die 200.000 betroffenen Systeme nicht mehr möglich.

Die Erpresser:innen nutzten eine Schwachstelle in älteren Windows-Versionen aus, um die Ransomware zu verbreiten. Dies verdeutlicht die Notwendigkeit, regelmäßige Updates durchzuführen und Sicherheitsvorkehrungen zu treffen, um sich vor derartigen Angriffen zu schützen.[17]

Von Microsoft wurden daraufhin Sicherheitspatches bereitgestellt, um die Ausbreitung von WannaCry einzudämmen und betroffene Windows-Versionen zu schützen. Dies zeigt das Engagement des Unternehmens, Sicherheitslücken zu schließen und die Verbreitung von Ransomware einzudämmen.[18]

Die BBC betonte in einem Artikel die Auswirkungen des WannaCry-Angriffs auf verschiedene Organisationen und beleuchtete die internationale Reaktion auf den Vorfall. Die Verwundbarkeit der IT-Systeme, der Firmen und Gesellschaft wurde durch diese Attacke mehr als deutlich. Regierungen, Sicherheitsbehörden sowie IT-Expertinnen und -Experten arbeiteten seitdem zusammen, um die Ausbreitung der Ransomware einzudämmen und weitere Angriffe zu verhindern.[19]

Zusammenfassend zeigt der WannaCry-Angriff die gravierenden Folgen, die eine Ransomware-Attacke haben kann. Die betroffenen Organisationen waren gezwungen, mit den Erpresser:innen zu verhandeln oder erhebliche Verluste zu erleiden. Dies ver-

[17] Holland und Kannenberg (2017).

[18] Zivadinovic (2017).

[19] BBC (2017).

deutlicht die Dringlichkeit, robuste Sicherheitsmaßnahmen zu implementieren, regelmäßige Updates durchzuführen und Mitarbeitende über die Risiken von Ransomware-Angriffen zu schulen.

Beispiel 3
Im Jahr 2019 wurde das norwegische Aluminiumunternehmen Norsk Hydro Opfer eines Cyberangriffs mit der Ransomware LockerGoga. Die Auswirkungen waren weitreichend, da die IT-Systeme der meisten Geschäftsbereiche betroffen waren und mehrere Werke zeitweise stillstanden. Aufgrund der nicht verfügbaren Website musste das Unternehmen die Unternehmenskommunikation sogar auf Facebook verlagern.[20] Diese Ereignisse und der damit verbundene Produktionsausfall hatten negative Auswirkungen auf die Aktie des Konzerns, während der Preis für Aluminium stieg.[21]

Ein Bericht von Reuters betonte die Schwere des Angriffs, bei dem Norsk Hydro zusätzlich gezwungen war, weitere zahlreiche IT-Systeme herunterzufahren, um eine weitere Ausbreitung der Ransomware zu verhindern.[22]

Der Spiegel berichtete, dass es sich bei dem Angriff auf Norsk Hydro um eine LockerGoga-Ransomware-Attacke handelte und die Täter:innen Lösegeld für die Datenfreigabe forderten. Norsk Hydro entschied jedoch, nicht auf die Forderungen der Erpresser einzugehen und stattdessen seine Systeme wiederherzustellen.[23]

Zusammenfassend zeigt der Angriff mit LockerGoga bei Norsk Hydro die weitreichenden Folgen, die ein Ransomware-Angriff auf ein großes Unternehmen haben kann. Die Unterbrechung der Produktion, der Verlust des Zugangs zu IT-Systemen und die Verlagerung der Unternehmenskommunikation auf alternative Plattformen waren nur einige der Herausforderungen, mit denen das Unternehmen konfrontiert wurde. Dies verdeutlicht die Notwendigkeit eines robusten IT-Sicherheitssystems und eines umfassenden Krisenmanagements, um die Auswirkungen solcher Angriffe zu minimieren.

Beispiel 4
Im September 2020 wurde die Universitätsklinik in Düsseldorf Ziel eines Cyberangriffs, bei dem 30 Server verschlüsselt wurden. Ursprünglich war die Heinrich-Heine-Universität das beabsichtigte Ziel. Die Auswirkungen des Angriffs führten dazu, dass die Klinik ihre Aufgaben nicht mehr ordnungsgemäß erfüllen konnte und Menschenleben in Gefahr gerieten. Tragischerweise verstarb eine Frau, da sie aufgrund des Angriffs in ein entfernteres Krankenhaus gebracht werden musste und dadurch nicht rechtzeitig behandelt werden konnte.[24]

---

[20] Norsk Hydro (2019).

[21] Kerkmann (2019).

[22] Reuters (2019).

[23] Böhm (2019).

[24] Zeit Online (2020).

In der offiziellen Pressemitteilung der Universitätsklinik Düsseldorf wird der IT-Ausfall und die dadurch verursachte Beeinträchtigung des Klinikbetriebs bestätigt. Es wird darauf hingewiesen, dass die Sicherheit der Patientinnen und Patienten zu keiner Zeit gefährdet war, jedoch mussten einige Behandlungen verschoben oder an andere Kliniken verlegt werden. Die Klinik arbeitete eng mit den Behörden und Expertinnen bzw. Experten zusammen, um den Vorfall aufzuklären und die IT-Systeme wiederherzustellen.[25]

Dieser Cyberangriff verdeutlicht erneut die gravierenden Auswirkungen von Angriffen auf kritische Infrastrukturen wie Krankenhäuser. Die Folgen können direkte Auswirkungen auf die Gesundheit und das Leben von Menschen haben. Solche Angriffe erfordern eine verstärkte Sensibilisierung für Cybersicherheit und die Implementierung robuster Schutzmaßnahmen, um solche Vorfälle zu verhindern und die Folgen zu minimieren.

Beispiel zur Ausnutzung von gesellschaftlichen Krisen

2020 nutzten Kriminelle, während der Covid-19-Pandemie die Informationsbedürfnisse der Menschen aus und entwickelten viele verschiedene Varianten von Schadsoftware. In der Folge wurden mehrere Ransomware-Attacken gestartet. Die Verbreitung erfolgte hauptsächlich durch Aufruf von gefälschten oder betrügerischen Seiten mit zusätzlichem Download und Installation von gefälschtem Informationsmaterial oder Software. Die Angriffe richteten sich hauptsächlich gegen die breite Masse.

Eine spezielle Version der Corona-Ransomware war so dreist und hat nach der Verschlüsselung die Meldung „CORONAVIRUS is there. All your files are encrypted“ angezeigt. Sogar die Systemfestplatte wurde in „CoronaVirus“ umbenannt. Ein Artikel auf der Tech-Nachrichten Seite Bleeping Computer erklärt eine Variante besonders verständlich mit Bildern.[26]

Mit dem Ende der Covid-19-Pandemie haben diese betrügerischen Seiten und Programme an Nachfrage verloren. Dennoch hat sich erneut gezeigt, dass Kriminelle Notsituationen ausnutzen. Diese neuen Formen der Ausbeutung sollten uns für zukünftige Krisen wachsam halten. Es ist wichtig, dass wir uns bewusst bleiben, dass Kriminelle immer wieder neue Wege finden, um von schwierigen Situationen zu profitieren, und dass wir unsere Sicherheitsmaßnahmen entsprechend anpassen und verbessern müssen. Deswegen haben wir diese Erfahrungsberichte aufgenommen, um Ihnen eine Möglichkeit zur Sensibilisierung zu bieten.[27,28,29,30]

[25] Universitätsklinikum Düsseldorf (2020).

[26] Abrams (2020).

[27] Bisson (2020).

[28] Trendmicro (2020).

[29] Paganini (2020).

[30] Waqas (2020).

Beispiel neuer Cyberbedrohungen
Zudem ist es wichtig, sich kontinuierlich auf neue Cyberbedrohungen einzustellen. Ein Beispiel ist die Entwicklung von KI-Sprachmodellen (auch: Large Language Models, LLMs). Diese haben insbesondere im Jahr 2023 für großes Aufsehen gesorgt, indem die Automatisierung und Vereinfachung alltäglicher Aufgaben und Prozesse angestrebt wird. Gleichzeitig wurde den KI-Sprachmodellen ein eigenes Kapitel im Lagebericht zur IT-Sicherheit 2023 (BSI) gewidmet. Denn die Nutzung von KI bringt zwar entsprechende Vorteile, doch auch die Risiken und Bedrohungen rücken immer weiter in den Vordergrund: Zunächst beschränkt der Nutzerkreis solcher KI-Modelle sich nicht nur auf den Privathaushalt und Unternehmen – auch Cyberkriminelle können durch die Verwendung der KI-Sprachmodelle automatisierte Angriffe durchführen. Cyberangriffe können somit ausgeweitet und verbessert werden. Beispielsweise wird es immer schwieriger, Phishing-Mails vom Original zu unterscheiden, da typische Rechtschreib- und Grammatikfehler entfallen.

Insbesondere hinsichtlich datenschutzrechtlicher Bedenken haben einige Unternehmen damit begonnen, unternehmensinterne KI-Sprachmodelle zu entwickeln. Beispielsweise hat die Drogeriemarktkette dm seit dem 11.08.2023 das unternehmensinterne KI-Sprachmodell dmGPT im Einsatz.[31] Doch auch dabei gibt es einige Sicherheitsaspekte zu beachten: KI-Modelle nutzen Unternehmensdaten, um vorgesehene Aufgaben erfüllen zu können. Somit werden Zugriffsrechte auf Systeme bzw. Daten vergeben, die zu diesem Zweck benötigt werden. Ähnlich wie bei den Zugriffsrechten für Mitarbeitende (siehe Abschn. 4.1.3) müssen hierbei Risiken betrachtet werden, die aus einem möglichen Verlust oder einer Offenlegung dieser Daten mit sich gezogen werden. Denn haben Angreifer:innen Zugriff auf das Sprachmodell erlangt, können alle damit verbundenen Daten ausgelesen und missbraucht werden – und das einfacher als je zuvor. Die Frage, wie hoch der Schaden bei einem Verlust oder einer Offenlegung der Daten wäre, muss daher im Vordergrund stehen. Hinzu kommt, dass alle Daten, auf die die KI sich als Trainingsdaten stützt, Fehler enthalten können. Diese Fehler können beispielsweise Code-Schwachstellen darstellen und bei fahrlässiger Umsetzung in Unternehmen dafür sorgen, dass Cyberkriminelle leichter eindringen können.

Von einzelnen Beispielen zur Bedrohungslage in Deutschland
Die Liste an Beispielen würde sich an dieser Stelle noch weiter fortsetzen lassen. Allerdings möchten wir abschließend lieber den Blick auf die Situation in Deutschland werfen. Laut der Studienergebnissen der 300 befragten Unternehmen aus Deutschland[32] zeigt sich Folgendes:

- In den vergangenen zwölf Monaten waren 58 % der befragten deutschen Unternehmen Opfer von Ransomware-Angriffen. Dies stellt einen positiven Trend dar, verglichen mit den 67 % im Report von 2022. Zum Vergleich: Global gaben 66 % der befragten Unternehmen an, in diesem Zeitraum einen solchen Angriff erlebt zu haben.

---

[31] dm-drogerie markt (2023).

[32] Schindler (2023).

- Bei einem Drittel (30 %) der Angriffe auf Unternehmen in Deutschland, bei denen Daten verschlüsselt wurden, kam es auch zum Datendiebstahl. Dieser Wert entspricht dem globalen Durchschnitt.
- Von den deutschen Unternehmen, die von Datenverschlüsselung betroffen waren, konnten 95 % ihre Daten zurückgewinnen – leicht unter dem globalen Durchschnitt von 97 %.
- Mit einem Anteil von 78 % sind Backups nach wie vor das vorherrschende Mittel zur Datenrettung in Deutschland, was einen Anstieg im Vergleich zu den 71 % des Jahres 2022 darstellt.
- 44 % der Unternehmen in Deutschland, deren Daten verschlüsselt wurden, entschieden sich für die Zahlung des Lösegeldes. Das ist ein kleiner Zuwachs im Vergleich zu den 42 % des Vorjahres.

Diese Beispiele und Studienergebnisse verdeutlichen, wie verheerend die Auswirkungen von Cyberangriffen sein können – selbst für Unternehmen, die möglicherweise umfangreiche Sicherheitsmaßnahmen ergriffen haben. Trotzdem dauerte es teilweise mehrere Tage, Wochen oder sogar Monate, um sich von den Angriffen zu erholen. In der aktuellen Version der globalen Studie[33] schafften die Wiederherstellung 8 % der Betroffenen in weniger als einem Tag. Dagegen benötigten 39 % bis zu einer Woche und 29 % bis zu einem Monat. 19 % benötigten sogar bis zu 3 Monate und 6 % sogar bis zu 6 Monate.

Es wird deutlich, dass Cyberangriffe und ihre Auswirkungen nicht unterschätzt werden sollten. Unternehmen und Privatpersonen sollten daher umfassende Sicherheitsvorkehrungen treffen und regelmäßige Datensicherungen durchführen, um sich gegen mögliche Angriffe zu schützen.

▶ Es ist zu beachten, dass eine Datensicherung die letzte Bastion zum Schutz Ihrer Daten sein sollte. Eine Datensicherung hilft Ihnen, Daten und Systeme nach einem Vorfall wiederherzustellen, jedoch kann eine Datensicherung das Auftreten der Schadensfälle nicht verhindern. Aus diesem Grund ist eine Datensicherung lediglich ein Teil der IT-Sicherheit. Einen Einblick in die IT-Sicherheit, mit der Sie Verlust von Daten und noch viele weitere Probleme und Risiken reduzieren können, stellen wir Ihnen im folgenden Kap. 4 vor.

[33] Sophos (2023).

4 IT-Sicherheit als Ergänzung zur Datensicherung

„IT-Sicherheit gleicht oft dem letzten verfügbaren Stück einer köstlichen Pizza – begehrt von allen, aber von niemandem in Anspruch genommen."

(von den Autoren, basierend auf ihren eigenen beruflichen Erfahrungen im Bereich der IT-Sicherheit)

Zusammenfassung

In diesem Kapitel stellen wir die organisatorischen und technischen Risikoaspekte der IT-Sicherheit sowie die unterschiedlichen Kategorien der Schutzmaßnahmen vor. IT-Sicherheit befasst sich mit dem Schutz digitaler Daten und beinhaltet somit alle Maßnahmen, die dazu beitragen, IT-Systeme vor Ausfällen und unbefugten Zugriffen zu schützen. Demnach ist IT-Sicherheit auch für den Schutz von Backup-Daten von wesentlicher Bedeutung. Da unverfälschte Daten insbesondere für die Arbeit in der Forensik eine Rolle spielen, wird im Zusammenhang eines ganzheitlichen Sicherheitsprofils außerdem die Bedeutung von Informationssicherheit betrachtet. Mit Erfahrungswerten aus der Praxis wird das Kapitel abgeschlossen.

Allgemein befasst sich IT-Sicherheit mit dem Schutz von IT-Systemen, auf denen digitale Daten gespeichert und verarbeitet werden. Entsprechend umfasst dies alle Maßnahmen, die zum Schutz der Hard- und Software, der Netzwerke sowie aller weiteren Komponenten beitragen, die sich auf IT-Systeme und damit auf den Schutz digitaler Daten auswirken. Darüber hinaus wird mit der IT-Sicherheit in Unternehmen die Einhaltung regulatorischer, gesetzlicher und unternehmensinterner Anforderungen an die IT und dessen Schutzmaßnahmen festgelegt.

P. Müller et al., *Datensicherung als Teil der IT- und Cybersecurity*,
https://doi.org/10.1007/978-3-658-43701-5_4

IT-Sicherheit stellt demnach das Fundament für die Sicherheit von Daten dar. Üblicherweise wird darunter der Schutz von Originaldaten verstanden. Doch auch Backups müssen anhand von Sicherheitsmaßnahmen vor Ausfällen und Bedrohungen geschützt werden. Für den Fall, dass IT-Sicherheitsmaßnahmen versagen und Originaldaten nicht vor Manipulation oder gar Löschung geschützt werden können, ist das Backup außerdem die letzte Lösung (oder auch „letzte Bastion"), um geschäftskritische Daten zurückzuerlangen. IT-Sicherheitsmaßnahmen haben somit das Ziel, Backups zu schützen, während Backups gleichzeitig als eigenständige Sicherheitsmaßnahme dienen, um potenzielle Verluste zu minimieren.

Neben den technischen Aspekten der IT-Sicherheit spielen auch organisatorische und prozessorientierte Themen eine Rolle. Ohne Richtlinien und Rahmenwerke, die den korrekten Umgang mit IT-Systemen vorgeben und Anforderungen an die Sicherheitsmaßnahmen definieren, wird es nicht möglich sein, einen angemessenen Schutz aufrechtzuerhalten und Daten zu schützen.

Im vorliegenden Kapitel werden organisatorische, technische und menschliche Risiken für die Sicherheit von Daten vorgestellt. Durch die Erläuterung ausgewählter Elemente der IT-Sicherheit (siehe Abb. 4.1) soll außerdem ein näheres Verständnis über die Reduzierung möglicher Risiken aufgebaut werden. Daraus resultierend werden in Abschn. 4.4 praxisnahe Schutzmaßnahmen kategorisiert und anhand praktisch umsetzbarer Beispiele erläutert.

Da IT-Sicherheit ein sehr weitläufiges und komplexes Themenfeld ist, muss erwähnt sein, dass sich dieses Kapitel ausschließlich auf ausgewählte, jedoch wesentliche Elemente der IT-Sicherheit beschränkt. Mit dem Verständnis sowie den praktischen Schutzmaßnahmen soll das Fundament gelegt werden, Daten – und somit auch Backups – angemessen zu schützen.

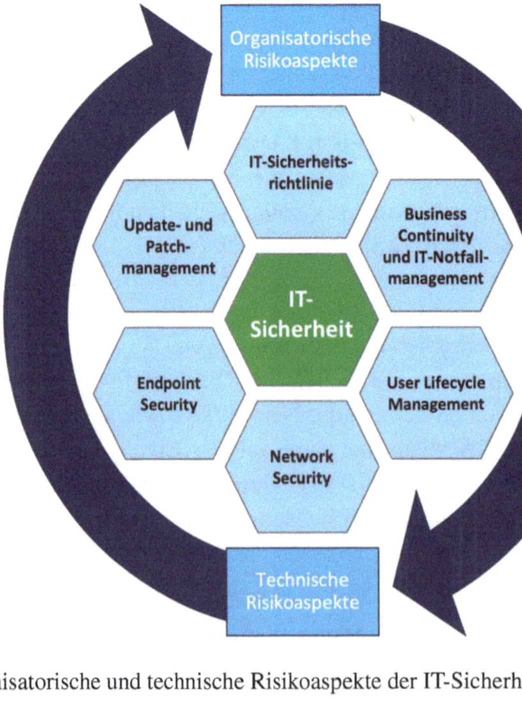

Abb. 4.1 Organisatorische und technische Risikoaspekte der IT-Sicherheit

Unternehmen sind zusätzlich dazu verpflichtet im Falle gesetzlicher Anforderungen unternehmens- bzw. branchenspezifische Bestimmungen heranzuziehen und umzusetzen.

In Kap. 3 wurde bereits über die Ursachen von Datenverlust gesprochen. Darunter waren technische und räumliche Gefahren, organisatorische Gefahren, Gefahren durch technologische Unwissenheit, Gefahren bei mobilen Geräten sowie Gefahren, die durch Internetkriminalität entstehen (siehe Abb. 3.1). Es ist Aufgabe der IT-Sicherheit, eben diesen Gefahren entgegenzuwirken. Je mehr verstanden wird, welche Sicherheitslücken es gibt, wie sie entstehen – und wie diese gegebenenfalls von Cyberkriminellen ausgenutzt werden – umso leichter fällt es, ein vollumfängliches IT-Sicherheitskonzept zu erstellen. Ein solches Konzept beinhaltet alle Maßnahmen und Prozesse, die dazu dienen, IT-Systeme vor Ausfällen und Bedrohungen zu schützen.

Verschiedene Sicherheitsbegriffe

Kaum einer weiß die Begriffe Informationssicherheit, IT-Sicherheit und Cybersicherheit zu unterscheiden, da keine allgemeingültigen Definitionen vorgegeben sind. Hinzu kommt, dass sie sich nicht immer trennscharf voneinander abgrenzen lassen und sich im Wesentlichen mit dem gleichen Ziel befassen: Daten zu schützen.

Abgrenzung der Begriffe

Informationssicherheit	Informationssicherheit (Englisch: Information Security) befasst sich mit dem Schutz von Informationen – sowohl digital als auch analog – und wird oft im Zusammenhang mit dem Aufbau eines Informationssicherheits-Managementsystems (ISMS)[1] bspw. auf Grundlage der internationalen Norm ISO/IEC 27001 genannt.
IT-Sicherheit	Dem entgegen beschränkt sich die IT-Sicherheit (Englisch: IT Security) auf digitale Daten und den Schutz von IT-Systemen. IT-Sicherheit ist demnach ein Teilaspekt der Informationssicherheit.[2]

[1] Ein Managementsystem für Informationssicherheit (ISMS) ist ein systematischer Ansatz zum Schutz sensibler Unternehmensinformationen durch Prävention, Erkennung und Reaktion auf Risiken. Ein ISMS umfasst Richtlinien, Prozesse, Verfahren und technische Maßnahmen, um die Vertraulichkeit, Integrität und Verfügbarkeit von Informationen zu gewährleisten.

[2] Da der Fokus dieses Buches auf Backups liegt – d. h. einer Kopie digitaler Daten – wird vorwiegend der Begriff IT-Sicherheit gebraucht. Cybersicherheit wird als Teil dessen angesehen. In Abschn. 4.4 wird zur Betrachtung eines ganzheitlichen Sicherheitsprofils der Begriff Informationssicherheit eine zusätzliche Rolle spielen.

Cybersicherheit Bei der Cybersicherheit (Englisch: Cybersecurity) liegt der Fokus auf Bedrohungen aus dem Cyberraum und die damit verbundene Internetkriminalität (auch: Cyberkriminalität oder Englisch: Cybercrime). Darunter fallen auch sicherheitspolitische Bedrohungen, wie etwa Cyber-Spionage, Cyber-Krieg oder Cyber-Terrorismus. Sicherheitspolitische Bedrohungen stellen jedoch ein eigenes, komplexes Thema dar und werden daher für das weitere Begriffsverständnis ausgeschlossen. Da IT-Systeme und Daten innerhalb der IT-Sicherheit sowohl vor physischen Bedrohungen als auch vor Bedrohungen aus dem Cyberraum geschützt werden müssen, wird davon ausgegangen, dass Cybersicherheit ein Teilaspekt der IT-Sicherheit darstellt, wenn es beispielsweise um den Schutz von Netzwerken oder vor digitalen Gefahren wie Ransomware und Malware geht.

Schutz der IT-Systeme und deren Daten
Um IT-Systeme zu schützen, reicht es nicht mehr aus, einen Virenscanner in regelmäßigen Abständen laufen zu lassen. Unternehmensprozesse werden zunehmend komplex und IT-Sicherheitsexpertinnen und -experten stehen vermehrt vor der Herausforderung, sich den stetig ändernden Bedrohungen anzupassen. Nicht selten spielen auch unternehmensinterne Herausforderungen, wie das fehlende Bewusstsein über die Bedeutung von IT-Sicherheit auf Entscheidungsebene und somit fehlende Ressourcen und Budgets eine Rolle. Damit einhergehend gibt es eine Vielzahl von Gesetzen, Compliance-Anforderungen und auch Best Practices, die eingehalten werden müssen bzw. herangezogen werden können. Um IT-Sicherheit im Unternehmen zu gewährleisten, müssen daher …

- alle Unternehmensprozesse sowie damit verbundene IT-Verfahren und Prozesse nachvollzogen und dokumentiert werden;
- Risiken identifiziert und analysiert werden;
- nötige IT-Sicherheitsmaßnahmen festgelegt und umgesetzt werden.

Welche Risikoaspekte dabei zu beachten sind, was diese für die Sicherheit von Daten bedeuten und welche IT-Sicherheitselemente bzw. Maßnahmen nötig sind, um einen angemessenen Schutz zu gewährleisten, wird im Weiteren vorgestellt.

4.1 Organisatorische Risikoaspekte der IT-Sicherheit

Organisatorische Risikoaspekte der IT-Sicherheit sind Risiken und Bedrohungen, die sich aus den Strukturen und Prozessen eines Unternehmens ergeben und einen potenziellen Schaden verursachen. So können sich beispielsweise mangelnde Richtlinien und Verfahren sowie unzureichende Management- und Verwaltungsprozesse auf die IT-Sicherheit auswirken. Konkret behandelt dieses Kapitel daher die Inhalte einer geeigneten IT-Sicherheitsrichtlinie, das Business Continuity und IT-Notfallmanagement sowie das User Lifecycle Management und weist die damit verbundenen organisatorischen Risikoaspekte für die Sicherheit von Daten auf.

4.1.1 IT-Sicherheitsrichtlinie

Mit dem Aufbau und der Einführung einer IT-Sicherheitsrichtlinie werden alle Abläufe und Verfahren, die den korrekten Umgang mit IT-Systemen beschreiben, klar definiert und verschriftlicht. Die Richtlinie stellt in dem Zusammenhang das Rahmenwerk für die Sicherheit der unternehmensweiten IT-Landschaft dar.

Neben gesetzlichen Anforderungen, die die wesentlichen Inhalte der IT-Sicherheitsrichtlinie je nach Branche bestimmen, obliegt Unternehmen Entscheidungsspielraum über den Umfang der Richtlinie. So bestimmt die IT-Sicherheitsrichtlinie nach § 75b SGB V beispielsweise die Anforderungen an das IT-Sicherheitsniveau in Arztpraxen,[3] um insbesondere den Schutz personenbezogener und medizinischer Daten zu gewährleisten. Auch Unternehmen Kritischer Infrastrukturen (KRITIS[4]) – d. h. Unternehmen, dessen Ausfall kritische Folgen für die Versorgung der Gesamtwirtschaft hätte – unterliegen speziellen Anforderungen. Diese gehen unter anderem aus dem nationalen IT-Sicherheitsgesetz sowie EU-Richtlinien (NIS2, CER[5]) hervor.[6]

---

[3] Bundesamt für Sicherheit in der Informationstechnik, BSI (2022).

[4] Zu den kritischen Infrastrukturen (KRITIS) gehören Einrichtungen oder Systeme, die von hoher Bedeutung für das Gemeinwesen sind und deren Ausfall oder Beeinträchtigung nachhaltig wirksame Versorgungsengpässe, erhebliche Störungen der öffentlichen Sicherheit oder andere dramatische Folgen verursachen würden. Dazu zählen beispielsweise Energieversorgung, Gesundheitswesen, Telekommunikation, Verkehr und Finanzwesen. Der Schutz von KRITIS ist essenziell, da sie potenzielle Ziele für terroristische Angriffe oder Cyberangriffe darstellen können.

[5] Die CER-Richtlinie (Critical Entities Resilience) ist aus der EU RCE Directive hervorgegangen und soll neben der NIS2-Richtlinie zur Regulierung kritischer Infrastrukturen (KRITIS) und somit zu einer Stärkung der Ausfallsicherheit und Resilienz beitragen. In Deutschland wird sie durch das KRITIS-Dachgesetz umgesetzt.

[6] Weitere Information zu KRITIS finden Sie unter https://www.openkritis.de.

Unabhängig von den Einzelbestimmungen, ist Ziel und Fokus der IT-Sicherheitsrichtlinie immer der Schutz der IT-Systeme und damit verbundener Daten. Sie sollte demnach zwei Schwerpunkte beinhalten:

1. die Festlegung der unternehmensspezifischen IT-Sicherheitsanforderungen und -Maßnahmen,
2. die Schaffung des Bewusstseins über den alltäglichen Umgang mit Systemen und Anwendungen.

Darüber hinaus trägt eine IT-Sicherheitsrichtlinie zur Einheitlichkeit angewandter IT-Sicherheitsmaßnahmen bei. Sind Maßnahmen nicht vereinheitlicht, kann dies dazu führen, dass Abteilungen innerhalb eines Unternehmens unterschiedliche IT-Sicherheitsniveaus aufweisen. Wenn eine Abteilung schwache IT-Sicherheitsmaßnahmen umsetzt, birgt das ein Risiko für die gesamte IT-Sicherheitsstruktur, denn Angreifer:innen suchen meist gezielt Schwachstellen, um in die Systeme einzudringen und Schaden anzurichten. Auch die Verwaltung, Überprüfung und gegebenenfalls Verbesserung der Maßnahmen wird somit erschwert.

Zudem führt eine fehlende IT-Sicherheitsrichtlinie zu einem erhöhten Risiko für die Vertraulichkeit, Integrität und Verfügbarkeit von Daten. Der Erhalt dieser drei Grundelemente ist essenziell für die IT-Sicherheit.

Vertraulichkeit Vertraulichkeit wird erreicht durch den Schutz der Daten vor unbefugten Zugriffen. Sicherheitslücken in der IT-Infrastruktur, Cyberangriffe, schwache Authentifizierungs- und Passwortrichtlinien oder fehlende physische Zugangskontrollen können Ursache für den Verlust von Vertraulichkeit sein.

Integrität Integrität bedeutet Daten vor Veränderung zu schützen und setzt die Vollständigkeit und Echtheit der Daten voraus. Insbesondere in der Forensik und für die gerichtliche Verwendbarkeit von Daten spielt Integrität eine wichtige Rolle. Werden beispielsweise Zeitangaben manipuliert, können Handlungsstränge nicht weiter nachverfolgt werden. Beschädigte oder veränderte Daten führen demnach dazu, dass wichtige Beweismittel unbrauchbar werden. Auch Rechtsansprüche oder Ansprüche auf Schadensersatz können somit verloren gehen.

Verfügbarkeit Zuletzt muss durch die Verfügbarkeit gewährleistet sein, dass autorisierte Personen jederzeit auf Daten zugreifen können, um notwendige Tätigkeiten auszuüben. Dies ist für die Kontinuität des Geschäftsbetriebs maßgeblich.

4.1.1.1 Aufbau der IT-Sicherheitsrichtlinie

IT-Sicherheitsanforderungen und -maßnahmen sind Kern der IT-Sicherheitsrichtlinie. Mit diesen sollen IT-Systeme und Daten vor unbefugtem Zugriff, Manipulation, Verlust oder Diebstahl geschützt werden. Um abzuleiten, welche IT-Sicherheitsmaßnahmen konkret festgelegt werden sollen, können vorab folgende Schritte durchgeführt werden (siehe Abb. 4.2).

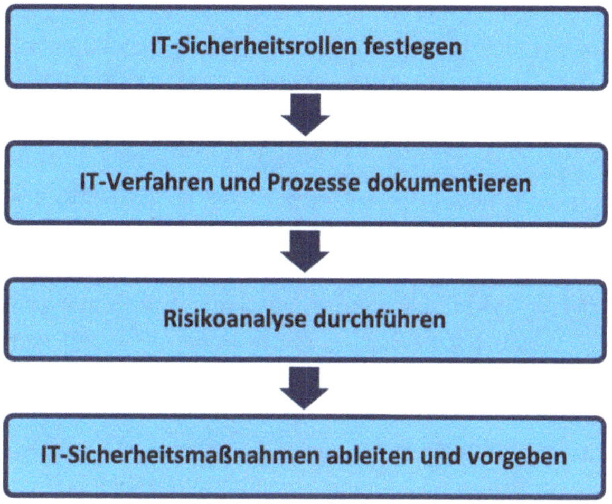

Abb. 4.2 Möglicher Leitfaden zum Aufbau einer IT-Sicherheitsrichtlinie

IT-Sicherheitsrollen

Die IT-Sicherheitsrichtlinie sollte alle IT-Sicherheitsrollen und somit Verantwortungsbereiche und Zuständigkeiten festlegen. Hierzu zählt beispielsweise die Festlegung der Systemadministrator:innen, eines Chief Information Security Officers (CISO[7]), einer bzw. eines IT-Sicherheits- und Datenschutzbeauftragten sowie die damit einhergehenden Verantwortungs- und Zuständigkeitsbereiche. Werden Rollen nicht vergeben oder nicht an die Mitarbeitenden kommuniziert, besteht im Falle eines Sicherheitsvorfalls Unklarheit darüber, ob und bei wem ein Vorfall gemeldet werden muss. Daher ist es notwendig, konkrete Rollen und Anlaufstellen zu bestimmen. Überschneidungen der Zuständigkeitsbereiche können außerdem dazu führen, dass sich niemand verantwortlich für die Ausführung der Sicherheitsmaßnahmen fühlt und diese letztlich unerfüllt bleiben. Alles in allem senken fehlende IT-Sicherheitsrollen die Effizienz bestehender IT-Sicherheitsmaßnahmen.

IT-Verfahren und Prozesse

Wenn es um die Frage des Vorhandenseins dokumentierter Prozesse geht, fällt in der Arbeitswelt häufig der Begriff der „gelebten Praxis". Dies bedeutet nichts anderes, als dass sich aus gewohnten Arbeitsabläufen gängige Verfahren und Prozesse etabliert haben, die praktisch angewandt, jedoch nicht dokumentiert werden. Es findet höchstens eine mündliche Weitergabe statt. Prinzipiell heißt das nicht, dass diese Verfahren schlecht sind, doch die Probleme und Risiken werden beispielsweise deutlich, wenn Mitarbeitende das Unternehmen verlassen und all das Wissen mit sich nehmen, ohne es je weitergegeben zu haben. Neben dem Wissensverlust leidet auch die IT-Sicherheit, da die Kontrolle und

[7] CISO ist eine leitende Führungskraft in einem Unternehmen und verantwortlich für die Strategie sowie Implementierung von Informationssicherheitsmaßnahmen. Der/die CISO überwacht die Sicherheit von IT-Systemen, entwickelt Richtlinien zum Schutz von Daten und reagiert auf Sicherheitsvorfälle.

potenziell nötige Ausarbeitung der Verfahren durch mangelnde Nachvollziehbarkeit erschwert wird. Auch Schwachstellen können ohne Dokumentation schneller übersehen werden, sodass Raum für Cyberangriffe besteht.

Risikoanalyse

Als Teil der IT-Verfahren und Prozesse müssen damit verbundene Bedrohungen und Schwachstellen anhand einer Risikoanalyse bestimmt werden. Dabei wird zunächst die Frage beantwortet, welche Bedeutung das jeweilige Verfahren bzw. der jeweilige Prozess für die Sicherheit der IT-Systeme sowie für Geschäftsabläufe und zu schützende Daten hat. Nachdem die Kritikalität festgelegt wurde, werden alle damit verbundenen Risiken sowie dessen Eintrittshäufigkeit bestimmt. Anschließend folgt die Bewertung der Risiken, d. h. in welchem Maße sie Auswirkungen auf den Geschäftsbetrieb hätten und welche potenziellen Schäden damit verbunden wären. Ein Prozess, der beispielsweise als besonders kritisch eingestuft wird und dessen Ausfall hohe finanzielle Schäden mit sich ziehen würde, muss höheren Sicherheitsanforderungen unterliegen.

► Sicherheitsanforderungen ergeben sich allgemein aus den (branchen-)spezifischen Bedürfnissen des Unternehmens, gesetzlichen und regulatorischen Anforderungen sowie aus den Ergebnissen der Risikobewertung. Anhand dessen können angemessene Sicherheitsmaßnahmen abgeleitet und festgelegt werden.

IT-Sicherheitsmaßnahmen

Ungeschützte Daten können fatal für ein Unternehmen sein. Neben dem Datenverlust, der zu Rechtsfolgen und hohen Strafen führen kann, leidet auch die Reputation des Unternehmens und damit das Vertrauen der Kundinnen und Kunden. Um Daten zu schützen, müssen daher IT-Sicherheitsmaßnahmen festgelegt werden. Basierend auf den Ergebnissen der Risikoanalyse, können die Maßnahmen außerdem den unternehmenseigenen Bedürfnissen angepasst werden.

Allgemein sind Bestimmungen über den physischen und technischen Zugang zu Daten der mitunter wichtigste Bestandteil einer IT-Sicherheitsrichtlinie. Hierzu zählen sowohl physische Zugangskontrollen als auch Bestimmungen über technische Zugänge, darunter das Identity and Access Management, eine geeignete Passwortrichtlinie und Verschlüsselungsmaßnahmen. Sind Passwörter beispielsweise zu einfach, werden sie nicht regelmäßig gewechselt oder gar nicht erst genutzt, macht das den Zugang zu kritischen Geschäftsinformationen für jede Unbefugte bzw. jeden Unbefugten zu einem Leichten. Zudem können unverschlüsselte Daten oder Datenträger schnell verloren gehen und sind somit für jeden uneingeschränkt nutzbar. Unbefugte Dritte, die Zugang zu Unternehmensdaten haben, können diese nicht nur einsehen, sondern verändern, löschen oder ausleiten. Daraus resultieren sowohl rechtliche Folgen als auch Einschränkungen im Geschäftsablauf. Ungewollte Zugriffe können außerdem durch technische Sicherheitslücken entstehen, die durch entsprechende Maßnahmen geschlossen werden müssen.

Leitfragen zum Aufbau einer IT-Sicherheitsrichtlinie

- Was ist das Ziel der IT-Sicherheitsrichtlinie?
- Welche IT-Sicherheitsrollen müssen festgelegt werden?
- Wer sind die Verantwortlichen?
- Welche Zuständigkeits- bzw. Tätigkeitsbereiche sollen den verschiedenen Rollen zugeordnet werden?
- Welche IT-Verfahren und Prozesse sind im Unternehmen vorhanden?
- Welche schützenswerten Informationen und Systeme sind mit diesen verbunden?
- Sind diese dokumentiert, um eine effektive Überwachung der IT-Sicherheit zu ermöglichen?
- Wie kritisch sind die jeweiligen IT-Verfahren und Prozesse für die IT-Sicherheit bzw. welche Auswirkungen hätte ein Ausfall auf den Geschäftsablauf?
- Welche potenziellen Schwachstellen (Risiken) und Bedrohungen gibt es in den IT-Verfahren und Prozessen?
- Wie hoch ist die Wahrscheinlichkeit des Eintritts der Risiken und welche Auswirkungen würden sie haben?
- Wie soll mit den Risiken umgegangen werden?
- Welche gesetzlichen und regulatorischen Sicherheitsanforderungen müssen eingehalten werden?
- Welche IT-Sicherheitsmaßahmen sind nötig, um den Anforderungen zu entsprechen und einen angemessenen Schutz zu bieten?
- Wie werden die Maßnahmen im Unternehmen umgesetzt?
- Wie wird die Wirksamkeit der IT-Sicherheitsmaßnahmen überprüft?
- Sind alle unternehmensspezifischen Sicherheitsmaßnahmen dokumentiert, umgesetzt und unterliegen einer kontinuierlichen Überprüfung und Verbesserung?

In Kap. 8 finden Sie die Leitfragen in Form einer exemplarischen Orientierungshilfe zum Ausfüllen und Beantworten. Die Leitfragen dienen nicht nur zum Verständnis, sondern können auch als Vorlage für den Aufbau der eigenen IT-Sicherheitsrichtlinie herangezogen werden.

4.1.1.2 Sensibilisierung der Mitarbeitenden für IT-Sicherheit

Nicht nur Cyberkriminelle, auch so genannte „Insider" können ein Risiko für die IT-Sicherheit sein und erheblichen Schaden anrichten. Insider sind Mitarbeitende eines Unternehmens, die über ihre Zugänge zu IT-Systemen Sicherheitslücken schaffen. Neben klaren kriminellen Absichten, kann auch Unwissenheit und fahrlässiges Verhalten dazu führen, dass Schadprogramme eingeschleust werden. Die Unkenntnis über mögliche Cyberangriffe und Nichteinhaltung von Passwort-Standards zählen dabei zu den häufigsten Gründen.

Die IT-Sicherheitsrichtlinie stellt den ersten Beitrag dar, technologische Unwissenheit zu bewältigen. Werden Mitarbeitende nicht über den korrekten Umgang mit IT-Systemen, dessen Anwendungen sowie damit verbundenen Risiken informiert und sensibilisiert, besteht die Gefahr, dass die Sicherheit von Daten verloren geht.

Dabei gibt es mehrere Risikoszenarien, die aufgrund mangelnder Sensibilisierung auftreten können: Ohne klare Vorschriften und Einschränkungen im Umgang mit sensiblen Daten, könnten Mitarbeitende beispielsweise Unterlagen über Geschäftsgeheimnisse nach Belieben an private E-Mail-Konten ausleiten oder mittels eines ungeschützten USB-Sticks mit nach Hause nehmen. Das Unternehmen kann weder nachverfolgen, dass Daten ausgeleitet wurden, noch um welche Daten es sich handelt und wer diese einsehen kann. Dies kann schwerwiegende rechtliche Folgen haben.

Auch Internetkriminelle machen sich die Unwissenheit von Anwender:innen zu Nutzen. Wenn Mitarbeitende nicht in der Lage sind, Phishing- oder Ransomware-Angriffe zu erkennen und beispielsweise unsichere Websites nutzen, fremde URLs und Dateianhänge öffnen, können Betrüger:innen auf sensible Daten zugreifen oder diese verschlüsseln, um Lösegeld zu verlangen. Dies hat Auswirkungen auf den Betriebsablauf, welcher gänzlich zum Halt kommen kann.

Cyberbedrohungen für Mitarbeitende

Phishing Anhand von Phishing-Mails werden Empfänger:innen unter einem Vorwand dazu aufgefordert, gefälschte Links zu vermeintlich bekannten Webseiten zu öffnen. Häufig werden dabei Webseiten von Banken oder Postunternehmen nachgestellt. Folgen Empfänger:innen diesen Links, öffnet sich eine täuschend echte Anmeldemaske mit der Aufforderung, Benutzername und Passwort einzugeben. Es kann auch vorkommen, dass mit Öffnen des Links Dateien heruntergeladen werden, die Schadprogramme enthalten und durch die die Angreifer:innen an wichtige Daten gelangen können (Passwörter, Bankdaten, Kreditkartennummern). Sowohl Links als auch Anhänge dubioser E-Mails oder Textnachrichten sollten daher nie geöffnet werden.

Ransomware Wie in Abschn. 3.5 bereits erwähnt, handelt es sich bei Ransomware um ein Schadprogramm, welches Dateien verschlüsselt und Betroffene daran hindert, auf diese zugreifen zu können. Anschließend fordern Angreifer:innen ein hohes Lösegeld für die Freigabe der Daten, die häufig absolut kritisch für das Fortlaufen des Geschäftsbetriebs sind. Gibt es aktuelle und vollständige Backups aller Daten, können die befallenen und verschlüsselten Systeme von der Schadsoftware bereinigt werden, ohne einen Datenverlust zu erleiden und ohne Lösegeld zahlen zu müssen. Schadprogramme können (wie oben beschrieben) durch das Öffnen gefälschter Links oder das Herunterladen unbekannter E-Mail- oder Nachrichten-Anhänge eingeschleust werden. Aufgrund des hohen Umsatzpotenzials für Cyberkriminelle stellt diese Art Cyberangriff eine besondere Bedrohung für Unternehmen dar.

Social Engineering Mittels Social Engineering spionieren Täter:innen zwischenmenschliche Beziehungen aus, um Informationen zu sammeln und die Chance eines erfolgreichen Angriffs (bspw. Phishing oder Ransomware) zu erhöhen. Häufig werden persönliche Informationen über Social-Media-Kanäle (Facebook, LinkedIn, etc.) preisgegeben, die wiederum von Täter:innen ausgenutzt werden. Weitere Beispiele für Social-Engineering-Angriffe sind das gezielte Abhören von Gesprächen, beispielsweise wenn Mitarbeitende an öffentlichen Orten über Geschäftsgeheimnisse sprechen oder durch das Einschleusen von Personen in sensible Räumlichkeiten des Unternehmens. Auch außerhalb der Nutzung von Social-Media ist daher Achtsamkeit geboten.

CEO Fraud[8] Bei dem CEO Fraud handelt es sich um eine Betrugsmasche, bei der die Täter:innen sich als CEO oder vergleichbar hochrangige Führungskraft eines Unternehmens ausgeben und täuschend echte E-Mails an Mitarbeitende versenden. In diesen fordern sie die Überweisung hoher Geldsummen an ausgewählte Bankkonten. Da in dem Zusammenhang auch Rechnungen und Geschäftspapiere gefälscht werden, wird der Betrug selten erkannt und zieht anschließend hohe finanzielle Schäden mit sich.

Umgang mit vertraulichen Informationen

Neben den Cyberbedrohungen, ist auch der Umgang mit vertraulichen Informationen ein wesentlicher Bestandteil der IT-Sicherheitsrichtlinie, für den Mitarbeitende sensibilisiert werden müssen. Vertrauliche Informationen sind Informationen, die besonders schützenswert sind. Dazu zählen personenbezogene Daten, Kunden- und Finanzdaten sowie sensible Geschäftsinformationen (Strategien, Pläne, etc.).

Um vertrauliche Informationen zu schützen, müssen Mitarbeitende darüber aufgeklärt werden, wie sie vertrauliche Informationen identifizieren und klassifizieren können und wie sie mit ihnen umzugehen haben. Letzteres betrifft unter anderem

- die Einhaltung einer angemessenen Passwortrichtlinie,
- Vorgaben über die nötige Verschlüsselung von Daten
- sowie die sichere Verwendung von Hard- und Software (Endgeräte, Netzwerke, etc.).

[8] Weitere Information zum CEO Fraud finden Sie auf dem gleichnamigen Blog unseres Autors Patrick Müller unter https://mr01analytics.de/de/ceofraudblog.

Allen in allem umfasst der Umgang mit vertraulichen Informationen alle Maßnahmen, die darauf abzielen, die Sicherheit von Geräten und vertraulichen Informationen zu schützen.

Clean Desk Policy
Zur Bestimmung der Anforderungen an das Verhalten der Mitarbeitenden im Umgang mit vertraulichen Informationen dient auch die Clean Desk Policy. Dabei handelt es sich um eine Unternehmensrichtlinie, die als Teil der IT-Sicherheitsrichtlinie Verhaltensregeln über die Ordnung auf dem eigens genutzten Schreibtisch bestimmt. Nicht nur können einsehbare Dokumente und Dateien auf dem Schreibtisch bzw. Desktop zu Compliance-Verstößen führen, auch die Verletzung von Datenschutzbestimmungen sowie Datendiebstahl können die Folge sein.

Beispiel

Mitarbeitende vergessen häufig bei Abwesenheit den eigenen Desktop zu sperren – Betrüger:innen können in solchen Momenten auf unternehmensinterne Daten zugreifen. Auch wenn bei einem darauffolgendem Datendiebstahl, einer Löschung oder böswilligen Veränderung der jeweils angemeldete Benutzername in den Logdateien aufgeführt wird, ist es schwierig oder sogar unmöglich nachzuvollziehen, wer tatsächlich hinter dem Bildschirm saß und die Daten manipuliert hat. Um nicht selbst als verdächtig zu gelten, sollte die Tastenkombination **Windows-Taste + L** (bzw. bei macOs durch Drücken der **Touch-ID-Taste** oder Verwendung der Tastenkombination **Control + Command + Q**) zur Sperrung des Bildschirms daher verinnerlicht werden. ◀

Letztlich stellt menschliches Versagen das größte Risiko für die IT-Sicherheit dar, da Mitarbeitende häufig auf Betrugsmaschen wie Phishing oder Social Engineering hereinfallen und Täter:innen ungewollt Zugriff auf die IT-Systeme des Unternehmens verschaffen. IT-Sicherheitsmaßnahmen verlieren somit ihre Wirksamkeit, wenn Mitarbeitende nicht ausreichend sensibilisiert sind.

Ein erster Schritt, Mitarbeitende zu sensibilisieren, liegt demnach in der Einführung der IT-Sicherheitsrichtlinie. Dabei ist eine klare Kommunikation der Inhalte an die Anwender:innen ebenfalls von Bedeutung. Gezielte Trainings, Schulungen und E-Learnings helfen dabei, die Anforderungen zusammenzufassen und ein erhöhtes Bewusstsein zu schaffen. Anschließend kann die Richtlinie im Zweifel immer herangezogen und als Maßstab genommen werden können.

Eine IT-Sicherheitsrichtlinie sollte

- verschriftlicht und verfügbar sein,
- eindeutig und wirksam sein,
- konkrete Ziele definieren,

- die Einheitlichkeit der IT-Sicherheitsmaßnahmen gewährleisten,
- Verantwortlichkeiten und Zuständigkeiten festlegen,
- IT-Verfahren und Prozesse dokumentieren,
- alle regulatorischen und gesetzlichen (ggf. branchenspezifischen) Anforderungen und Maßnahmen an die IT-Sicherheit enthalten,
- unternehmensspezifische Anforderungen und Maßnahmen an die IT-Sicherheit enthalten,
- konkrete Verhaltensregeln im Umgang mit IT-Systemen und Anwendungen vorgeben,
- zur Sensibilisierung der Mitarbeitenden hinsichtlich der IT-Sicherheit beitragen und
- angemessen kommuniziert werden.

4.1.2 Business Continuity und IT-Notfallmanagement

Backups sind wesentlicher Bestandteil des Business Continuity und IT-Notfallmanagements. Dabei handelt es sich um zwei Konzepte, die sich mit den Anforderungen an die Geschäfts- und IT-Kontinuität in Krisensituationen befassen. Durch die Sicherung wichtiger Daten werden die Auswirkungen möglicher Notfälle reduziert.

Business Continuity Management

Das Business Continuity Management (BCM) dient der Aufrechterhaltung wesentlicher Geschäftsabläufe in Krisen- und Ausnahmesituationen. Zu diesem Zweck legt die internationale Norm ISO 22301 Anforderungen an ein wirksames BCM fest und enthält Vorgaben für die Implementierung, Überwachung und kontinuierliche Verbesserung geeigneter Maßnahmen.

Dabei ist es keine Frage ob, sondern wann eine Krisen- oder Ausnahmesituation eintritt, denn Ursachen für Geschäftsausfälle gibt es viele. Neben Cyberangriffen können Ereignisse wie Naturkatastrophen, Stromausfälle oder menschliches Versagen dazu führen, dass der Betrieb eines Unternehmens gestört wird. Auch ein übermäßiger Ausfall von Personal und Lieferanten kann den Geschäftsbetrieb gänzlich zum Erliegen bringen. Um auf solche Krisen vorbereitet zu sein, muss daher eine Richtlinie erstellt werden, in der sowohl Verantwortliche festgelegt als auch Maßnahmen formuliert werden, die zur Aufrechterhaltung des Geschäftsbetriebs beitragen und mögliche Auswirkungen minimieren.

Um die Auswirkungen potenzieller Störungen auf den Geschäftsbetrieb zu bewerten, ist als Teil des BCMs außerdem die Durchführung einer Business-Impact-Analyse (BIA) von Bedeutung. Dabei werden kritische Geschäftsprozesse und IT-Systeme identifiziert, Abhängigkeiten bestimmt sowie die Höhe der Schäden bei einem Ausfall gemessen. Zudem werden maximal tolerierbare Ausfallzeiten festgelegt und Wiederherstellungspläne erstellt.

IT-Notfallmanagement

Auch das IT-Notfallmanagement befasst sich mit Krisen- bzw. Ausnahmesituationen, fokussiert sich jedoch auf die Sicherstellung der IT-Kontinuität. Die zunehmende Komplexität von Cyberangriffen führt dazu, dass der Aufbau einer sicheren IT-Landschaft zu einer anspruchsvollen Herausforderung wächst. Die Aufgabe des IT-Notfallmanagements besteht somit darin, IT-Risiken zu identifizieren und geeignete IT-Sicherheitsmaßnahmen aufzustellen, um Ausfallzeiten bei einem Vorfall zu minimieren. Demnach sind das Business Continuity und IT-Notfallmanagement zwei nah beieinanderstehende Konzepte, die üblicherweise miteinander einhergehen.

Risiken, die sich aus dem Fehlen eines BCMs oder IT-Notfallmanagements ergeben, sind vielfältig. Dabei kommt es auf das Ausmaß der Störung und die betroffenen Geschäftsprozesse an. Kritische Geschäftsprozesse sind dabei Prozesse, die große Auswirkungen auf den Fortlauf des Geschäftsbetriebs haben. Das heißt, kommt es zu einem Ausfall, können beispielsweise Produkte oder Dienstleistungen nicht länger angeboten werden und der Umsatz des Unternehmens bricht ein. Ein mehrstündiger Ausfall kann dabei bereits Verluste in Millionenhöhe verursachen. Auch die Reputation des Unternehmens und das Vertrauen der Kundinnen und Kunden kann in solchen Fällen Schaden nehmen.

Notfallwiederherstellung (Disaster Recovery)

Ist trotz aller IT-Sicherheitsmaßnahmen eine Krisensituation eingetreten, können IT-Systeme ausfallen und Daten abhandenkommen. Ein weiteres Konzept, welches sich mit der Zeit nach einem Ausfall beschäftigt, fällt unter den Begriff Disaster Recovery. Während das Business Continuity und IT-Notfallmanagement sich auf die Aufrechterhaltung der Geschäfts- bzw. IT-Kontinuität konzentrieren, werden mit einem Disaster-Recovery-Plan Maßnahmen vorgegeben, die eine schnelle Wiederherstellung der IT-Infrastruktur und Daten ermöglichen (siehe Abschn. 5.8). Auch dieses Konzept ist daher eng mit dem BCM und IT-Notfallmanagement verbunden.

▶ Regelmäßige Backups sind sowohl Teil eines effizienten Disaster-Recovery-Plans als auch des Business Continuity und IT-Notfallmanagements. Durch Backups wird die Wiederherstellung beschädigter oder verlorener Daten ermöglicht und somit die Kontinuität des Geschäftsbetriebs und der IT-Systeme gestärkt. Insbesondere Ausfallzeiten werden durch angemessene Backups reduziert.

Entsprechend kann ein BCM-Prozesskreislauf (siehe Abb. 4.3) wie folgt aufgebaut werden: An erster Stelle steht die Identifizierung kritischer Geschäftsprozesse und Abhängigkeiten. Anschließend folgt die Bewertung potenzieller Risiken und Bedrohungen, die im Zusammenhang mit den Geschäftsprozessen identifiziert wurden. Auf Grundlage der Risikobewertung werden Pläne und Maßnahmen entwickelt, die im Falle einer Störung eine schnelle Wiederherstellung ermöglichen. Ein weiterer Schritt ist die regelmäßige

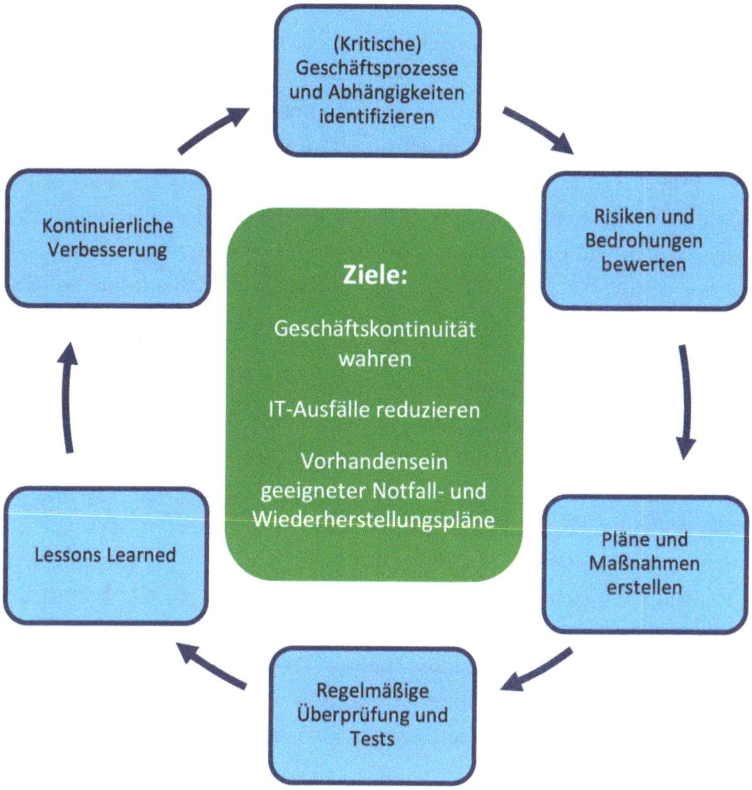

Abb. 4.3 Prozesskreislauf im Business Continuity und IT-Notfallmanagement

Überprüfung der Pläne und das Testen umgesetzter Maßnahmen. Neben den Testergebnissen werden Erkenntnisse, die aus einer tatsächlichen Störung oder Krise hervorgegangen sind, gesammelt, um die Effektivität vorhandener BCM-Pläne und -Maßnahmen zu messen. Dabei wird aus vorangegangenen Fehlern oder Sicherheitslücken gelernt („Lessons Learned"). Letztlich müssen sowohl der BCM-Prozess als auch eingeführte Pläne und Maßnahmen einer kontinuierlichen Verbesserung unterliegen. Das grundlegende Ziel ist die Wahrung der Geschäftskontinuität, die Reduktion von IT-Ausfällen sowie die Aufrechterhaltung effektiver Notfall- und Wiederherstellungspläne.

Leitfragen zum Aufbau eines Business Continuity und IT-Notfallmanagements

- Was ist das Ziel des Business Continuity und IT-Notfallmanagements?
- Welche Rollen müssen festgelegt werden?
- Wer sind die Verantwortlichen?
- Welche Ressourcen stehen dem Unternehmen für die Einführung des Business Continuity und IT-Notfallmanagements zur Verfügung (Budget, Personal, etc.)?

- Welche Zuständigkeits- bzw. Tätigkeitsbereiche sollen den verschiedenen Rollen zugeordnet werden?
- Welche Kommunikationswege bzw. Anlaufstellen gibt es im Falle eines Notfalls?
- Welche (kritischen) Geschäftsprozesse sind im Unternehmen vorhanden?
- Welche Prozesse sind voneinander abhängig?
- Welche Auswirkungen hätte ein Ausfall der Prozesse auf den Geschäftsablauf?
- Welche Risiken und Bedrohungen bestehen für die Geschäftsprozesse?
- Wie hoch ist die Wahrscheinlichkeit des Eintritts der Risiken und welche Auswirkungen würden sie auf die Kontinuität des Geschäftsbetriebs bzw. der IT haben?
- Wie soll mit den Risiken umgegangen werden?
- Welche Anforderungen an ein Business Continuity und IT-Notfallmanagement bestehen für das Unternehmen, die sich aus gesetzlichen, vertraglichen oder unternehmenseigenen Umständen ergeben?
- Welche Maßnahmen sind nötig, um den Anforderungen zu entsprechen und wie können diese im Unternehmen umgesetzt werden?
- Wie können IT-Systeme nach einem Ausfall wieder hergestellt werden, um Geschäftskontinuität zu gewährleisten?
- Werden Wiederherstellungs- und Notfallpläne regelmäßig getestet?
- Sind alle Maßnahmen des Business Continuity und IT-Notfallmanagements dokumentiert, umgesetzt und unterliegen einer kontinuierlichen Überprüfung und Verbesserung?

In Kap. 8 finden Sie die Leitfragen in Form einer exemplarischen Orientierungshilfe zum Ausfüllen und Beantworten. Die Leitfragen dienen nicht nur zum Verständnis, sondern können auch als Vorlage für den Aufbau des eigenen Business Continuity und IT-Notfallmanagements herangezogen werden.

4.1.3 User Lifecycle Management

Das User Lifecycle Management (ULM) befasst sich mit der Erstellung, Verwaltung und Löschung von Benutzerkonten innerhalb eines Unternehmens. Diesen Benutzerkonten sind Zugriffsrechte zugeordnet, welche den Zugriff auf Unternehmensressourcen wie Systeme, Anwendungen und Daten ermöglichen. Der Lebenszyklus eines Benutzerkontos kann unterteilt werden in drei Phasen: User Onboarding, User Management und User Offboarding.

Die Phase des User Onboardings beginnt mit der Bestätigung der Einstellung einer bzw. eines neuen Mitarbeitenden. Das User Management beschreibt die Zeit während der Betriebszugehörigkeit und das User Offboarding schließlich die Phase des Austritts. Damit verbunden ist das Identity and Access Management (IAM), welches als Teil des ULMs eine wesentliche Rolle in der Verwaltung der Zugriffsrechte spielt (siehe Abb. 4.4).

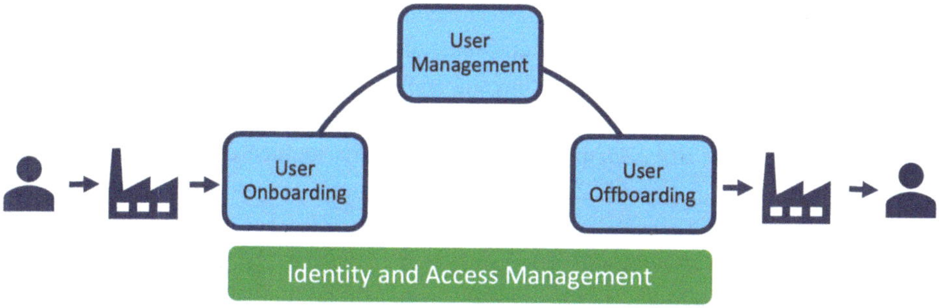

Abb. 4.4 Drei Phasen im User Lifecycle Management

User Onboarding Der Lebenszyklus eines Benutzerkontos beginnt mit Einstellung einer bzw. eines neuen Mitarbeitenden. Im Zuge dessen werden unter anderem User-IDs, Benutzernamen, Passwörter und E-Mail-Adressen erstellt und vergeben. Durch die Erstellung und Zuweisung des Benutzerkontos erhalten Mitarbeitende anschließend Zugriffsrechte auf Anwendungen und Systeme, die zur Ausübung der vorgesehenen Tätigkeiten nötig sind. Bereits vor dem Onboarding müssen daher Tätigkeiten und damit verbundene Zugriffsrechte identifiziert worden sein. Demnach ist es wichtig, ein grundlegendes Verständnis über Prozesse und Arbeitsabläufe verschiedener Abteilungen und Arbeitsgruppen aufzubauen. Auch die Inhalte verschiedener Unternehmensressourcen – ob Systeme, (Laufwerks-)Ordner oder einzelne Daten – müssen zu diesem Zweck bekannt sein.

User Management Das User Management befasst sich mit der Zeit, in der die Benutzerkonten aktiv verwaltet werden. Dies umfasst sowohl die Änderung von Zugriffsrechten als auch die Aktualisierung von Benutzerinformationen, beispielsweise bei einem Namenswechsel der Mitarbeitenden. Zudem wird mit dem User Management die Einhaltung von Sicherheitsrichtlinien und Compliance-Vorgaben gewährleistet, indem Zugriffe auf Unternehmensressourcen überwacht und kontrolliert werden.

Beispiel

Häufig kommt es vor, dass Mitarbeitende Abteilungen innerhalb eines Unternehmens wechseln und ihnen damit neue Aufgaben zugeordnet werden. Zwar endet dann nicht der Lebenszyklus ihres Benutzerkontos, damit verbundene Zugriffsrechte werden jedoch erweitert. Nur selten werden im selben Schritt nicht mehr benötigte Zugriffsrechte eingeschränkt. Stattdessen wird beobachtet, dass Mitarbeitende bei langfristiger Tätigkeit in einem Unternehmen Zugriffsrechte besitzen, die weit über den eigenen Aufgabenbereich hinausgehen. Insbesondere der Wechsel zwischen Abteilungen unterliegt demnach nur selten einer Kontrolle. Dabei besteht das Risiko, dass einzelnen Mitarbeitenden zu viele Rechte zugeschrieben sind. Erhalten Angreifer:innen Zugriff auf ein solches Benutzerkonto, stehen auch ihnen alle Rechte zur Verfügung. ◀

User Offboarding Mit Austritt der Mitarbeitenden aus dem Unternehmen endet auch der Lebenszyklus der Benutzerkonten. Durch die Löschung bzw. Deaktivierung des jeweiligen Benutzerkontos werden alle Zugriffsrechte auf Systeme und Anwendungen entfernt. Zudem müssen bei Austritt alle Unternehmenseigentümer zurückgegeben werden, die den Mitarbeitenden Zugriff bzw. Zugang zu Unternehmensressourcen ermöglicht haben, darunter Laptops, Smartphones und Zugangskarten.

Identity and Access Management (IAM)
Das Identity and Access Management ist wesentlicher Bestandteil des User Lifecycle Managements und konzentriert sich speziell auf die Verwaltung der Zugriffsrechte. Dies umfasst die Authentifizierung, Autorisierung und Überwachung von Zugriffen auf Unternehmensressourcen. Während mit dem User Onboarding, User Management und User Offboarding Benutzerkonten erstellt und verwaltet werden und somit der gesamte Lebenszyklus eines Benutzerkontos begleitet wird, liegt der Fokus des Identity and Access Managements auf der Identifizierbarkeit von Benutzer:innen sowie der Zuordnung nötiger Zugriffe. Mit jedem erstellten Benutzerkonto, spielt daher auch das Identity and Access Management eine wichtige Rolle.

Eine Kernaufgabe des IAMs ist demnach die Authentifizierung von Benutzer:innen. Mittels Authentifizierung wird die Identität der Benutzer:innen geprüft und sichergestellt, dass nur autorisierte Personen auf Unternehmensressourcen zugreifen können. Im Unternehmenskontext geschieht dies üblicherweise über die Eingabe von Benutzername und Passwort bzw. durch die Überprüfung eines Mitarbeiterausweises, wenn Zutritt zu physischen Räumlichkeiten gewährt werden soll. Um Authentifizierung zu stärken, müssen geeignete Passwortvorgaben oder zusätzliche Authentifizierungsmaßnahmen eingeführt sein. Eine besonders geeignete Maßnahme ist die Verwendung einer Zwei-Faktor-Authentifizierung mittels Security-Token oder Einmalpasswort.

Eine weitere Aufgabe des IAMs liegt in der Autorisierung und Vergabe der Zugriffsrechte (siehe Abb. 4.5). Üblicherweise erfolgt dieser Prozess hierarchisch, indem den Benutzerkonten zunächst grundlegende und anschließend tiefer gehende Zugriffsrechte zugeordnet werden. Zu diesem Zweck wird im ersten Schritt identifiziert, welcher Abteilung die Benutzer:innen zugeordnet sind. Darauf aufbauend folgt die Frage, auf welche Unternehmensressourcen die ihnen zugeordnete Abteilung zugreifen muss, um alle erforderlichen Tätigkeiten ausüben zu können. In einem nächsten Schritt muss identifiziert werden, ob für die Rolle der Benutzer:innen abteilungsunabhängige Tätigkeiten bestimmt sind, die erweiterte Zugriffsrechte erforderlich machen. Daraus ergeben sich alle Unternehmensressourcen, auf die Zugriff gewährt wird, da diese abteilungsbezogen oder für die Ausübung rollenspezifischer Tätigkeiten notwendig sind (in Abb. 4.5 grün dargestellt). Sowie alle Unternehmensressourcen, auf die aufgrund fehlender Notwendigkeit kein Zugriff gewährt wird (in Abb. 4.5 rot dargestellt). Zuletzt wird die Art des Zugriffs präzisiert und in die Kategorien Lese-, Schreib- und Löschrechte unterteilt.

▶ Wer muss auf was, unter welchen Kriterien und wie zugreifen?

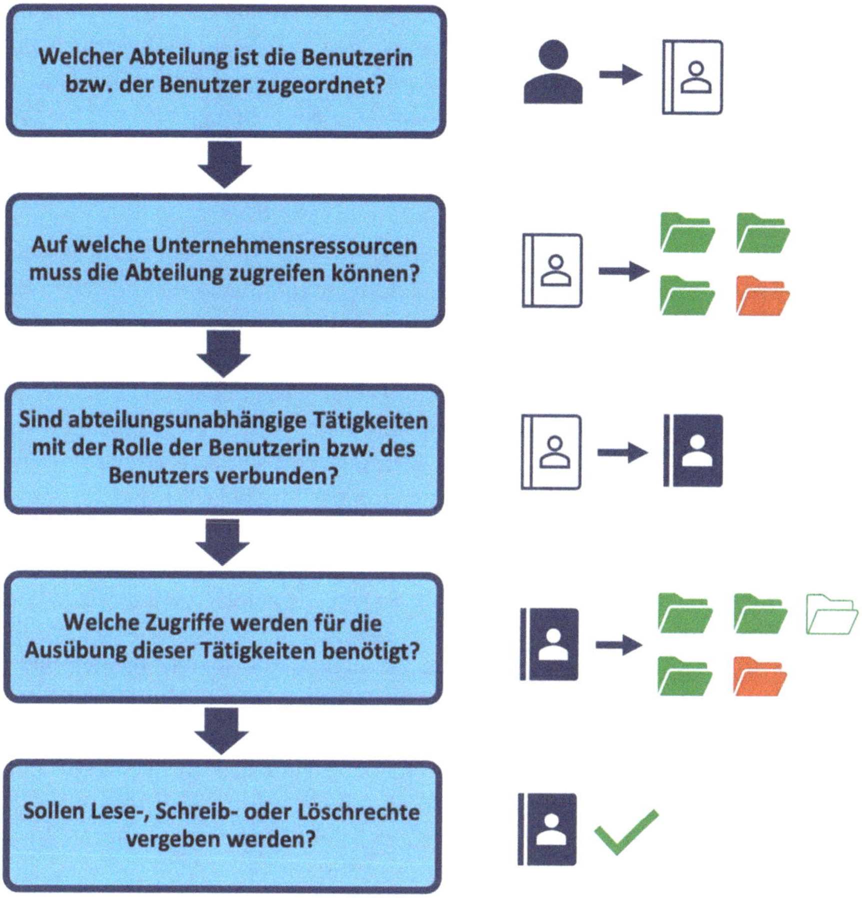

Abb. 4.5 Vergabe von Zugriffsrechten

Je nach Bedarf und Struktur eines Unternehmens kann die Zuordnung von Benutzerrechten automatisiert erfolgen. Risiken können dabei aus einer ungenügenden Qualität der Daten resultieren. Sind die Daten für den Automatisierungsprozess nicht strukturiert, einheitlich und vollständig, kann die inkorrekte Zuordnung von Benutzerrechten das Resultat sein. Insbesondere in Unternehmen mit komplexen Systemlandschaften sind Fehlerquellen in der Automatisierung groß. Nichtsdestotrotz stellt die Automatisierung bei ausreichender Datenqualität eine effiziente Möglichkeit dar, Zugriffsrechte zu vergeben.

Risiken, die sich aus dem Fehlen eines IAMs ergeben, werden anhand zwei wichtiger Prinzipien deutlich:

Das Need-to-Know-Prinzip sagt aus, dass nur diejenigen Mitarbeitenden Informationen erhalten sollen, die sie für die Ausübung ihrer Tätigkeiten benötigen. Mitarbeitende aus dem Vertrieb benötigen für die Ausübung ihrer Tätigkeiten beispielsweise keine Informationen über die Bankdaten ihrer Kolleginnen und Kollegen. Für Mitarbeitende aus dem

HR sind diese Daten hingegen notwendig, um monatliche Gehaltszahlungen auszuführen. Dabei müssen gerade personenbezogene Informationen und Daten, darunter auch die Informationen aus den Mitarbeiterakten, geschützt werden. Dies geschieht durch die Einschränkung der jeweiligen Zugriffe. Andernfalls kann ein unbefugter Zugriff zu Datenschutzverletzungen führen, was neben den rechtlichen Konsequenzen auch den Ruf des Unternehmens schädigen kann.

Beim Least-Privilege-Prinzip wird ähnlich wie beim Need-to-Know-Prinzip davon ausgegangen, dass nur diejenigen Benutzer:innen Zugriff auf Informationen bzw. Daten haben sollen, die diesen für die Ausübung ihrer Tätigkeiten benötigen. Der Fokus liegt beim Least-Privilege-Prinzip jedoch konkret auf den Zugriffsrechten. Zugriffe auf Unternehmensressourcen, die sensible Daten enthalten oder einen erheblichen Einfluss auf den Geschäftsbetrieb haben und somit besonders schützenswert sind, müssen eingeschränkt werden. Wird eine zu hohe Anzahl an nicht benötigten Zugriffsrechten vergeben, erhöht dies die Angriffsfläche für potenzielle Angreifer:innen und auch das Missbrauchsrisiko. So wird beispielsweise das Risiko erhöht, dass Insider Daten verändern, löschen oder stehlen.

► Bei der Vergabe von Zugriffsrechten gilt: So viel wie nötig, so wenig wie möglich.

Zusammenfassend führt die angemessene Verwaltung von Benutzerkonten und Zugriffsrechten dazu, Daten vor unautorisierten Zugriffen zu schützen und IT-Sicherheit zu stärken. Um die tägliche Arbeit im Unternehmen effizient und sicher zu gestalten, müssen Verantwortliche für die Verwaltung der Benutzerkonten und Zugriffsrechte festgelegt werden. Neben dem allgemeinen Aufbau des ULMs, ist damit auch die Verantwortung verbunden, eine angemessene Dokumentation zu erstellen. In dieser muss nicht nur festgehalten werden, wie die Erstellung von Benutzerkonten oder die Vergabe von Zugriffsrechten erfolgt, sondern auch welche Zugriffe tatsächlich vergeben werden. Dies beinhaltet bspw. die Dokumentation über die Vergabe von Security-Token und Zutrittskarten. Letztlich müssen alle mit dem ULM verbundenen Maßnahmen, darunter ausgewählte Authentifizierungs- und Passwortvorgaben, in der Dokumentation festgehalten werden.

Leitfragen zum Aufbau eines User Lifecycle Managements (ULM)

- Was ist das Ziel des ULMs?
- Welche Rollen müssen festgelegt werden?
- Wer ist verantwortlich für das ULM?
- Wer ist verantwortlich für die Vergabe von Zugriffsrechten?
- Welche Ressourcen sind im Unternehmen vorhanden?
- Welche Risiken und Bedrohungen bestehen für die Unternehmensressourcen?
- Welche Unternehmensressourcen bzw. Daten müssen aufgrund von vertraglichen oder gesetzlichen Verpflichtungen besonders geschützt werden?

- Wie sollen Zugriffe auf Unternehmensressourcen eingeschränkt werden?
- Wie werden Benutzergruppen festgelegt (bspw. abteilungsübergreifend)?
- Welche Verfahren werden verwendet, um Zugriffsrechte zu vergeben?
- Welche Benutzer:innen bzw. Benutzergruppen benötigen bestimmte Informationen für die Ausübung vorgesehener Tätigkeiten (Need-to-Know-Prinzip)?
- Welche systemseitigen Zugriffsrechte werden zu diesem Zweck benötigt (Least-Privilege-Prinzip)?
- Wie werden Benutzeridentitäten authentifiziert?
- Werden Zugriffsrechte überwacht und regelmäßig aktualisiert (bspw. in Folge eines internen Abteilungswechsels)?
- Wie erfolgt die Löschung nicht benötigter Benutzerkonten (bspw. bei Austritt oder Gastkonten)?
- Wird sichergestellt, dass Zugriffsrechte ausgeschiedener Mitarbeitender deaktiviert sind?
- Sind alle Vorgänge des ULMs (Erstellung, Zuordnung, Löschung von Benutzerkonten und Zugriffsrechten) und damit verbundene unternehmensspezifische Sicherheitsmaßnahmen dokumentiert, umgesetzt und unterliegen einer kontinuierlichen Überprüfung und Verbesserung?

In Kap. 8 finden Sie die Leitfragen in Form einer exemplarischen Orientierungshilfe zum Ausfüllen und Beantworten. Die Leitfragen dienen nicht nur zum Verständnis, sondern können auch als Vorlage für den Aufbau des eigenen User Lifecycle Managements herangezogen werden.

4.2 Technische Risikoaspekte der IT-Sicherheit

Technische Risikoaspekte der IT-Sicherheit ergeben sich aus dem Fehlen technischer Sicherheitsstandards sowie entsprechender Maßnahmen. Zu den größten Risikoaspekten zählen Schwachstellen und Sicherheitslücken in der IT-Infrastruktur, Fehlkonfigurationen der IT-Systeme und Anwendungen sowie die Verwendung veralteter Software und Betriebssysteme.

Die Sicherheit der zentralen IT ist grundlegend für das IT-Sicherheitsniveau eines Unternehmens. Verantwortlich hierfür ist üblicherweise die zentrale IT-Abteilung, die sowohl die IT-Architektur und -Infrastruktur eines Unternehmens aufbaut als auch für dessen reibungslosen Ablauf und Schutz sorgt.

Zum Aufgabenfeld der zentralen IT-Abteilung zählt zudem die Überwachung der IT-Leistung (bspw. um eine Überlastung der Netzwerke zu vermeiden), der Support von Anwender:innen bei IT-Störungen sowie die Entwicklung und Verwaltung eingesetzter Software. Dabei besitzt die zentrale IT alle nötigen Administratorenrechte und somit vollen Zugriff auf die Systeme des Unternehmens. Wenn ein Unternehmen länderübergreifend agiert und IT-Landschaften verschiedener Tochtergesellschaften und Niederlassungen zu steuern hat, kann auch die Planung und Implementierung unternehmensweiter IT-Sicherheitsstrategien in ihrem Aufgabenbereich liegen.

Mit dem Aufbau der Network und Endpoint Security sowie eines Update- und Patchmanagements, werden bereits wesentliche Maßnahmen für ein angemessenes Sicherheitsniveau festgelegt. Zum näheren Verständnis technischer Risikoaspekte als Teil der IT-Sicherheit, behandelt dieses Kapitel daher

- die Network Security, die als Teil der IT-Infrastruktur die Netzwerksicherheit umfasst;
- die Endpoint Security, in der die Konfiguration und Sicherheit von Endgeräten und Anwendungen im Vordergrund steht;
- sowie das Update- und Patchmanagement, welches zur Schließung von Sicherheitslücken in Software und Betriebssystemen beiträgt.

4.2.1 Network Security

Network Security (Netzwerksicherheit) umfasst alle Prozesse und Maßnahmen, die zur Sicherheit eines Netzwerks und damit verbundener Geräte beitragen. Netzwerke ermöglichen den gemeinsamen Zugriff auf Daten und Anwendungen, indem mehrere Geräte (Laptops, Mobilgeräte, Drucker, etc.) miteinander verbunden werden. Dies kann sowohl über eine kabelgebundene als auch drahtlose Verbindung geschehen. Folglich werden Unternehmensnetzwerke genutzt, um zu kommunizieren, auf Daten zuzugreifen oder sie zu teilen. Risiken aus einer unzureichenden Netzwerksicherheit ergeben sich viele.

Angreifer:innen können beispielsweise in Unternehmensnetzwerke eindringen und somit Zugriff auf sensible Daten erlangen. Wird außerdem Malware über das Netzwerk verbreitet, können diese ganze IT-Systeme kompromittieren, was nicht nur zu einer Störung der alltäglichen Arbeit führt, sondern in vielen Fällen auch zu einem Datenverlust. Kommt es außerdem zu einem Ausfall des Netzwerks, kann wiederum der gesamte Geschäftsbetrieb gestört werden. Produktionsausfälle und hohe finanzielle Schäden sind dann die Folge. Indem Netzwerke vor möglichen Bedrohungen geschützt werden, wird daher auch das Risiko eines Datenverlusts oder Betriebsausfalls verringert.

Cyberbedrohungen für Netzwerke

Denial of Service (DoS) und Distributed Denial of Service (DDoS)	Denial-of-Service- bzw. Distributed-Denial-of-Service-Angriffe ziele darauf ab, die Verfügbarkeit eines Netzwerks oder Webservers zu stören. Dies geschieht oftmals durch das Versenden einer erhöhten Anzahl von Anfragen bzw. Datenpaketen, was anschließend zur Überlastung der Systeme führt. Während

bei einem DoS-Angriff einzelne Systeme genutzt werden, um eine Überlastung hervorzurufen, werden bei einem DDoS-Angriff eine Vielzahl infizierter Systeme – so genannte Botnetze – eingesetzt. Aufgrund ihres Ausmaßes sind DDoS-Attacken besonders effektiv und somit eine gravierende Bedrohung für Unternehmen.

Man-in-the-Middle-Angriff (Sonderform Man-in-the-Browser)

Bei einem Man-in-the-Middle-Angriff schleusen sich Angreifer:innen in die Kommunikation zweier (oder mehrerer) Parteien ein und können anschließend Nachrichten mitlesen, ausleiten und manipulieren. Dabei können sensible Informationen abgegriffen werden. Eine Sonderform ist der so genannte Man-in-the-Browser-Angriff, bei dem Angreifer:innen Informationen mitlesen und abfangen, die bei Nutzung des Webbrowsers preisgegeben werden. Hierzu zählen Benutzername, Passwörter oder sensible Finanzdaten.

Allgemein kann eine unsichere Konfiguration von Netzwerkgeräten (Router, Firewalls, etc.) die Wahrscheinlichkeit eines erfolgreichen Angriffs erhöhen. Auch ein unzureichender Aufbau der Netzwerkarchitektur, beispielsweise bei fehlender Segmentierung der Netzwerke, mindert die Sicherheit und somit das Angriffsrisiko. Demzufolge sind der Aufbau einer effizienten und sicheren Netzwerkarchitektur und die Einführung und Überwachung von Sicherheitsstandards essenziell, um Netzwerksicherheit zu gewährleisten.

Netzwerkarchitektur

Die Netzwerkarchitektur beinhaltet alle miteinander verbundenen Komponente innerhalb eines Netzwerks sowie die Art und Weise, wie sie miteinander verbunden sind. Dabei ist das grundlegende Ziel der Netzwerkarchitektur die optimale und sichere Übertragung von Daten.

Um eine solche Zuverlässigkeit in der Datenübertragung zu gewährleisten, muss zunächst die Dokumentation bzw. Ist-Aufnahme der bestehenden Netzwerkarchitektur erfolgen. Neben dem daraus resultierenden Netzwerkplan, werden alle nötigen Sicherheitsanforderungen an das Netzwerk dokumentiert und in einer gemeinsamen Sicherheitsrichtlinie festgehalten. Hierzu zählen unter anderem Anforderungen an die Zugriffskontrollen, Verschlüsselungsmaßnahmen und Bestimmungen über eine angemessene Konfiguration der Netzwerkgeräte.

Mittels Verschlüsselung wird das Risiko eines unbefugten Zugriffs auf Daten und Ressourcen reduziert. In dem Zusammenhang werden Virtual Private Networks (VPN)[9] eingesetzt, die die Datenkommunikation bei Nutzung öffentlicher Netzwerke verschlüsselt und somit eine sichere Verbindung herstellt. Darüber hinaus werden Firewalls eingesetzt, um den Datenverkehr zwischen internen und externen Netzwerken zu prüfen und unautorisierte Zugriffe bzw. Angriffe zu blockieren.

Ein weiteres Mittel, um die Risiken und Ausmaße eines Angriffs zu reduzieren, besteht im Aufbau einer geeigneten Netzwerksegmentierung. Dabei werden Netzwerke in isolierte Segmente aufgeteilt. Wenn Angreifer:innen Zugriff auf ein Teilnetzwerk erlangen und dieses infizieren, kann die Ausbreitung durch die Isolierung des infizierten Segments eingeschränkt werden. Auf diese Weise werden sowohl Schäden reduziert als auch sensible Daten geschützt.

Netzwerküberwachung

Eine weitere wichtige Komponente in der Netzwerksicherheit ist die Überwachung der Netzwerkaktivitäten sowie bestehender Sicherheitsmaßnahmen. Um Bedrohungen oder Abweichungen zu erkennen, werden beispielsweise Netzwerkzugriffskontrollen (Network Access Control, NAC) und Intrusion Detection und Prevention Systeme eingesetzt.

Mittels Netzwerkzugriffskontrollen wird sichergestellt, dass nur autorisierte Benutzer:innen und Geräte Zugriff auf das Netzwerk erhalten. Dies geschieht über die Einführung von Authentifizierungsmaßnahmen und Vorgaben zur Endgeräteerkennung. Zudem werden festgelegte Sicherheitsrichtlinien bzw. Maßnahmen geprüft und durchgesetzt.

Ungewöhnliche Netzwerkaktivitäten oder sogar Angriffe können durch den Einsatz eines Intrusion Detection Systems (IDS) erkannt werden. Das System ermöglicht eine kontinuierliche Überwachung des Netzwerkdatenverkehrs und prüft die Netzwerk- und Ereignisprotokolle auf Anomalien oder unautorisierte Zugriffe. Ergänzend zu dem IDS reagiert das Intrusion Prevention System (IPS) auf Angriffe und Bedrohungen, indem es den damit verbundenen Datenverkehr blockiert (siehe Abschn. 4.4.2).

Eine ausgiebige Netzwerküberwachung trägt demnach dazu bei, Reaktionszeiten in Folge eines Angriffs zu reduzieren und daraus resultierende Schäden zu minimieren. Mit der Einführung geeigneter Sicherheitsmaßnahmen werden Netzwerke außerdem vor unbefugtem Zugriff, Datenverlust und weiteren Bedrohungen, wie die Infizierung der IT-Systeme, geschützt. Allgemein ist die Netzwerksicherheit als Teil der IT-Sicherheit somit von entscheidender Bedeutung, um die Vertraulichkeit, Integrität und Verfügbarkeit von Daten zu wahren.

[9]Ein Virtual Private Network (VPN) ist eine Technologie, die eine sichere und verschlüsselte Verbindung über ein unsicheres Netzwerk, typischerweise das Internet, aufbaut. VPNs ermöglichen es, private Netzwerke über Distanz zu verbinden und Daten sicher zu übertragen. Sie werden häufig von Unternehmen eingesetzt, um entfernten Zugriff auf interne Ressourcen zu ermöglichen, und von Einzelpersonen, um ihre Online-Privatsphäre zu schützen.

Leitfragen zum Aufbau von Network Security

- Was ist das Ziel der Network Security?
- Welche Rollen müssen festgelegt werden?
- Wer ist verantwortlich für den Aufbau einer sicheren Netzwerkstruktur?
- Welche Netzwerkgeräte sind im Unternehmen vorhanden (gibt es ein Inventar)?
- Wie sind diese miteinander verbunden und wie ist das Netzwerk aufgebaut (gibt es einen Netzwerkplan)?
- Welche Geräte müssen regelmäßig eine Verbindung mit dem Netzwerk aufbauen?
- Welche Risiken und Bedrohungen bestehen für die Sicherheit der Netzwerke?
- Welche Geräte und Daten innerhalb des Netzwerks sind besonders schützenswert?
- Welche (kritischen) Geschäftsprozesse sind abhängig vom Erhalt des Netzwerks?
- Wie sind Netzwerkgeräte konfiguriert und gesichert (VPN, Firewall, etc.)?
- Welche Zugriffskontrollen werden eingesetzt?
- Welche Verschlüsselungsmaßnahmen werden eingesetzt?
- Ist eine geeignete Netzwerksegmentierung eingeführt?
- Werden Netzwerkaktivitäten überwacht, sodass Angriffe und Anomalien frühzeitig erkannt werden?
- Welche Verfahren werden angewandt, um schnell und effizient auf Angriffe und Bedrohungen reagieren zu können?
- Gibt es Backup- und Wiederherstellungspläne im Falle eines Ausfalls der Netzwerke?
- Sind alle unternehmensspezifischen Sicherheitsmaßnahmen zur Gewährleistung der Netzwerksicherheit dokumentiert, umgesetzt und unterliegen einer kontinuierlichen Überprüfung und Verbesserung?

In Kap. 8 finden Sie die Leitfragen in Form einer exemplarischen Orientierungshilfe zum Ausfüllen und Beantworten. Die Leitfragen dienen nicht nur zum Verständnis, sondern können auch als Vorlage für den Aufbau der eigenen Network Security herangezogen werden.

4.2.2 Endpoint Security

Die Endpoint Security (Endgerätesicherheit) beschäftigt sich mit der Sicherheit von Endgeräten. Darunter zählen insbesondere Laptops, Desktop-PCs sowie Mobilgeräte und Tablets, die mit einem gemeinsamen (Unternehmens-)Netzwerk verbunden sind. Mit der Digitalisierung und dem Internet of Things (IoT) kommen immer weitere Endgeräte hinzu, die als Teil der Endpoint Security betrachtet werden müssen. Hierzu zählen beispielsweise Netzwerkdrucker, IoT-Geräte in so genannten Smart Homes wie intelligente Kühlschränke und Waschmaschinen sowie IoT-Geräte, die in Unternehmen und Industrien eingesetzt werden.

Mit Zunahme der über ein Netzwerk verbundenen Geräte wird deutlich, warum der Aufbau einer geeigneten Endpoint Security immer größeren Herausforderungen entgegensteht.

Endpoint Security wird auch als das schwächste Glied der IT-Sicherheitskette bezeichnet, da IT-seitig keine allumfassende Kontrolle besteht, wie Anwender:innen mit ihren Endgeräten umgehen.[10] Selbst wenn alle nötigen IT-Sicherheitsmaßnahmen umgesetzt sind, verlieren sie ihren Nutzen, wenn Anwender:innen beispielsweise das BitLocker Passwort zur Geräteentschlüsselung an den Laptop kleben und dieser gestohlen wird. Anschließend können unbefugte Dritte uneingeschränkt auf (sensible) Unternehmensdaten zugreifen.

Doch auch wenn Endgeräte nicht physisch in falsche Hände geraten, sind sie beliebte Einfallstore für Cyberkriminelle, um in Unternehmensnetzwerke zu gelangen und anschließend Systeme zu kompromittieren. Das Öffnen von Phishing-Mails oder der unbeabsichtigte Download schädlicher Dateien führt dazu, dass Endgeräte und schließlich Unternehmensnetze infiziert werden. Anschließend können Angreifer:innen auf sensible Daten zugreifen und Schaden anrichten. Aus diesem Grund ist sowohl die IT-seitige Betrachtung der Endpoint Security als auch die Betrachtung der menschlichen Komponente von Bedeutung. Hierzu zählt die Sensibilisierung der Anwender:innen hinsichtlich des sorgfältigen Umgangs mit Endgeräten sowie die Schulung über mögliche Bedrohungen.

Cyberbedrohungen für Endgeräte

Keylogger Bei einem Keylogger handelt es sich um eine Schadsoftware, die beispielsweise durch Phishing-Mails verbreitet wird. Ist der Keylogger anschließend auf dem Gerät installiert, können Cyberkriminelle Tastatureingaben und somit auch Passwörter mitlesen. Keylogger stellen eine besondere Bedrohung dar, da sie oftmals unentdeckt bleiben. Über längere Zeit können Cyberkriminelle auf diese Weise sämtliche Anmeldedaten und sensible Daten erfassen.

Screenlogger Oft in Kombination mit Keyloggern genutzt, handelt es sich auch bei Screenloggern um eine Schadsoftware, die darauf abzielt, sensible Daten abzugreifen. Statt Tastatureingaben mitzulesen, zeichnen Screenlogger stattdessen die Bildschirmaktivitäten der Benutzer:innen auf. Anhand von Screenshots können Cyberkriminelle anschließend auf Passwörter und Daten zugreifen.

Die Vielzahl unterschiedlicher Endgeräte und Betriebssysteme stellt für den Aufbau der Endgerätsicherheit eine besondere Herausforderung dar. Um Endpoint Security zu gewährleisten, müssen daher alle im Unternehmen vorhandenen Endgeräte inventarisiert und verwaltet werden. Zu den Aufgaben der Geräteverwaltung gehört außerdem die regelmäßige Aktualisierung von Hard- und Software, die Einführung von Zugriffskontrollen sowie die Überwachung potenzieller Bedrohungen.

[10] Waterson (2020).

Wenn Mitarbeitende eigene Endgeräte wie Laptops, Smartphones und Tablets für die Arbeit verwenden dürfen, müssen außerdem BYOD-Vorgaben Teil der Sicherheitsmaßnahmen sein. Auch aus der Nutzung privater Endgeräte ergeben sich nämlich einige, zusätzliche Risiken.

In den meisten Fällen sind private Endgeräte, die für berufliche Zwecke genutzt werden, nicht ausreichend vor Bedrohungen geschützt und Anwendungen bzw. Apps können nach Belieben heruntergeladen werden. Häufig können diese Anwendungen anschließend auf Daten zugreifen, die auf dem Gerät gespeichert sind. Sind private und geschäftliche Daten dann nicht ausreichend voneinander getrennt, stellt dies eine Sicherheitslücke für Unternehmensdaten dar. Des Weiteren besteht keine Kontrolle darüber, ob sensiblen Daten auf privaten Geräten gespeichert werden, geschweige denn wie diese weiterverarbeitet werden. Insbesondere bei personenbezogenen und besonders schützenswerten Daten kann dies nicht nur ein Risiko, sondern auch einen Verstoß gegen datenschutzrechtliche Bestimmungen darstellen.

Trotz Homeoffice und Remote-Arbeit müssen Endgeräte von der IT zentral verwaltet und gesteuert werden. Geht ein Gerät beispielsweise verloren, können sämtliche Daten über Fernlöschung gesperrt bzw. gelöscht werden. Darüber hinaus kann neben der sicheren Konfiguration der Endgeräte, die Installation potenziell unsicherer Anwendungen und Apps eingeschränkt werden. Dies erfolgt üblicherweise über das Mobile Device Management (MDM), welches sich mit der zentralen Verwaltung mobiler Unternehmensgeräte befasst. Bei privaten Endgeräten stößt das MDM jedoch an seine Grenzen, da eine zentrale Steuerung kaum bis gar nicht möglich ist. Die Risiken geschäftlich nutzbarer Privatgeräte bleiben somit bestehen.

Entsprechend wird deutlich, dass auch im Zuge der Endpoint Security gezielte Sicherheitsmaßnahmen eingeführt werden müssen, die all diese Aspekte beachten. Dies kann sowohl das allgemeine Verbot zur geschäftlichen Nutzung privater Endgeräte mit sich ziehen oder auch Vorgaben im Zuge einer BYOD-Richtlinie über die Auswahl geeigneter Endgeräte und angemessener Sicherheitskonfigurationen. Nicht zuletzt müssen bei der Erstellung der Sicherheitsmaßnahmen Kosten, Nutzen und einhergehende Sicherheitsrisiken gegeneinander abgewogen werden.

Leitfragen zum Aufbau von Endpoint Security

- Was ist das Ziel der Endpoint Security?
- Welche Rollen müssen festgelegt werden?
- Wer ist für die Endgerätesicherheit und -verwaltung verantwortlich?
- Welche Endgeräte sind im Unternehmen vorhanden (gibt es ein Inventar)?
- Welche Betriebssysteme und Softwareversionen sind auf den jeweiligen Geräten vorhanden?
- Welche Risiken und Bedrohungen bestehen für die Sicherheit der Endgeräte?
- Welche Endgeräte sind besonders schützenswert?
- Wie wird der Schutz vor unautorisiertem Zugriff sichergestellt (Verschlüsselung, Passwortvorgaben, Authentifizierung, etc.)?

- Wie wird der Schutz vor Schadprogrammen sichergestellt (Virenschutzprogramme, etc.)?
- Wer sind die Anwender:innen?
- Wie können die Anwender:innen auf die Endgeräte zugreifen (Authentifizierungsmaßnahmen)?
- Wissen die Anwender:innen, wie sie Endgeräte schützen müssen bzw. sind sie ausreichend sensibilisiert?
- Bringen die Anwender:innen weitere (private) Endgeräte mit in das Unternehmensnetzwerk?
- Dürfen Anwender:innen private Endgeräte für geschäftliche Zwecke nutzen?
- Werden Endgeräte angemessen konfiguriert, um potenzielle Risiken zu minimieren?
- Sind geeignete Vorgaben bzw. Sicherheitsmaßnahmen zur Cloud-Dienst-Nutzung festgelegt?
- Werden Endgeräte zentral von der IT gesteuert (Konfiguration, Fernlöschung, etc.)?
- Werden sowohl Hard- und Software regelmäßig aktualisiert (siehe Abschn. 4.2.3)?
- Wie werden potenzielle Bedrohungen auf den Endgeräten überwacht?
- Sind alle unternehmensspezifischen Sicherheitsmaßnahmen zur Gewährleistung der Endgerätsicherheit dokumentiert, umgesetzt und unterliegen einer kontinuierlichen Überprüfung und Verbesserung?

In Kap. 8 finden Sie die Leitfragen in Form einer exemplarischen Orientierungshilfe zum Ausfüllen und Beantworten. Die Leitfragen dienen nicht nur zum Verständnis, sondern können auch als Vorlage für den Aufbau der eigenen Endpoint Security herangezogen werden.

4.2.3 Update- und Patchmanagement

Das Update- und Patchmanagement ist der „Snooze-Button" der IT-Sicherheit. Insbesondere in der heutigen Zeit, die durch Homeoffice- und Remote-Arbeit geprägt ist, stellt das Update- und Patchmanagement eine Herausforderung für die zentrale IT und Absicherung der Endgeräte dar.

Mitarbeitende verschieben die Aufforderung zur Installation nötiger Softwareupdates von Rechnern oder Mobilgeräten in den meisten Fällen auf „in ein paar Stunden" oder sogar den nächsten Tag. Doch letztlich gerät das Update in Vergessenheit. Ohne sofortige Beeinträchtigungen der alltäglichen Arbeit, indem beispielsweise die Rechenleistung nachlässt, besteht für viele kein Anreiz, nötige Updates durchzuführen. Früher oder später tritt jedoch Verwunderung ein, warum gewisse Anwendungen nicht mehr funktionieren oder das System sogar zum Abstürzen bringen. Spätestens dann sollte das nötige Update durchgeführt werden – denn es hätte auch noch schlimmer kommen können. Warum ist das Update- und Patchmanagement, obwohl es sich meist ohne sofortige Auswirkungen aufschieben lässt, also so wichtig?

Bei dem Update- und Patchmanagement werden Betriebssysteme, Applikationen und Anwendungen auf den neusten Stand gebracht. Im Zuge dessen werden Sicherheitslücken und Schwachstellen anhand von Updates und Patches geschlossen.

Patches dienen zur Schließung von Sicherheitslücken, die dem Herausgeber und Entwickler nach Veröffentlichung der Software bekannt werden. Auch sonstige Fehlerbehebungen, bspw. regelmäßige Abstürze von Anwendungen, können mithilfe von Patches gelöst werden. Im Gegensatz zu Updates, welche eine umfangreiche Aktualisierung von Betriebssystemen und Software vorsehen, konzentrieren sich Patches demnach auf die Behebung konkret vorliegender Schwachstellen bzw. Fehlerquellen. Dabei ist keine erneute Installation der Software nötig, stattdessen werden betroffene Dateien aktualisiert oder Änderungen im Quellcode vorgenommen.

▶ Bei der Fehlerbehebung werden unterschiedliche Priorisierungsstufen festgelegt. Die Korrektur einer unkritischen Fehlerquelle wird als „Bugfix" bezeichnet. Hoch priorisierte Fehlerbehebungen, die aufgrund eines hohen Sicherheitsrisikos zeitnah durchgeführt werden sollten, werden als „Hotfix" bezeichnet. Patches, die speziell zur Schließung einer Sicherheitslücke dienen, werden als „Sicherheitspatch" bezeichnet.

Updates hingegen sind umfangreichere Aktualisierungen und enthalten oftmals auch Patches. Darüber hinaus können durch Updates erweiterte Systemfunktionen zur Verfügung gestellt werden.

Werden Anwendungen und Systeme nicht regelmäßig aktualisiert, bestehen demnach Sicherheitslücken, die von Cyberkriminellen ausgenutzt werden können. Der Exchange Server Vorfall vom 05.03.2021 machte die Bedeutung zeitnaher Updates deutlich.

Sicherheitslücke der Microsoft Exchange Server

Am 05.03.2021 warnte das BSI über kritische Schwachstellen in den Microsoft Exchange Servern (eine von Microsoft entwickelte Server-Software, über die E-Mails, Kalender und Kontakte verwaltet werden können).

Die Warnung des BSI entstand in Folge der kurzfristigen Meldung von Microsoft über neue Sicherheitsupdates, welche zwei Tage zuvor – in der Nacht vom 03.03.2021 – veröffentlicht wurde. Vier vorhandene Schwachstellen in den Exchange Servern sollten somit geschlossen werden.

Die bei Angreifer:innen bereits bekannten und nun veröffentlichten Schwachstellen wurden jedoch schnell ausgenutzt. Angreifer:innen konnten dadurch nicht nur Zugriff auf die E-Mail-Kommunikation der Unternehmen erlangen, sondern auch auf das gesamte Unternehmensnetzwerk.

Laut BSI waren zehntausende Exchange Server in Deutschland angreifbar oder sogar schon mit Schadsoftware infiziert worden. Unternehmen waren aufgefordert, nötige Updates und Patches schnellstmöglich durchzuführen.[11] ◀

[11] Bundesamt für Sicherheit in der Informationstechnik, BSI (2021).

In dem angeführten Beispiel lag ein so genanntes Zero Day Exploit vor. Zero Day Exploit (übersetzt „Ausnutzung des Tag Null“) bedeutet, dass Angreifer:innen Sicherheitslücken in Anwendungen entdecken und ausnutzen, noch bevor Hersteller selbst Kenntnis darüber erlangen und entsprechende Sicherheitsupdates bzw. -patches herausbringen. Der „Tag Null“ steht demnach für die Zeit vor Behebung der Sicherheitslücke. Zu dieser Zeit haben Angreifer:innen leichtes Spiel, Anwendungen und Systeme anzugreifen und ggf. Daten abzugreifen. Wird daher die zeitnahe Behebung von Sicherheitslücken mittels Updates und Patches nicht durchgeführt, besteht ein erhöhtes Risiko für das Fortlaufen des Geschäftsbetriebs und die Sicherheit der Daten.

Zur Einführung eines Update- und Patchmanagements müssen alle Betriebssysteme und Anwendungen im Unternehmen bekannt und inventarisiert sein. Anschließend sollten diese einer kontinuierlichen Risikobewertung unterliegen. Dies beinhaltet sowohl die Identifizierung von Sicherheitslücken und Risiken (bspw. Cyberangriffe) als auch die Bewertung über dessen Kritikalität und anschließende Priorisierung.

Leitfragen zum Aufbau eines Update- und Patchmanagements

- Was ist das Ziel des Update- und Patchmanagements?
- Welche Rollen müssen festgelegt werden?
- Wer ist verantwortlich für das Update- und Patchmanagement?
- Wer genehmigt vorzunehmende Updates und Patches?
- Welche Betriebssysteme, Anwendungen und Softwareversionen sind im Unternehmen vorhanden (gibt es ein Inventar)?
- Welche Risiken und Bedrohungen bestehen für die Systeme und Anwendungen?
- Werden kritische Betriebssysteme und Anwendungen eingesetzt, die priorisiert behandelt werden müssen?
- Wie werden automatische Update-Mechanismen eingesetzter Betriebssysteme und Anwendungen konfiguriert?
- Wie wird geprüft, ob manuelle Updates und Patches notwendig sind, um bestehende Fehlerquellen oder Sicherheitslücken zu schließen?
- Wie erfolgt die Priorisierung von Updates und Patches (Bugfix, Hotfix, etc.)?
- Wie wird die zeitnahe Umsetzung von Updates und Patches sichergestellt?
- Wie wird die Wirksamkeit von Updates und Patches getestet, sowohl vor und nach Umsetzung?
- Gibt es im Fall von fehlerhaften Updates und Patches einen Rollback-Plan?
- Sind alle unternehmensspezifischen Sicherheitsmaßnahmen zum Update- und Patchmanagement dokumentiert, umgesetzt und unterliegen einer kontinuierlichen Überprüfung und Verbesserung?

In Kap. 8 finden Sie die Leitfragen in Form einer exemplarischen Orientierungshilfe zum Ausfüllen und Beantworten. Die Leitfragen dienen nicht nur zum Verständnis, sondern können auch als Vorlage für den Aufbau des eigenen Update- und Patchmanagements herangezogen werden.

4.3 Datensicherheit auf Reisen

Bei der Reiseplanung liegt meist die rechtzeitige Beantragung des Einreisevisums oder die Gültigkeit des Reisepasses im Fokus. Datensicherheit wird in dem Zusammenhang fast immer vernachlässigt. Reisende machen sich häufig keine Gedanken über Daten, die sie sowohl geschäftlich als auch privat mit sich führen. Dabei kommen gerade auf Reisen alle IT-Sicherheitsaspekte und Risiken zusammen, die es für die Datensicherheit zu beachten gilt.

Unbekannte WLAN-Netzwerke, andere Gesetze oder schlicht Diebstahl – IT-Sicherheitsrisiken auf einer Reise sind vielfältig. Wurde beispielsweise geprüft, ob die Datenschutzgesetze im Zielland den europäischen Anforderungen entsprechen und die mitgeführten Daten keinen Dritten ausgesetzt sind? Insbesondere bei Reisen ins EU-Ausland kann es vorkommen, dass der staatliche Zugriff auf Daten erlaubt ist – unabhängig davon, ob es sich um private, unternehmenseigene oder sensible Daten handelt. Auch eine Verschlüsselung der Datenträger kann in manchen Ländern verboten sein. Aus diesem Grund ist es wichtig, sich mit den regulatorischen und gesetzlichen Gegebenheiten des Ziellands auseinander zu setzen, da ansonsten nicht nur ein Verstoß gegen die dortigen Gesetze droht, sondern auch gegen die des Heimatlandes.

▶ Müssen DSGVO-Vorgaben eingehalten werden, kann bei Reisen in Drittländer geprüft werden, ob ein so genannter **Angemessenheitsbeschluss** der Europäischen Kommission vorliegt. Das bedeutet, dass die datenschutzrechtlichen Bestimmungen, mit denen der EU konform und daher weniger bedenklich sind.

Zudem kann es vorkommen, dass Mitarbeitende auf Reisen gezielten Betrugsmaschen oder sogar Wirtschaftsspionage ausgesetzt sind. Social-Engineering- oder Man-in-the-Middle-Angriffe können beispielsweise vermehrt eingesetzt werden, um sensible Unternehmensdaten abzugreifen. Hinzu kommt, dass nicht immer komplexe Angriffstechniken nötig sind, um kritische Informationen zu erhalten: Häufig kommt es vor, dass Mitarbeitende an öffentlichen Orten wie der Bahn, Restaurants oder der Hotellobby Geschäftsgespräche führen und sensible Informationen preisgeben. Angreifer:innen haben somit leichtes Spiel, wichtige Informationen abzuhören.

Um die Vertraulichkeit, Integrität und Verfügbarkeit der Daten zu gewährleisten, muss daher auch im Rahmen der IT- bzw. Datensicherheit auf Reisen eine Richtlinie eingeführt werden, die sowohl Vorgaben über den korrekten Umgang mit tragbaren Datenträgern vorgibt als auch Mitarbeitende für mögliche Risiken sensibilisiert. Alle Sicherheitsmaßnahmen, die eine sichere Kommunikation und damit den Schutz von Daten betreffen, müssen dort festgehalten werden. Dies beinhaltet beispielsweise Passwort- und Verschlüsselungsvorgaben, Vorgaben zum Umgang mit öffentlichen Netzwerken und den Einsatz von VPNs sowie Handlungsvorgaben bei einem Verlust der Daten bzw. Datenträger.

▶ Insbesondere auf Reisen ist die Durchführung regelmäßiger Backups aufgrund der Vielzahl an Risiken von Bedeutung. Bestimmungen über die Art und Häufigkeit (vor, nach und während einer Reise) sollten daher Teil der Backup-Strategie sein.

Zusätzlich ist es sinnvoll, anhand ausgewählter Sicherheitskriterien Risikoländer zu bestimmen – seien es medizinische, politische, klimatische oder gesetzliche Kriterien. Das jeweilige Risikoniveau eines Landes kann dadurch bestimmt und bewertet werden. Je nach Einstufung des Risikos (bspw. hoch, neutral, niedrig), können unterschiedliche Sicherheitsmaßnahmen getroffen werden. Mitarbeitende müssen anschließend über die Risikoländer sowie über die damit verbundenen Maßnahmen informiert und geschult werden. Sofern möglich ist es ratsam, bei stark risikobehafteten Ländern gänzlich von der Reise oder zumindest der Mitnahme von Daten abzusehen.

Leitfragen zum Aufbau einer Sicherheitsrichtlinie für Auslandsreisen

- Was ist das Ziel der Sicherheitsrichtlinie für Auslandsreisen?
- Welche Rollen müssen festgelegt werden?
- Wer ist verantwortlich für die Festlegung der Sicherheitsmaßnahmen auf Reisen?
- Welche Risiken und Bedrohungen bestehen bei Auslandsreisen?
- Wie werden Risikoländer bestimmt und bewertet?
- Sind gesetzliche und regulatorische Bestimmungen der jeweiligen Zielländer bekannt und wird geprüft, ob diese den unternehmenseigenen (nationalen) Anforderungen entsprechen?
- Welche Datenträger bzw. Daten dürfen von Mitarbeitenden auf Reisen mitgeführt werden?
- Gibt es sensible bzw. besonders schützenswerte Daten, dessen Mitnahme ein besonderes Risiko darstellt oder verboten sein sollte?
- Wie müssen Datenträger bzw. Daten verschlüsselt sein, um einen Zugriff Dritter zu vermeiden?
- Welche Sicherheitsmaßnahmen müssen eingehalten werden, um einen Verlust der Daten zu vermeiden?
- Wie werden Mitarbeitende über die jeweiligen Risiken und Sicherheitsmaßnahmen sensibilisiert und informiert?
- Wie wird sichergestellt, dass die Sicherheitsmaßnahmen auf Reisen eingehalten werden?
- Wird sichergestellt, dass vor, nach und während Reisen regelmäßige Backups der Daten erstellt werden?
- Welche Maßnahmen werden im Fall eines Datenverlusts ergriffen?
- Sind alle unternehmensspezifischen Vorgaben und Sicherheitsmaßnahmen zu Auslandsreisen dokumentiert, umgesetzt und unterliegen einer kontinuierlichen Überprüfung und Verbesserung?

In Kap. 8 finden Sie die Leitfragen in Form einer exemplarischen Orientierungshilfe zum Ausfüllen und Beantworten. Die Leitfragen dienen nicht nur zum Verständnis, sondern können auch als Vorlage für den Aufbau der eigenen Sicherheitsrichtlinie für Auslandsreisen herangezogen werden.

4.4 Kategorien der Schutzmaßnahmen

Während wir uns in Abschn. 4.1 bis Abschn. 4.3 auf den Aufbau verschiedener Grundelemente der IT-Sicherheit konzentriert haben, werden wir in diesem Kapitel auf konkrete Schutzmaßnahmen eingehen. Sobald die wesentlichen Fragen zum Aufbau Ihres IT-Sicherheitsgerüsts beantwortet wurden, geht es im Detail darum, welche Maßnahmen konkret eingesetzt werden sollen, um die vordefinierten Ziele zu erreichen.

Zu diesem Zweck stellen wir im Folgenden die unterschiedlichen Kategorien der Schutzmaßnahmen vor und erweitern den Fokus der IT-Sicherheit, indem wir uns ganzheitlich auf die Verarbeitung von Informationen in Unternehmen und damit auf die Informationssicherheit beziehen. Schützenswerte Informationen werden bekanntlich nicht ausschließlich digital verarbeitet, sondern auch weiterhin noch klassisch analog weitergegeben (in Papierform, am Telefon, am Whiteboard im Besprechungsraum, etc.). Wenn wir daher von Informationssicherheit sprechen, umfasst dies sämtliche organisatorischen sowie technischen Maßnahmen, die zum Schutz der Informationen beitragen. Angefangen von der Definition von Prozessen und Regeln (dokumentierte Unternehmensstrategien, Leitlinien, Richtlinien, Arbeitsanweisungen) bis hin zur technischen Implementierung von physischen und virtuellen Systemen. Die Summe aller Maßnahmen definiert letztendlich das Sicherheitsprofil eines Unternehmens. Die Rede ist dann auch von einem ganzheitlichen Managementsystem für Informationssicherheit (Information Security Management System, kurz: ISMS).

Mit der Verantwortung über das Sicherheitsprofil eines Unternehmens ist es wichtig sich bewusst zu sein, dass es zahlreiche Bedrohungen gibt, die die Sicherheit und Integrität Ihrer Daten gefährden können. Wie bereits in Abschn. 4.1 bis Abschn. 4.3 erwähnt, können Cyberangriffe beispielsweise zur Verletzung der Privatsphäre, zum Diebstahl sensibler Daten („Data Leakage“) oder sogar zum Ausfall von Teilen oder der gesamten IT-Infrastruktur führen. Da immer mehr Unternehmen auf digitale Lösungen zur effizienten sowie effektiven Umsetzung der Geschäftsprozesse setzen, sind entsprechende Schutzmaßnahmen in einem Sicherheitsprofil für Informationssicherheit unerlässlich.

Zahlen aus der Praxis

Eine Studie von Check Point Research zeigt, dass im Jahr 2020 die Anzahl der Cyberangriffe um 50 % gestiegen ist.[12] Dies unterstreicht die dringende Notwendigkeit, sich angemessen gegen Angriffe zu schützen. Ein weiteres großes Risikopotenzial und Bedrohung für die Informationssicherheit sind menschliche Fehler. Hier zeigt eine Studie von IBM, dass 95 % der Cyberangriffe auf menschliches Versagen zurückzuführen sind.[13]

---

[12] Check Point Software Technologies (2021).

[13] IBM (2020).

Um Sicherheit in der Informationsverarbeitung eines Unternehmens zu gewährleisten, müssen unterschiedliche Sicherheitsmaßnahmen implementiert werden. Diese Schutzmaßnahmen können zum Beispiel aus Firewalls und Netzwerksegmentierungen, Antivirensoftware, regelmäßigen Updates und Backups bestehen. Zudem können Schulungen bzw. Sensibilisierungskampagnen für Mitarbeitende dazu beitragen, Risiken in Bezug auf Fehlverhalten zu reduzieren. Die Spanne der unterschiedlichen Maßnahmen ist groß und reicht von einzelnen technischen, prozeduralen und organisatorischen Maßnahmen bis hin zu ganzen, völlig unabhängig betriebenen Infrastrukturen, die nur beim Eintreten von vorab definierten Risikoszenaren zum Einsatz kommen.

Parallel betriebene Infrastrukturen können aus dem Bedarf der Betriebskontinuität heraus existieren und lassen sich klassisch in die Kategorien „Kalt", „Warm" und „Heiß" unterscheiden. Die Begriffe beziehen sich dabei auf den Umfang der Ressourcen, die ein Unternehmen im Falle eines katastrophalen Datenverlustes oder einer Systemstörung zur Verfügung hat.

Kalte Umgebung zur Ausfallsicherheit Eine „kalte" Umgebung ist im Wesentlichen eine physische Standort- oder Systemalternative, die im Falle eines Desasters genutzt werden kann. Sie ist das Grundmodell einer physischen Backup-Lösung und enthält in der Regel nur die grundlegende Infrastruktur (oder ausgewählte Teile davon), ohne spezifische IT-Ausrüstung (wie Server, Netzwerk- bzw. Endgeräte, etc.) oder Daten. Die Idee ist, dass bei Bedarf die benötigte Hard- und Software sofort vorhanden ist, Daten aus Backups wiederhergestellt und die Betriebsabläufe wieder aufgenommen werden können. Der Hauptvorteil dieser Variante ist die Kosteneffizienz, jedoch ist die potenziell lange Wiederherstellungszeit vorab zu berücksichtigen.

Warme Umgebung zur Ausfallsicherheit Eine „warme" Umgebung verfügt über einige vorinstallierte Systeme und möglicherweise auch bereits über Kopien der Basis-Daten des Unternehmens. Im Falle eines Desasters sind jedoch noch einige Schritte erforderlich, um den vollständigen Betrieb wieder aufzunehmen, wie z. B. das Laden der neuesten Daten oder die Aktualisierung von Software. Warme Umgebungen sind schneller in der Wiederherstellung, benötigen aber mehr Investitionen im Voraus im Hinblick auf die Betriebsbereitschaft. Sie sind sozusagen ein Mittelweg im Hinblick auf Kosten und Wiederherstellungszeit.

Heiße Umgebung zur Ausfallsicherheit Eine „heiße" Umgebung zur Ausfallsicherheit ist die teuerste, aber gleichzeitig die effizienteste Lösung in Bezug auf die Wiederherstellungszeit. Sie bietet eine nahezu sofortige Betriebskontinuität für Unternehmen im Falle eines Desasters und ist im Wesentlichen eine exakte Kopie der primären Infrastruktur für den Geschäftsbetrieb (einschließlich aller IT-Ressourcen, Daten und Anwendungen). Wenn ein Vorfall eintritt, kann das Unternehmen nahezu sofort in die parallel betriebene Umgebung wechseln und den Betrieb mit minimalen Unterbrechungen fortsetzen. Die Kosten für die Aufrechterhaltung sind entsprechend hoch, aber für Unternehmen, für die jede Minute des Ausfalls enorme finanzielle oder operationelle Auswirkungen hat, kann es sich durchaus lohnen.

▶ Unter Berücksichtigung der Kosteneffizienz und begrenzter Unternehmensressourcen, sollte die Auswahl der Schutzmaßnahmen sich immer aus den Ergebnissen einer Risikobewertung ableiten. Die Durchführung einer solchen Bewertung ermöglicht eine organisierte und bewusste Entscheidungsfindung basierend auf Risikoszenarien.

▶ **Tipp** Rufen Sie sich auch hier wieder die Leitfragen zum Business Continuity und IT-Notfallmanagement aus Abschn. 4.1.2 in Erinnerung. Welche Auswirkungen hätte ein Ausfall Ihrer Betriebsabläufe? Wenn Sie die Antworten noch einmal durchgehen, für welche Umgebung sollten Sie sich entscheiden?

In den vorherigen Kapiteln haben wir zwischen organisatorischen und technischen Risikoaspekten unterschieden. Um entsprechende Schutzmaßnahmen zur Risikoreduzierung übersichtlich darzustellen, unterscheiden wir im Folgenden zwischen präventiven, detektierenden und reaktiven Schutzmaßnahmen.

Die Unterscheidung zwischen den drei dargestellten Kategorien soll bei der Priorisierung der Maßnahmen helfen, sodass der Fokus auf besonders kritische Risikobereiche und Systeme gelegt werden kann. Ein solcher risikobasierter Ansatz in der Festlegung der Schutzmaßnahmen ist eine effiziente Vorgehensweise, um die anschließende Implementierung der Maßnahmen zu erleichtern. Die Anordnung der drei Kategorien (siehe Abb. 4.6) verdeutlicht das Zusammenspiel der unterschiedlichen Sicherheitsmaßnahmen im Hinblick auf eine umfangreiche Adressierung des Gefahrenpotenzials.

Die Grafik veranschaulicht ebenso, dass die Maßnahmen sich in einem Zyklus ergänzen und im Rahmen eines Managementprozesses im Unternehmen kontinuierlich verbessert werden können. Die Kombination aus Maßnahmen aller Kategorien definieren und gestalten schließlich das Sicherheitsprofil eines Unternehmens. Im Folgenden werden die drei Kategorien näher erläutert.

4.4.1 Präventiv

Präventive Schutzmaßnahmen dienen dazu, Angriffe und Bedrohungen im Vorfeld zu verhindern. Es können Sicherheitsziele risikoorientiert definiert und eine entsprechende Strategie zur Implementierung entwickelt werden. Hierbei sollten unterschiedliche Aspekte betrachtet werden.

Zunächst steht im Kern der Aufbau eines grundlegenden Informationssicherheitskonzepts, welches sowohl Richtlinien als auch Arbeitsanweisungen beinhaltet. Eine solche Dokumentenlandschaft kann sich an den Vorgaben von Standards (wie zum Beispiel der ISO/IEC 27001 oder des BSI-Grundschutz) orientieren, sollte jedoch immer individuell auf die Struktur der Unternehmen angepasst werden. Mit der Schaffung einer Dokumentation zu den Sicherheitsprozessen und Maßnahmen ist eine zentrale und einheitliche Basis geschaffen, auf der alles Weitere aufbauen kann.

Im Folgenden wird auf konkrete, sowohl technische als auch organisatorische, präventive Schutzmaßnahmen eingegangen.

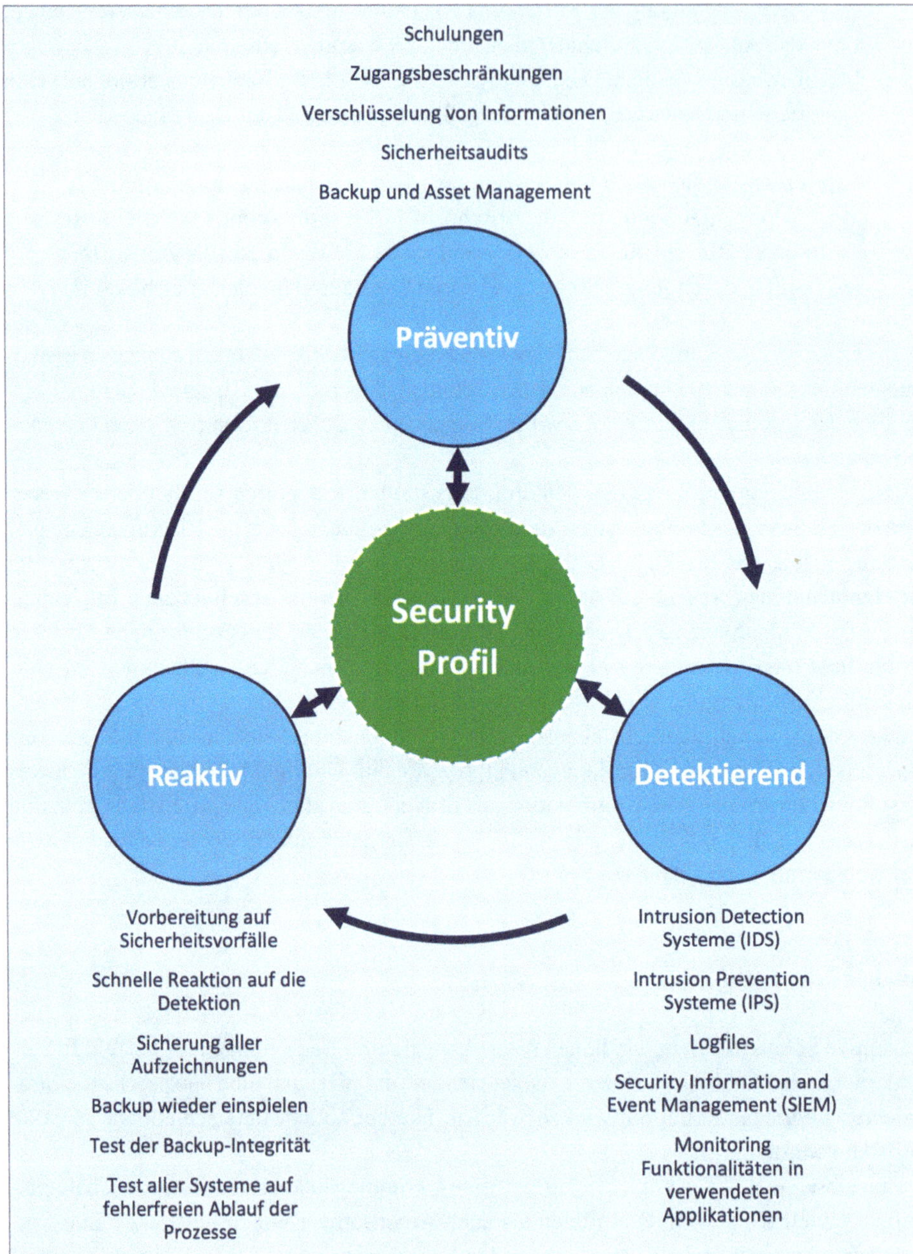

Abb. 4.6 Kategorien der Schutzmaßnahmen

Schulung und Sensibilisierung der Mitarbeitenden

Ein wichtiger und essenzieller Aspekt präventiver Schutzmaßnahmen ist die Sensibilisierung der Mitarbeitenden für das Thema Informationssicherheit. Sie sind oft die ersten, die auf potenzielle Bedrohungen aufmerksam werden oder Hinweise erhalten. Hierbei können Schulungen und Awareness-Programme eingesetzt werden, um die Mitarbeitenden über Sicherheitsrisiken aufzuklären und Verhaltensregeln zu vermitteln. Awareness-Programme sollten unterschiedlichste multimediale Methodiken berücksichtigen (Flyer, persönliche Schulungen, Webinare, Newsletter per E-Mail, oder auch ansprechende Poster bspw. in Aufenthaltsräumen) und regelmäßig, wiederkehrend durchgeführt werden. Die einzelnen Maßnahmen zur Vermittlung der Verhaltensregeln müssen nicht komplex sein. Viel wichtiger ist eine regelmäßige Vermittlung der Inhalte an die Mitarbeitenden. Nur so können festgelegte Regularien implementiert und ein nachhaltiges Verständnis für das Thema Informationssicherheit bei den Mitarbeitenden geschaffen werden.

Zugangsbeschränkungen (nutzer- und systemseitig)

Zudem sollten Passwortrichtlinien und Zugangsbeschränkungen implementiert werden, um unbefugten Zugriff auf die IT-Systeme zu verhindern. Unternehmen sollten sicherstellen, dass jede bzw. jeder Mitarbeitende nur auf die Informationen zugreifen kann, die er benötigt, um seine Arbeit zu erledigen (siehe Abschn. 4.1.3). Passwortrichtlinien stellen sicher, dass starke Passwörter verwendet werden und dass Passwörter regelmäßig geändert werden.

Systemseitig ist die Implementierung von Firewalls und Antiviren-Programmen eine grundlegende und unverzichtbare Schutzmaßnahme für Informationssicherheit. Eine Firewall dient als Barriere zwischen einem internen Netzwerk und dem Internet und schützt vor unerwünschtem Zugriff auf das Netzwerk. Antiviren-Programme schützen gegen Schadsoftware, die von außen in das System eindringen kann. Beide Maßnahmen sind von entscheidender Bedeutung, um die Sicherheit von Informationen innerhalb des Unternehmens zu gewährleisten.

Verschlüsselung von Informationen

Die Verschlüsselung von Informationen ist ein weiterer wichtiger Schutzmechanismus, um die Sicherheit von Informationen innerhalb eines Unternehmens zu gewährleisten. Informationen, die über das Internet oder andere öffentliche Netzwerke übertragen werden, können ohne Verschlüsselung von Dritten abgefangen und gelesen werden. Durch die Verwendung von Verschlüsselungstechnologie können Unternehmen sicherstellen, dass vertrauliche Informationen nur von autorisierten Personen gelesen werden können. Technologien und Methoden wie symmetrische und asymmetrische Verschlüsselung, TLS, VPNs bis hin zur Quantenkryptografie bieten unterschiedliche Sicherheitsniveaus und haben jeweils spezifische Anwendungsbereiche. Die Verwendung der richtigen Verschlüsselungstechnologie hängt von den individuellen Anforderungen hinsichtlich Sicherheit, Leistung und Kompatibilität der verwendeten IT-Systeme ab.

Sicherheitsaudits und Systemüberwachung
Weiterhin sollten die IT-Systeme regelmäßig auf bekannte Schwachstellen getestet werden. Hierbei können beispielsweise Penetrationstests[14] durchgeführt werden, um mögliche akute Angriffsvektoren zu identifizieren, zu bestätigen und im Rahmen einer Behandlung zu beseitigen. Zudem sollten alle Systeme und Anwendungen regelmäßig auf Sicherheitspatches überprüft und diese umgehend installiert werden, um bekannte Sicherheitslücken zu schließen.

Sicherheitsaudits können sich in dem Zusammenhang ganzheitlich auf das Sicherheitsprofil sowie auch auf bestimmte Themenbereiche fokussieren. Bei solchen Audits wird eine Compliance-Prüfung zu bestehenden Vorgaben durchgeführt, um Verbesserungsvorschläge auf Grundlage existierender Rahmenwerke (wie zum Beispiel ISO/IEC 27001, BSI-Grundschutz, NIST, etc.) sowie Maßnahmen, die sich als wirksam erwiesen haben (Best Practices), abzuleiten.

Die Überwachung und Überprüfung von Netzwerken und Systemen ist ein wichtiger Schutzmechanismus, um Bedrohungen zu identifizieren und zu beheben. Unternehmen sollten sicherstellen, dass Netzwerke und Systeme kontinuierlich überwacht werden, um Anomalien oder ungewöhnliche Aktivitäten zu erkennen. Durch die Implementierung von Überwachungssystemen können Unternehmen schnell auf mögliche Bedrohungen reagieren und mögliche Schäden minimieren. Mehr zu dem Aspekt der Systemüberwachung wird in Abschn. 4.4.2 beschrieben.

Backup Management als präventive Schutzmaßnahme
Das Backup Management ist eine essenzielle präventive Schutzmaßnahme, die dazu beiträgt, Auswirkungen von Angriffen zu minimieren. Im Falle eines Ransomware-Angriffs kann das Zurückgreifen auf Backups beispielsweise dazu beitragen, die Wiederherstellung von Systemen und Daten zu beschleunigen und den damit einhergehenden Schaden zu begrenzen. Eine umfassende Backup-Strategie umfasst mehrere Aspekte.

Asset Management Zunächst sollte die Entscheidung getroffen werden, welche Daten und Systeme gesichert werden müssen. Hierbei sollten vor allem kritische Systeme und Daten priorisiert werden, um im Falle eines Angriffs schnell handeln und betroffene Systeme bzw. Daten wiederherstellen zu können. Hierfür ist die Grundlage ein umfassend geführtes Asset Management.

Häufigkeit Zudem sollte festgelegt werden, wie oft Backups durchgeführt werden sollen. Hierbei hängt die Frequenz von der Wichtigkeit der Daten und der Häufigkeit der Datenmodifikation ab.

[14] Ein Penetrationstest ist eine Methode, um die Sicherheit von IT-Systemen zu überprüfen, indem versucht wird, in diese Systeme einzudringen, ähnlich wie es Angreifer:innen tun würden. Ziel ist es, Schwachstellen aufzudecken und Empfehlungen zur Behebung dieser Schwachstellen zu geben.

Aufbewahrungsort Des Weiteren sollte entschieden werden, wo die Backups gespeichert werden sollen. Hierbei gibt es verschiedene Optionen wie lokale Datenspeicher, Netzwerkspeicher oder Cloud-Lösungen. Die Wahl hängt hier im Wesentlichen von Faktoren wie der Menge der zu sichernden Daten, der Performance der implementierten Infrastruktur, evtl. Betriebskosten und nicht zuletzt der Sicherheitspolitik des Unternehmens ab.

Schutz der Backups Ein weiterer wichtiger Aspekt ist die Sicherung der Backups selbst. Hierbei sollten verschiedene Maßnahmen ergriffen werden, um sicherzustellen, dass die Backups vor Angriffen geschützt sind. Beispielsweise sollten die Backups verschlüsselt werden, um unbefugten Zugriff auf die Daten zu verhindern. Zudem sollten sie an einem sicheren und anderen Ort als die Originaldaten aufbewahrt werden, der vor Feuer und Wasser geschützt ist. Neben den (in der Regel) automatisiert erstellten Backups sollten zusätzliche Offline-Backups in regelmäßigen Zeitabständen gemacht werden, die ebenso an unterschiedlichen Orten gelagert werden.

Hierdurch wird sichergestellt, dass selbst bei schwerwiegenden und kritischen Vorfällen immer ein Datensatz zur Widerherstellung vorhanden ist. Die Notwendigkeit für Offline-Backups ist außerdem dadurch begründet, dass eine automatisierte Backup-Lösung, die sich im gleichen Netzwerk befindet, beispielsweise durch einen Ransomware-Angriff, unbrauchbar gemacht werden kann. Vor diesem Hintergrund sollten die Backup-Systeme sich in einem eigenen getrennten Netzwerksegment befinden.

Test der Backups Nicht zuletzt ist es essenziell, die Wiederherstellung von Backups regelmäßig zu testen, um sicherzustellen, dass im Falle eines Angriffs die Daten schnell und korrekt wiederhergestellt werden können. Hierbei können Testwiederherstellungen durchgeführt werden, um die Funktionalität sowie die Vollständigkeit der Backups zu überprüfen.

▶ Sicherheitsmaßnahmen für die Backups selbst sind die Rückversicherung für die kritischsten Risikoszenarien.

Näheres zum Backup Management und Aufbau einer Datensicherungsstrategie erfahren Sie in Kap. 5.

Stellen Sie sich an dieser Stelle also die folgenden Fragen bei der Umsetzung Ihrer Schutzmaßnahmen

- Wie möchte ich meine Mitarbeitenden gegenüber Bedrohungen sensibilisieren? Sollen regelmäßig Schulungen gemacht werden? Erstelle ich Flyer, Webinare oder Newsletter zu bestimmten Themen?
- Wie sollen Informationen verschlüsselt werden? Wie kritisch sind die Informationen und welches Verschlüsselungsniveau ist notwendig? Was kann mit den gegebenen IT-Systemen umgesetzt werden?

- Wie sollen die Systeme auf Schwachstellen getestet werden? Wie kann sichergestellt werden, dass alle Anforderungen zu Sicherheitsaudits erfüllt sind, und auf welcher Grundlage möchte ich aufbauen (ISO/IEC 27001, IT-Grundschutz, etc.)?
- Umfasst das Backup Management alle nötigen Aspekte, um einen ausreichenden Schutz zu gewährleisten?

In Kap. 8 finden Sie die Fragen zur Einführung konkreter Schutzmaßnahmen (präventiv, detektierend und reaktiv) in Form einer exemplarischen Orientierungshilfe zum Ausfüllen und Beantworten. Die Fragen dienen nicht nur zum Verständnis, sondern können auch als Vorlage für die Einführung geeigneter Schutzmaßnahmen herangezogen und ergänzt werden. Ihre persönliche Liste der zu implementierenden Schutzmaßnahmen wird letzten Endes deutlich länger sein. Die Orientierungshilfe kann jedoch dabei helfen, Ihre Fragen im ersten Schritt zu kategorisieren und zu sammeln.

4.4.2 Detektierend

Unternehmen sind ständig Bedrohungen ausgesetzt, die die Vertraulichkeit, Verfügbarkeit und Integrität ihrer Informationen gefährden können. Zu den Bedrohungen gehören sowohl interne als auch externe Faktoren wie Angriffe auf Netzwerke, Phishing-Versuche, Social-Engineering-Angriffe und Malware-Infektionen. Detektierende Schutzmaßnahmen helfen Unternehmen, solche Bedrohungen zu erkennen und zu beheben, bevor sie größere Schäden verursachen können.

> ▶ Detektierende Schutzmaßnahmen sind Sicherheitsmaßnahmen, die dazu dienen, Anomalien und Angriffe zu erkennen, bevor es zu Auswirkungen eines Sicherheitsvorfalls kommen kann.

Detektierende Schutzmaßnahmen für die Informationssicherheit sind für Unternehmen aus mehreren Gründen von großer Bedeutung:

Frühzeitige Erkennung von Sicherheitsverletzungen oder Angriffen Durch die Implementierung von detektierenden Schutzmaßnahmen können Unternehmen potenzielle Sicherheitsverletzungen oder Angriffe frühzeitig erkennen und angemessen darauf reagieren, um den Schaden zu minimieren.

Einhaltung gesetzlicher Vorgaben und branchenspezifischer Standards Unternehmen sind häufig verpflichtet, bestimmte gesetzliche Vorgaben und branchenspezifische Standards in Bezug auf die Informationssicherheit einzuhalten, wie beispielsweise die

DSGVO oder die Payment Card Industry Data Security Standard (PCI DSS).[15] Detektierende Schutzmaßnahmen tragen dazu bei, diesen Anforderungen gerecht zu werden.

Verbesserung der Reaktionsfähigkeit und der Sicherheitskultur Die Implementierung von detektierenden Schutzmaßnahmen verbessert in Kombination mit Trainings und Praxisübungen („Tabletop Exercises") die Reaktionsfähigkeit eines Unternehmens im Falle einer Sicherheitsverletzung oder eines Angriffs und fördert ein präventives Sicherheitsverständnis der Mitarbeitenden.

Im Folgenden möchten wir verschiedene Möglichkeiten von detektierenden Schutzmaßnahmen vorstellen, die Unternehmen zur Verbesserung ihrer Informationssicherheit implementieren können (siehe Abb. 4.7).

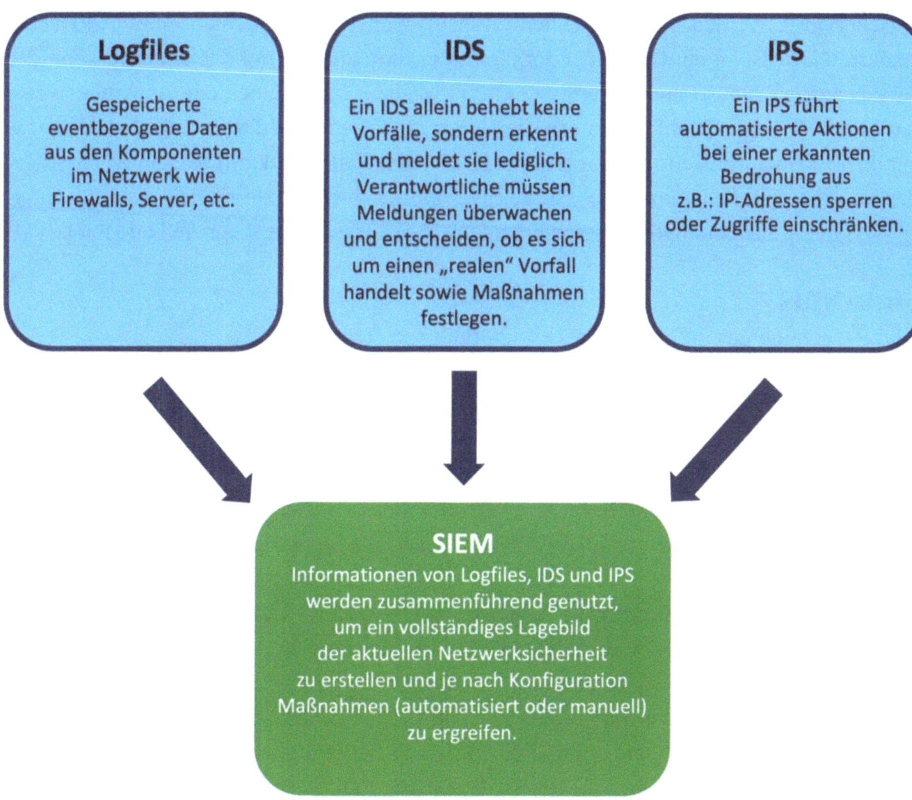

Abb. 4.7 Zusammenspiel detektierender Schutzmaßnahmen

[15] Der Payment Card Industry Data Security Standard (PCI DSS) ist ein internationaler Sicherheitsstandard, der festlegt, wie Unternehmen Kreditkarteninformationen sicher speichern, verarbeiten und übertragen müssen. Ziel ist es, Betrug zu verhindern und die Sicherheit von Kreditkarten- und Verbraucherdaten zu schützen. Die Einhaltung des PCI DSS ist für alle Unternehmen erforderlich, die Kreditkartentransaktionen durchführen.

Die technische Implementierung von detektierenden Schutzmaßnahmen kann je nach gewählter Technologie und den spezifischen Anforderungen des Unternehmens variieren. Auf grundlegende Aspekte der Implementierung gehen wir im Folgenden ein.

Intrusion Detection Systeme (IDS)
Intrusion Detection Systeme sind Sicherheitssysteme, die darauf abzielen, unbefugte Zugriffe oder Angriffe auf ein Netzwerk oder einen Computer zu erkennen und entsprechende Warnmeldungen auszugeben. IDS können entweder netzwerkbasiert (NIDS) oder hostbasiert (HIDS) sein.

Netzwerkbasierte Intrusion Detection Systeme (NIDS) Ein NIDS überwacht den Datenverkehr in einem Netzwerk auf Anzeichen von Anomalien oder Angriffen. Es analysiert den Netzwerkverkehr, um verdächtige Muster oder Aktivitäten zu identifizieren. Typischerweise werden NIDS an einem strategischen Punkt innerhalb eines Netzwerks platziert, wie z. B. an ein Gateway oder Netzwerkknotenpunkt, um den Datenverkehr, der in das Netzwerk eintritt und es verlässt, zu überwachen. Im Hinblick auf die Arbeitsweise verwenden NIDS sowohl signaturbasierte als auch anomalitätsbasierte Erkennungsmethoden. Signaturbasierte Erkennung verwendet eine Datenbank mit bekannten Angriffsmustern, während die anomalitätsbasierte Erkennung von einer erlernten Baseline „normalen" Verhaltens ausgeht und Abweichungen davon als potenzielle Angriffe betrachtet.

Vorteile NIDS
- Überwachung des gesamten Netzwerkverkehrs in Echtzeit
- Kann viele Systeme gleichzeitig schützen
- Unabhängig von Endgeräten und entsprechend weniger wartungsintensiv

Nachteile NIDS
- Kann verschlüsselten Verkehr nicht inspizieren ohne spezielle Vorkehrungen
- Falschmeldungen (false-positives) können bei anomalitätsbasierten Systemen hoch sein

Hostbasierte Intrusion Detection Systeme (HIDS) Ein HIDS überwacht Aktivitäten auf einem einzelnen Endgerät (z. B. einem Server, Laptop oder Arbeitsplatz-PC). Es analysiert Systemprotokolle, Systemanrufe, Dateisystemänderungen und andere Aktivitäten auf dem zu überwachenden Endgerät (Host), auf dem es auch direkt installiert ist. HIDS können ebenfalls signatur- und anomalitätsbasierte Erkennung nutzen. Sie sind besonders nützlich für die Erkennung von Insider-Bedrohungen und Systemmissbrauch.

Vorteile HIDS
- Kann spezifische Systemereignisse und -aktivitäten tiefgreifend überwachen
- Kann verschlüsselte Daten auf dem Host lesen, bevor sie verschlüsselt oder nachdem sie entschlüsselt wurden
- Schutz gegen Bedrohungen, die NIDS möglicherweise übersehen, wie z. B. Insider-Angriffe

Nachteile HIDS

- Muss auf jedem zu schützenden System installiert und gewartet werden
- Verbraucht Systemressourcen des Hosts
- Schützt nicht vor Angriffen, die auf Netzwerkebene stattfinden, ohne auf den Host zuzugreifen

Intrusion Prevention Systeme (IPS)
Intrusion Prevention Systeme sind eine Erweiterung von IDS und bieten zusätzlich zu den Erkennungsfunktionen auch automatisierte Schutzmaßnahmen, um potenzielle Angriffe in Echtzeit abzuwehren. IPS können ebenso netzwerkbasiert (NIPS) oder hostbasiert (HIPS) sein.

Netzwerkbasierte Intrusion Prevention Systeme (NIPS) Ein NIPS überwacht und analysiert den Datenverkehr innerhalb eines Netzwerks auf bösartige Aktivitäten. Es handelt sich um ein präventives Sicherheitstool, das in der Lage ist, bösartigen Verkehr zu identifizieren und aktiv zu blockieren, bevor er Schaden anrichten kann. Innerhalb eines Netzwerks positioniert, wird der gesamte Datenverkehr geprüft, und im Falle einer erkannten Bedrohung werden sofort Maßnahmen ergriffen. Ein NIPS kann signaturbasierte, heuristische sowie anomalitätsbasierte Erkennungsmethoden verwenden. Es kann entsprechend bekannte Bedrohungsmuster (Signaturen) erkennen oder ungewöhnlichen Verkehr identifizieren, der von der „normalen" Netzwerkaktivität abweicht.

Vorteile NIPS

- Bietet Schutz für das gesamte Netzwerk
- Kann große Mengen von Netzwerkverkehr in Echtzeit analysieren
- Kann Bedrohungen stoppen, bevor sie Schaden verursachen können

Nachteile NIPS

- Analyse des verschlüsselten Verkehrs ist potenziell unmöglich
- Potenzielle Falschmeldungen (false-positives) können legitimen Verkehr blockieren

Hostbasierte Intrusion Prevention Systeme (HIPS) Ein HIPS überwacht und kontrolliert die Aktivitäten auf einem einzelnen Host. Es überprüft Systemanrufe, Anwendungsaktivitäten und Dateioperationen auf bösartiges Verhalten und blockiert potenziell schädliche Aktivitäten. Zu diesem Zweck wird es direkt auf dem Zielhost installiert und konfiguriert. Es kann auch signatur-, verhaltens- und heuristikbasierte Erkennung[16]

[16] Eine heuristikbasierte Erkennung ist ein Ansatz, der Verhaltensregeln verwendet, um unbekannte Bedrohungen zu identifizieren, statt nach bekannten schädlichen Signaturen zu suchen. Es analysiert Verhalten und Eigenschaften, um potenziell schädliche Aktivitäten zu erkennen.

nutzen und bietet oft auch Funktionen wie Firewall-Schutz, Dateiintegritätsüberwachung und Systemregelkonformität[17].

Vorteile HIPS

- Bietet tiefen Einblick in die Aktivitäten und Prozesse eines bestimmten Hosts
- Kann auch verschlüsselte oder verpackte Schadsoftware erkennen, da es direkt auf dem Host agiert
- Effektiv gegen bisher unbekannte Bedrohungen (Zero Day Exploits)

Nachteile HIPS

- Muss auf jedem zu schützenden System installiert und gewartet werden
- Kann die Systemleistung des Hosts beeinträchtigen

▶ **Das Zusammenspiel IDS und IPS** Während IDS-Systeme auf Erkennung und Alarmierung ausgerichtet sind, sind IPS-Systeme darauf ausgelegt, aktiv auf Bedrohungen zu reagieren und sie zu blockieren. Aufgrund der aktiven Betriebsweise von IPS können falsche interpretierte Angriffsmeldungen (false-positives) zu potenziellen Störungen im Geschäftsbetrieb führen. Dies macht eine genaue Konfiguration und Feinabstimmung unerlässlich.

NIDS und NIPS bieten Schutz auf Netzwerkebene, während HIDS und HIPS tiefe Einblicke und Schutz auf Systemebene bieten. In der Praxis ist oft zu sehen, dass Sicherheitsinfrastrukturen kombiniert eingesetzt werden, um ein mehrschichtiges Verteidigungsmodell zu schaffen (Defense-in-Depth).

Logfile-Analyse

Logfiles oder Protokolldaten sind essenzielle Informationen, um die Aktivitäten innerhalb eines IT-Systems zu überwachen. Sie enthalten detaillierte Aufzeichnungen von Ereignissen, die während der Nutzung einer Software, eines Systems oder einer Netzwerkinfrastruktur registriert werden. Sicherheitsrelevante Aspekte der Logfiles sind besonders wichtig, da sie helfen, potenzielle Sicherheitsvorfälle zu identifizieren, zu analysieren und darauf zu reagieren.

Im Folgenden möchten wir gerne die aus unserer Sicht wesentlichen Logfiles mit Bezug zur Informationssicherheit vorstellen (siehe auch Abschn. 2.1).

System-Logs Diese Protokolle erfassen Ereignisse auf Betriebssystemebene. Sie können Hinweise auf Systemfehler, fehlgeschlagene Anmeldeversuche oder Änderungen an Systemeinstellungen liefern. Solche Daten können auf mögliche Angriffe oder unsachgemäße Nutzung hinweisen.

[17] Die Systemregelkonformität ist der Grad, in dem ein System, Prozess oder Produkt festgelegten Regeln, Standards oder Anforderungen entspricht. Im Kontext von IT und Sicherheit bezieht sie sich oft darauf, wie gut Systeme den Sicherheitsrichtlinien, Branchenstandards oder regulatorischen Vorgaben folgen. Die Einhaltung solcher Regeln gewährleistet eine ordnungsgemäße Funktion und Sicherheit und vermeidet potenzielle Rechtsverstöße oder Sicherheitslücken.

Anwendungs-Logs Diese Protokolle erfassen Aktivitäten innerhalb von Anwendungen. Sie können Aktivitäten wie den Zugriff auf bestimmte Daten, Transaktionen oder Änderungen an Daten erfassen. Fehlgeschlagene Anmeldeversuche in Anwendungen oder unerwartete Verhaltensweisen können auch hier festgehalten werden.

Sicherheits-Logs Oft speziell durch Sicherheitsanwendungen (z. B. Firewalls, IDS/IPS, Antivirus) erstellt. Diese Protokolle bieten Informationen über erkannte Bedrohungen, Blockierungen, Quarantäne-Aktionen und andere sicherheitsrelevante Ereignisse.

Netzwerk-Logs Erfassen den Netzwerkverkehr und die Interaktionen zwischen verschiedenen Geräten im Netzwerk. Sie können Informationen über Datenverkehrsmuster, unerwarteten Datenverkehr oder Verbindungsversuche von oder zu verdächtigen IP-Adressen liefern.

Datenbank-Logs Protokollieren Abfragen und Änderungen in Datenbanken. Diese können versuchte SQL-Injections-Angriffe, unerlaubten Zugriff oder ungewöhnliche Abfrageaktivitäten zeigen.

Authentifizierungs-Logs Protokollieren Anmeldeaktivitäten und Authentifizierungsvorgänge. Mehrfache fehlgeschlagene Anmeldeversuche könnten auf Brute-Force-Angriffe hinweisen.

Audit-Logs Erfassen die Nutzung von Systemressourcen, Dateizugriffen und anderer Aktivitäten, um die Einhaltung von Richtlinien und Vorschriften zu überwachen. Diese können Hinweise auf Datenlecks, unerlaubten Zugriff oder andere sicherheitsrelevante Vorfälle geben.

▶ Im Hinblick auf die Integrität der Logfiles ist es wichtig, diese zu schützen, damit sie nicht manipuliert werden können. Nur autorisierte Benutzer:innen sollten auf Logfiles zugreifen können. Außerdem sollten sie für einen angemessenen Zeitraum auf einem zentralen Logfile-Server aufbewahrt werden, um historische Analysen zu ermöglichen, aber auch, um den Datenschutzanforderungen zu entsprechen. Nach Möglichkeit sollten Logfiles immer verschlüsselt werden, besonders wenn sie sensible Informationen enthalten.

Die Analyse von Logfiles, die von verschiedenen Systemen und Anwendungen im Unternehmen erzeugt werden, kann dazu beitragen, verdächtige Aktivitäten oder Anomalien zu erkennen, die auf Sicherheitsverletzungen oder Angriffe hindeuten.

An dieser Stelle bietet sich die ideale Überleitung zur Erläuterung eines Security Information and Event Managements (SIEM).

Security Information and Event Management (SIEM)
SIEM-Systeme sammeln Daten und Sicherheitsereignisse aus verschiedenen Quellen im Unternehmen, wie beispielsweise Logfiles, IDS/IPS, Firewalls und Antivirensoftware. Im Anschluss analysieren und korrelieren die Systeme die gesammelten Daten in (nahezu) Echtzeit, um Anomalien oder verdächtige Aktivitäten zu erkennen und entsprechende Warnmeldungen an Administrator:innen oder direkte Maßnahmen auszulösen.

Durch die Integration von Daten aus IPS-, IDS-Systemen und Logfiles in eine SIEM-Lösung, können Unternehmen einen umfassenderen Überblick über ihre Sicherheitslage erhalten (siehe Abb. 4.7). Ein IPS oder IDS erkennt und blockiert bzw. meldet Angriffe, während SIEM die daraus resultierenden Daten nutzt, um ein Gesamtbild der Bedrohungslandschaft zu erstellen, das weit über die isolierten Daten jeder einzelnen Quelle hinausgeht. In einem modernen, komplexen IT-Umfeld sind SIEM-Systeme unerlässlich, um die enormen Mengen an Sicherheitsdaten, die von verschiedenen Quellen generiert werden, effektiv zu verwalten, zu analysieren und darauf zu reagieren.

Datenaggregation SIEM sammelt Daten aus verschiedenen Quellen und bringt sie an einem zentralen Ort zusammen. Das können Daten und Informationen aus IDS-, IPS-Systemen, Firewalls, Betriebssystem-Logs, Anwendungs-Logs und vielen anderen Quellen umfassen.

Korrelation SIEM-Systeme können Daten aus verschiedenen Quellen korrelieren, um komplexe Angriffsmuster zu erkennen, die vielleicht übersehen werden würden, wenn die Daten isoliert betrachtet werden.

Alarmierung Auf der Grundlage der durchgeführten Analysen können SIEM-Systeme Alarme für Sicherheitsteams auslösen, wenn verdächtige oder bösartige Aktivitäten erkannt werden.

Ebenso bieten SIEM-Systeme visuelle Dashboards und Berichtsfunktionen, die den verantwortlichen Personen im Unternehmen einen Überblick über die Sicherheitslage und spezifische Vorfälle bieten.

Forensische Analysefunktionen Mit einem SIEM können Sicherheitsteams tiefer in bestimmte Vorfälle Einblick nehmen, Datenhistorien durchsuchen und Trends über längere Zeiträume hinweg analysieren.

▶ Die praktische Umsetzung von Maßnahmen in der Netzwerkstruktur richtet sich immer nach dem Bedarf für das eigene Sicherheitsniveau. Eine umfangreiche Nutzung der unterschiedlichen technischen Möglichkeiten ist empfehlenswert und erhöht die Sicherheit. Die Konfiguration detektierender Schutzmaßnahmen ist in diesem Zusammenhang ist ein kritischer Schritt, um sicherzustellen, dass die Systeme effektiv und effizient arbeiten.

Im Hinblick auf die allgemeine Konfiguration von Monitoring-Systemen sollten insbesondere folgende Aspekte berücksichtigt werden.

Aktualisierung von Signaturdatenbanken IDS, IPS und SIEM-Systeme verlassen sich häufig auf Signaturdatenbanken, um bekannte Angriffsmuster oder -techniken zu erkennen. Es ist wichtig, diese Datenbanken regelmäßig zu aktualisieren, um Schutz vor neuen Bedrohungen zu gewährleisten.

Anpassung von Regelwerken und Schwellenwerten Monitoring-Systeme sollten so konfiguriert werden, dass sie an die spezifischen Anforderungen des Unternehmens und die vorherrschenden Bedrohungslandschaften angepasst sind. Dies kann beinhalten, dass Regelwerke angepasst oder Schwellenwerte für Warnmeldungen festgelegt werden müssen, um Fehlalarme zu minimieren und die Effektivität der Systeme zu erhöhen.

Integration mit anderen Sicherheitssystemen Die Integration von Monitoring-Systemen in andere Sicherheitssysteme, wie beispielsweise Firewalls, Antivirensoftware oder Incident Response Tools, kann dazu beitragen, die Reaktionsfähigkeit des Unternehmens im Falle einer Sicherheitsverletzung oder eines Angriffs zu verbessern.

Auswertung der Logfiles Die Auswertung der Logfiles ist ein wichtiger Aspekt der detektierenden Schutzmaßnahmen und dient dazu, verdächtige Aktivitäten oder Anomalien in den gesammelten Daten zu erkennen. Um eine effektive Analyse der Logfiles zu ermöglichen, sollten diese zentral gesammelt und gespeichert werden, beispielsweise durch die Verwendung eines Log-Management-Systems oder eines SIEM-Systems. Automatisierte Logfile-Analyse-Tools können verwendet werden, um große Mengen an Logfiles effizient zu analysieren und verdächtige Aktivitäten oder Anomalien zu erkennen. Diese Tools können beispielsweise auf Basis vordefinierter Regeln oder künstlicher Intelligenz arbeiten. Neben der automatisierten Analyse von Logfiles sollten Sicherheitsexpertinnen und -experten regelmäßig Logfiles überprüfen, um verdächtige Aktivitäten oder Anomalien zu identifizieren, die möglicherweise von automatisierten Tools übersehen wurden.

Auch im Zuge der detektierenden Schutzmaßnahmen ergeben sich schließlich folgende, beispielhaften Überlegungen

- Sollen Trainings und Praxisübungen („Tabletop Exercises“) eingeführt werden, um die Reaktionsfähigkeit des Unternehmens zu stärken? Wenn ja, wie sollen diese gestaltet werden?
- Welche IDS- bzw. IPS-Systeme (netzwerkbasiert oder hostbasiert) sind für das Unternehmen von Vorteil? Sollen diese mit einem SIEM-System gekoppelt werden?
- Welche Logfiles sind im Unternehmen vorhanden und müssen gesichert werden? Wie soll die Logfile-Analyse gestaltet werden?
- Wie müssen die Monitoring-Systeme konfiguriert werden? Werden Datenbanken regelmäßig aktualisiert? Welche weiteren Aspekte müssen festgelegt werden?

Die Liste der Fragen sind in keinem Fall abschließend und richten sich auch hier wieder nach den unternehmensspezifischen Bedürfnissen. Sicherlich fallen Ihnen mit jeder Antwort weitere Fragen und Antworten ein, die beachtet werden müssen.

4.4.3 Reaktiv

Reaktive Schutzmaßnahmen sind entscheidend für die Informationssicherheit in einem Unternehmen, um sicherzustellen, dass im Falle einer Sicherheitsverletzung oder eines Angriffs angemessen und effektiv reagiert werden kann. Eine schnelle und gezielte Reaktion ist notwendig, um den Schaden für das Unternehmen zu minimieren und die Wiederherstellung der betroffenen Systeme und Prozesse zu gewährleisten. In diesem Abschnitt möchten wir verschiedene Aspekte der reaktiven Schutzmaßnahmen in Unternehmen darstellen, einschließlich der Verbindung zu der Vorbereitung auf Sicherheitsvorfälle, der schnellen Reaktion auf erkannte (detektierte) Bedrohungen, der Sicherung aller Aufzeichnungen, der Wiederherstellung von Backups und der Überprüfung der Integrität und Funktionsfähigkeit der Systeme.[18]

Vorbereitung auf Sicherheitsvorfälle
Um effektiv auf Sicherheitsvorfälle reagieren zu können, ist es wichtig, dass Unternehmen entsprechende Maßnahmen und Prozesse im Voraus vorbereiten und implementieren. Kernkomponenten sind hierbei:

Entwicklung eines Incident-Response-Plans Ein Incident-Response-Plan (IRP) ist ein dokumentierter Prozess, der beschreibt, wie ein Unternehmen auf Sicherheitsvorfälle reagieren sollte. Der IRP legt die Rollen und Verantwortlichkeiten der beteiligten Mitarbeitenden, die Kommunikationswege und die Schritte zur Identifizierung, Eindämmung, Untersuchung, Wiederherstellung und Nachbereitung von Sicherheitsvorfällen fest.

Bildung eines Incident-Response-Teams Ein Incident-Response-Team (IRT) ist eine Gruppe von Mitarbeitenden, die für die Reaktion auf Sicherheitsvorfälle verantwortlich sind. Das IRT sollte aus Mitarbeitenden mit verschiedenen Kompetenzen bestehen, wie z. B. Sicherheits-, Rechts-, Compliance- und Kommunikationsexpertinnen und -experten sowie IT-Administratorinnen und -Administratoren. Die Mitglieder des IRT sollten regelmäßig geschult und ihre Fähigkeiten durch Übungen und Tests auf dem neuesten Stand gehalten werden.

Etablierung von Kommunikationsprotokollen Klare und effektive Kommunikation ist entscheidend für eine erfolgreiche Reaktion auf Sicherheitsvorfälle. Unternehmen sollten Kommunikationsprotokolle etablieren, die festlegen, wie Informationen über

[18] National Institute of Standards and Technology, NIST (2018).

Sicherheitsvorfälle intern und extern kommuniziert werden, einschließlich der Benachrichtigung von Führungskräften, Mitarbeitenden, Kundinnen und Kunden und gegebenenfalls Aufsichtsbehörden.

Schnelle Reaktion auf die Detektion
Sobald ein Sicherheitsvorfall detektiert wurde, ist es entscheidend, dass das Unternehmen schnell und gezielt reagiert, um den Schaden zu minimieren und die Eindämmung des Vorfalls zu gewährleisten. Die folgenden Schritte sollten bei der Reaktion auf detektierte Sicherheitsvorfälle berücksichtigt werden:

Aktivierung des Incident-Response-Plans und des Incident-Response-Teams Sobald ein Sicherheitsvorfall detektiert wurde, sollte der IRP aktiviert und das IRT informiert und mobilisiert werden. Das IRT sollte die Führung bei der Reaktion auf den Vorfall übernehmen und die im IRP festgelegten Schritte und Verantwortlichkeiten ausführen.

Eindämmung des Sicherheitsvorfalls Das IRT sollte sofort Maßnahmen ergreifen, um den Sicherheitsvorfall einzudämmen und eine Ausbreitung auf andere Systeme oder Ressourcen zu verhindern. Dazu kann beispielsweise das Trennen von betroffenen Systemen vom Netzwerk, das Sperren von Benutzerkonten oder das Ändern von Passwörtern gehören.

Untersuchung des Sicherheitsvorfalls Parallel zur Eindämmung sollte das IRT den Sicherheitsvorfall untersuchen, um die Ursache und den Umfang der Sicherheitsverletzung zu ermitteln. Dazu gehört die Analyse von Logfiles, die Überprüfung von Systemkonfigurationen und die Durchführung von forensischen Untersuchungen, um Beweise und Indikatoren für den Angriff zu sammeln.

Sicherung aller Aufzeichnungen
Die Sicherung aller relevanten Aufzeichnungen und Beweise ist entscheidend für die spätere Analyse des Sicherheitsvorfalls und die Identifizierung von Schwachstellen, die zu der Sicherheitsverletzung geführt haben. Dazu gehören Logfiles, Systemkonfigurationen, Kommunikationsprotokolle und forensische Daten. Unternehmen sollten zu jeder Zeit sicherstellen, dass diese Aufzeichnungen in einer sicheren und strukturierten Weise gespeichert und verwaltet werden, um die Integrität der Daten und die Einhaltung gesetzlicher Vorgaben und Datenschutzbestimmungen zu gewährleisten.

Backup wieder einspielen
Die Wiederherstellung von betroffenen Systemen und Daten ist ein wichtiger Schritt bei der Reaktion auf Sicherheitsvorfälle. Unternehmen sollten regelmäßig Backups ihrer kritischen Systeme und Daten erstellen und sicherstellen, dass diese Backups in einem sicheren und getrennten Speicherort aufbewahrt werden. Im Falle einer Sicherheitsverletzung sollten diese Backups verwendet werden, um die betroffenen Systeme und Daten wiederherzustellen und den normalen Betrieb des Unternehmens so schnell wie möglich wieder aufzunehmen.

Test der Backup-Integrität

Bevor Backups zur Wiederherstellung von Systemen und Daten verwendet werden, ist es wichtig, die Integrität und Funktionsfähigkeit der Backups zu überprüfen. Unternehmen sollten regelmäßig Tests durchführen, um sicherzustellen, dass die Backups vollständig, konsistent und frei von Fehlern oder Malware sind. Diese Tests sollten auch die Wiederherstellungsprozesse und -zeiten bewerten, um sicherzustellen, dass die Backups im Falle eines Sicherheitsvorfalls effektiv und effizient eingesetzt werden können.

Test aller Systeme auf fehlerfreien Ablauf der Prozesse

Nach der Wiederherstellung der Systeme und Daten ist es wichtig, alle Systeme und Prozesse gründlich zu testen, um sicherzustellen, dass sie fehlerfrei und sicher funktionieren. Dazu gehören:

Funktionstests Diese Tests überprüfen, ob alle Systeme und Anwendungen wie vorgesehen funktionieren und keine unerwünschten Nebeneffekte oder Fehlfunktionen aufweisen.

Sicherheitstests Diese Tests überprüfen, ob die wiederhergestellten Systeme und Daten frei von Sicherheitslücken oder Anfälligkeiten sind, die zu einer erneuten Sicherheitsverletzung führen könnten. Dazu können Penetrationstests, Schwachstellen-Scans und Code-Reviews gehören.

Performancetests Diese Tests bewerten, ob die wiederhergestellten Systeme und Prozesse die erforderliche Leistung und Stabilität aufweisen, um den normalen Betrieb des Unternehmens zu unterstützen.

Beantworten Sie für die reaktiven Schutzmaßnahmen daher die folgenden wesentlichen Fragen

- Wie soll mein Incident-Response-Team aussehen? Soll es ein internes oder externes Team sein?
- Was muss alles im Incident-Response-Plan festgelegt sein? Wie sollen Beweise gesichert und untersucht werden?
- Welche gesetzlichen Anforderungen bestehen an mein Unternehmen zur Meldung eines Vorfalls sowie zum Umgang?
- Wie soll die konkrete Vorgehensweise zur Eindämmung eines Sicherheitsvorfalls aussehen?
- Ist ein effektives Kommunikationsprotokoll erstellt, um im Falle eines Sicherheitsvorfalls schnell reagieren zu können? Wer muss informiert werden?
- Welche Tests sollen durchgeführt werden, um Systeme und Prozesse nach einem Vorfall zu prüfen?

4.5 Zusammenhang zwischen Informationssicherheit und digitaler Forensik

Informationssicherheit und digitale Forensik sind zwei miteinander verknüpfte Bereiche, die sich mit dem Schutz und der Untersuchung von digitalen Artefakten[19], Informationen und Systemen befassen. Die Informationssicherheit, gemäß der Normenreihe ISO/IEC 27000, berücksichtigt die Bereiche der Vertraulichkeit, der Verfügbarkeit und der Integrität von Information und fokussiert sich somit auf den Schutz von Daten und Informationssystemen vor unbefugtem Zugriff, Verwendung, Offenlegung, Unterbrechung, Änderung oder Zerstörung.[20] Die digitale Forensik dagegen ist eher ein Prozess mit dem Ziel, Informationen zu sammeln und zu analysieren, um sie ggf. auch als Beweismaterial in Gerichtsverfahren zu verwenden.

Die beiden Bereiche sind eng miteinander verknüpft, da die Prinzipien und Methoden dazu verwendet werden können, Cyberangriffe zu verhindern, zu erkennen und darauf zu reagieren.

Die aus der digitalen Forensik gewonnenen Informationen können von Forensiker:innen genutzt werden, um die Täter:innen und Tathergänge durch das Zusammentragen von Beweismitteln offenzulegen. Die Beweismittel können dann verwendet werden, um rechtliche Schritte einzuleiten und Regressansprüche zu stellen. Darüber hinaus können die durch die digitale Forensik gesammelten Beweise dazu verwendet werden, Sicherheitssysteme zu verbessern und zukünftige Angriffe zu verhindern.

Die Informationssicherheit kann als ein präventiver Ansatz gesehen werden, der darauf abzielt, Sicherheitsverletzungen im Vorhinein zu verhindern. Die digitale Forensik hat einen reaktiven Ansatz im Fokus und sammelt Beweise nach einer Sicherheitsverletzung, um Sachverhalte aufzuklären. Beide Bereiche ergänzen sich und tragen dazu bei, ein robustes Sicherheitsprofil in einem Unternehmen zu schaffen.

Um effektive Informationssicherheit zu gewährleisten, werden, wie in den Kapiteln zuvor dargestellt, verschiedene Methoden und Technologien eingesetzt. Diese Technologien können dazu beitragen, Angriffe auf digitale Systeme zu verhindern oder zu erkennen und schnelle Reaktionen bei Sicherheitsverletzungen zu ermöglichen. Ein gutes Informationssicherheitssystem sollte auch über umfassende Protokollierungs- und Überwachungsfunktionen verfügen, um bei einem Sicherheitsvorfall detaillierte Informationen zu liefern, die von digitalen Forensikern verwendet werden können. Diese digitalen Artefakte sind essenziell für die Forensik und bilden somit die Basis für jegliche Untersuchung und Aufklärung der Vorgänge.

---

[19] Digitale Artefakte sind Daten oder Objekte, die in einer digitalen Form existieren und oft durch menschliche Interaktion oder Computervorgänge erstellt werden. Dies kann eine Bandbreite von Elementen umfassen, von Dokumenten, Bildern und Audiodateien bis hin zu Software-Programmen, Datenbanken oder Websites. In einem forensischen Kontext beziehen sich digitale Artefakte oft auf Spuren oder Daten, die auf elektronischen Geräten gefunden werden und bei Untersuchungen oder Analysen verwendet werden können.

[20] International Organization for Standardization, ISO (2020).

Die digitale Forensik nutzt eine Vielzahl von Methoden und Techniken zur Beweissammlung, darunter Datenrettung, Analyse von Systemprotokollen und Netzwerkverkehr, Untersuchung von Malware und andere spezialisierte Techniken. Es ist essenziell, dass die digitale Forensik auf präzise und rechtlich anerkannte Weisen durchgeführt wird, um die Integrität der gesammelten Beweise sicherzustellen und ihre Verwendbarkeit in Gerichtsverfahren zu gewährleisten. Die Anwendung von Informationssicherheitsprinzipien kann dazu beitragen, die Integrität der forensischen Prozesse zu gewährleisten, indem sie beispielsweise sicherstellt, dass Beweise während der Sammlung und Analyse nicht verändert oder zerstört werden.

Die Wechselwirkungen zwischen Informationssicherheit und digitaler Forensik werden durch aufkommende Technologien und Trends, wie Cloud-Computing, Internet of Things, Künstliche Intelligenz und Maschinelles Lernen, zunehmend komplexer und wichtiger. Diese Technologien bringen neue Herausforderungen für die Informationssicherheit mit sich, wie z. B. die Sicherung von Daten in der Cloud und die Bewältigung der enormen Menge an Daten. Sie eröffnen auch neue Möglichkeiten für die digitale Forensik, wie z. B. die Verwendung von Maschinellem Lernen zur automatisierten Analyse von Daten und zur Erkennung von Anomalien.

Zusammenfassend lässt sich sagen, dass die Informationssicherheit und die digitale Forensik dazu beitragen, die Integrität und Vertraulichkeit von digitalen Systemen und Daten zu schützen. Die Informationssicherheit liefert die Werkzeuge und Methoden, um Angriffe auf digitale Systeme zu verhindern und zu erkennen, während die digitale Forensik die Mittel zur Untersuchung solcher Angriffe liefert und zur Aufklärung der Geschehnisse beiträgt. Die Integration oder Verknüpfung beider Bereiche schafft bestmögliche Voraussetzungen für einen robustes Sicherheitsprofil oder auch ISMS.

4.5.1 Bedeutung der Datensicherung für die Forensik

Die Datensicherung spielt eine entscheidende Rolle in der Forensik, da sie die Grundlage für die Untersuchung von Straftaten und die Wiederherstellung von Beweismitteln bildet. Im Rahmen der forensischen Untersuchung werden verschiedene Techniken und Methoden angewendet, um Beweise zu sammeln, zu analysieren und zu interpretieren. Die Qualität und Integrität dieser Beweismittel sind maßgeblich, um eine zuverlässige und fundierte forensische Analyse durchführen zu können. Ohne z. B. eine ordnungsgemäße Datensicherung könnten wertvolle digitale Beweismittel verloren gehen, verändert oder auf andere Weise kompromittiert werden. Dies könnte die Fähigkeit der Ermittler:innen, strafrechtliche Verfahren durchzuführen, erheblich beeinträchtigen.

Unveränderte Beweismittel sind Kern der Forensik
Die forensische Untersuchung von Straftaten ist ein komplexer Prozess, der auf einer Vielzahl von Beweismitteln basiert. Diese Beweismittel können physischer oder digitaler Natur sein und reichen von Tatortspuren über Dokumente bis hin zu elektronischen Daten.

In der Forensik sind unveränderte Beweismittel der Kern der Untersuchung. Es ist entscheidend, dass die Beweismittel in ihrem ursprünglichen Zustand erhalten bleiben, um ihre Authentizität und Integrität zu gewährleisten. Dies gilt insbesondere für die digitale Forensik, da digitale Beweismittel anfällig für Manipulationen und Veränderungen sind. Daher ist es von größter Bedeutung, geeignete Maßnahmen zur Datensicherung und -integrität zu ergreifen, um sicherzustellen, dass die Beweismittel während der gesamten forensischen Untersuchung unverändert bleiben. In der digitalen Forensik sind Daten die Grundlage für die Untersuchung und Analyse von Straftaten. Die Integrität dieser Daten ist essenziell, da sie sicherstellen soll, dass die Informationen korrekt, vollständig und unverändert sind. Um die Integrität von Daten in der digitalen Forensik zu gewährleisten, werden verschiedene Techniken eingesetzt, darunter die sichere Speicherung von Beweismitteln, die Verwendung von kryptografischen Hash-Funktionen[21] zur Überprüfung der Integrität und die Implementierung geeigneter Sicherheitsvorkehrungen, um unbefugte Zugriffe oder Veränderungen zu verhindern. Diese Methoden ermöglichen es den digitalen Forensiker:innen, Beweismittel zu sammeln und zu analysieren, ohne die ursprünglichen Daten zu verändern oder zu beschädigen.

> Die Sicherstellung der Verfügbarkeit von Beweismitteln ist die Basis für eine erfolgreiche forensische Untersuchung.

Um sich bestmöglich auf eine forensische Untersuchung vorzubereiten, möchten wir in diesem Zusammenhang den Begriff der „Digital Forensic Information Security“ einführen und näher erläutern.

Digital Forensic Information Security kombiniert die Bereiche Informationssicherheit (Information Security) und Digitale Forensik (Digital Forensics) miteinander (siehe Abb. 4.8) und fokussiert sich auf den Aufbau und die Weiterentwicklung von Informationssicherheitsmaßnahmen zur Gewährleistung einer effektiven forensischen Untersuchung im Falle eines Vorfalls und somit auf die präventive Vorbereitung und Planung von Forensic-Readiness-Maßnahmen[22]. Als Resultat der kontinuierlichen Entwicklung und Verbesserung ergibt sich ein mehrschichtiges Sicherheitsprofil aus Maßnahmen, das wir auch als „in-depth“ Information-Security-Profil bezeichnen.

---

[21] Kryptografische Hash-Funktionen sind Funktionen, die eine Eingabe in einen festen Hash-Wert (Buchstaben-Zahlen-Kombination) umwandeln. Jede kleine Änderung der Eingabe führt zu einem stark veränderten Hash. Sie gewährleisten Datenintegrität und sind in digitalen Signaturen und Passwortspeicherung wichtig. Ein Hash lässt keine Rückschlüsse auf die Eingabe zu.

[22] Forensic-Readiness-Maßnahmen sind Vorkehrungen, die sicherstellen, dass Organisationen digitale Beweise rechtlich verwertbar sammeln und analysieren können. Diese Maßnahmen verbessern die Vorbereitung auf forensische Untersuchungen nach Sicherheitsvorfällen und erleichtern rechtliche oder disziplinarische Schritte.

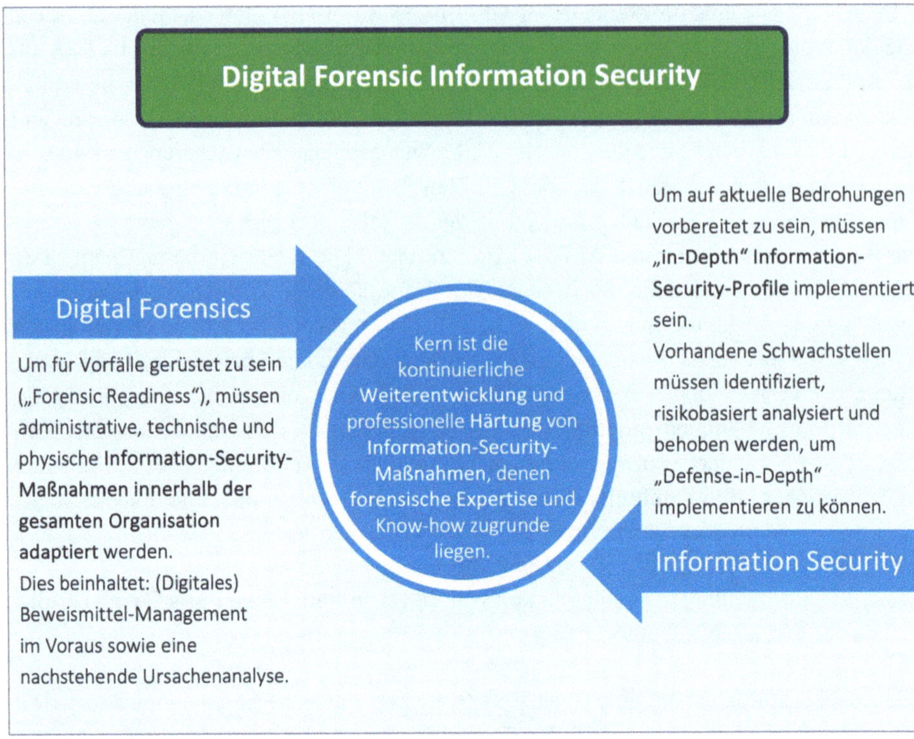

Abb. 4.8 Digital Forensic Information Security

Durch die Implementierung von Forensic-Readiness-Maßnahmen kann eine Organisation sicherstellen, dass Beweismittel ordnungsgemäß gesichert werden, um ihre Integrität zu gewährleisten und gleichzeitig die gesetzlichen Anforderungen und Best Practices im Bereich der forensischen Untersuchungen zu erfüllen. Eine gut vorbereitete Organisation soll in der Lage sein, schnell und effektiv auf Sicherheitsvorfälle zu reagieren und forensische Untersuchungen durchzuführen können.

Die Maßnahmen beinhalteten die Implementierung von Richtlinien, Verfahren und Technologien, um sicherzustellen, dass digitale Beweismittel gesichert, geschützt und verwaltet werden können. Ebenso einbezogen ist die regelmäßige Durchführung von Datensicherungen, die Dokumentation von Prozessen und Protokollen, die Schulung von Mitarbeitenden im Umgang mit forensischen Beweismitteln sowie die Zusammenarbeit mit forensischen Expertinnen bzw. Experten und Behörden.

Digital Forensic Information Security umfasst nachfolgende Aspekte:

Richtlinien und Verfahren Es ist wichtig, klare Richtlinien und Verfahren für die Sicherung und den Schutz von geschäftskritischen Informationen, darunter auch Beweismittel, zu haben. Dies umfasst die Festlegung von Verantwortlichkeiten, Abläufen und Maßnahmen zur Sicherstellung der Integrität und Vertraulichkeit von Beweismitteln.

Technologische Lösungen Eine Organisation sollte über die notwendigen technologischen Lösungen verfügen, um Beweismittel sicher zu speichern, zu schützen und bei Bedarf wiederherzustellen. Dazu gehören geeignete Datensicherungssysteme, Zugriffskontrollen und kryptografische Verfahren.

Schulung und Sensibilisierung Mitarbeitende sollten geschult werden, um die Bedeutung der Datensicherung und -integrität zu verstehen. Dies umfasst Schulungen zum Umgang mit Beweismitteln, zur Identifizierung von potenziellen Beweisen und zur ordnungsgemäßen Dokumentation von Vorfällen.

Zusammenarbeit mit forensischen Expertinnen bzw. Experten und Behörden Eine gute Forensic Readiness beinhaltet auch die Zusammenarbeit mit externen forensischen Expertinnen bzw. Experten und Strafverfolgungsbehörden. Dies stellt sicher, dass im Falle eines Vorfalls eine effektive forensische Untersuchung durchgeführt werden kann.

Die Implementierung von Forensic-Readiness-Maßnahmen bietet eine Reihe von Vorteilen. Sie ermöglicht eine schnellere Reaktion auf Sicherheitsvorfälle, eine effektive forensische Untersuchung und eine bessere Einhaltung von gesetzlichen und behördlichen Anforderungen. Darüber hinaus kann eine gut vorbereitete Organisation das Risiko von generellem Beweismangel und von Beweisverlusten und Manipulationen reduzieren.

4.5.2 Lessons Learned aus der forensischen Praxis

In diesem Abschnitt möchten wir unsere gewonnenen Erkenntnisse (Lessons Learned) aus der Behandlung einer Vielzahl an Cybervorfällen und forensischen Untersuchungen zusammenfassen. Besonders in der Forensik sind Lessons Learned ein wichtiger Schritt, um Angriffsmuster oder häufig wiederkehrende Sicherheitslücken und Fehler zu erkennen. Aus unseren Erfahrungen heraus haben sich insbesondere die folgenden Aspekte herauskristallisiert, die häufig vorkommende Risiken darstellen und denen daher vermehrt Aufmerksamkeit geschenkt werden sollte.

Sehr oft werden Maßnahmen zum Schutz von Informationen implementiert und auch ganze Managementsysteme für Informationssicherheit nach gängigen Standards (wie zum Beispiel ISO/IEC 27001 oder dem BSI-Grundschutz) zertifiziert. Die Praxis zeigt jedoch oft, dass die schärfsten technischen Sicherheitsmaßnahmen nicht effektiv wirken können, wenn involvierte Personen das dahinterliegende Konzept nicht unterstützen. Nicht sensibilisierte Nutzer:innen zeigen in der Praxis viel Kreativität, um Geschäftsabläufe unter Missachtung oder Vernachlässigung von Sicherheitsregeln zu vereinfachen.

► Nicht sensibilisierte Nutzer:innen sind erfinderisch darin, implementierte Maßnahmen zu umgehen.

Die Verwendung und Definition von Passwörtern sind in dem Zusammenhang ein lang diskutiertes Thema. Richtlinien zur Definition bezüglich der technischen Implementierung sowie der Verwendung bilden die Basis. Moderne Möglichkeiten zur Passwort-Entschlüsselung machen es erforderlich, dass flächendeckend komplexe Passwörter verwendet werden. Ebenso sollten Passwörter nur für ein bestimmtes System oder eine bestimmte Plattform verwendet werden. Durch die Wiederverwendung des gleichen Passworts auf unterschiedlichen Systemen, wäre ein Passwortverlust folgenreich. Vergangene Vorfälle haben gezeigt, dass „geleakte" Passwörter privater Nutzer:innen auf einer Vielzahl gängiger Plattformen (z. B. Facebook, Google, LinkedIn, etc.) verwendet werden konnten.

> ▶ Die Verwendung von komplexen und individuellen Passwörtern sollte Pflicht sein.

Zur Verwendung unterschiedlicher Passwörter sollten den Nutzer:innen Erläuterungen und technische Hilfsmittel an die Hand gegeben werden. Im Hinblick auf die Erläuterungen, ist es wichtig, dass Nutzer:innen die unterschiedliche Verwendung von Passwörtern verstehen. Ein eigenes individuelles System bzw. eine Methodik kann dabei helfen, unterschiedliche Passwörter zu erstellen und sich diese auch zu merken. Alternativ sind Passwort-Generatoren ein vorhandenes Hilfsmittel zur Erstellung komplexer Passwörter. Allerdings sollte dann ein Passwort-Manager bzw. Software-Tool mit verschlüsselter Datenbank (oder auch Passwort-Container) zur Speicherung der Passwörter verwendet werden. Ein Passwort-Manager speichert verschlüsselt die verwendeten Passwörter auf den unterschiedlichen Systemen und Plattformen. Die Verwendung solcher Tools ist sinnvoll, jedoch sollte hier unbedingt ein sehr komplexes Passwort für den Zugang verwendet werden. Dieses Passwort sollte nur den Nutzer:innen selbst bekannt sein, denn ein Zugriff auf den Passwort-Manager würde alle darin gespeicherten Passwörter preisgeben.

Die zunehmende Bedrohung durch Ransomware-Angriffe auf Unternehmen und Privatperson in den letzten Jahren hat klar gezeigt, dass auch der Schutz der Backups selbst Berücksichtigung im Gesamtkonzept finden muss.

Bei Ransomware-Angriffen werden bekanntlich Daten durch die Angreifer:innen verschlüsselt. Anschließend wird von den Betroffenen ein Lösegeld zur Entschlüsselung der Daten gefordert.

Das Fehlen eines ordnungsgemäßen Backups kann dazu führen, dass Unternehmen bei einer Ransomware-Attacke große Mengen an wertvollen Daten verlieren. Selbst wenn ein Unternehmen bereit ist, das Lösegeld zu bezahlen, gibt es keine Garantie, dass die Angreifer:innen die Dateien entschlüsseln oder den Entschlüsselungscode zur Verfügung stellen. Daher ist es von entscheidender Bedeutung, dass Unternehmen angemessene Backups und Wiederherstellungsstrategien implementieren, um gegen solche Attacken gewappnet zu sein.

> ▶ Backups sollten auf unterschiedlichen Datenträgern, physisch und logisch voneinander getrennt vorhanden sein.

Es ist es wichtig zu beachten, dass nicht nur die primären Daten, sondern auch die Backups selbst gefährdet sind. Ransomware-Angriffe können so ausgelegt sein, dass sie auch Backup-Daten verschlüsseln, insbesondere wenn diese Daten im selben Netzwerk gespeichert sind oder wenn die Sicherheit dieser Daten nicht ausreichend ist. Daher sollten Unternehmen nicht nur Backups ihrer Daten erstellen, sondern auch sicherstellen, dass diese Backups sicher aufbewahrt und vor Angriffen geschützt sind.

5 Datensicherungsstrategie erstellen

„Eine Datensicherungsstrategie zu erstellen bedeutet, sich mit den Erfahrungen auseinanderzusetzen, um resistente Wege des Schutzes und die eigene Sicherheit zu entdecken.“

(von den Autoren, inspiriert von Jorge Luis Borges' Einsichten über das Lesen als Mittel, um durch die Gedankenwelt anderer zu navigieren)

Zusammenfassung

Datensicherung ist in der heutigen digitalen Welt von entscheidender Bedeutung, um Datenverluste zu verhindern und die Integrität von Geschäftsprozessen zu gewährleisten. Dieses Kapitel betont den Unterschied zwischen reaktiven und präventiven Sicherungsansätzen. Eine effektive Strategie umfasst die Klassifizierung von Daten, die Auswahl geeigneter Backup-Methoden und die Entscheidung über den Speicherort. Ein hervorgehobenes Prinzip ist das 3-2-1-Prinzip, bei dem drei Kopien der Daten auf zwei verschiedenen Medien gespeichert werden und eine Kopie außer Haus aufbewahrt wird. Moderne Techniken wie Remote-Backups und Cloud-Lösungen werden ebenso berücksichtigt wie traditionelle Ansätze. Ein gut durchdachter Notfallwiederherstellungsplan rundet die Strategie ab. Das Kapitel schließt mit dem Hinweis auf die Notwendigkeit regelmäßiger Überprüfungen und Anpassungen der Sicherungsstrategie und bietet eine detaillierte Orientierungshilfe zur Erstellung einer Datensicherungsstrategie.

P. Müller et al., *Datensicherung als Teil der IT- und Cybersecurity*,
https://doi.org/10.1007/978-3-658-43701-5_5

In den vorherigen Kapiteln gingen wir darauf ein, welche zentrale Rolle Daten in der heutigen digitalen Geschäftswelt spielen. Sie sind nicht nur die Lebensader für fundierte Entscheidungsfindungen und personalisierte Kundeninteraktionen, sondern bergen auch ein enormes Risiko in Form potenzieller Datenverluste, die erhebliche Kosten – sowohl finanziell als auch in Bezug auf das Unternehmensimage – verursachen können. Diese Erkenntnisse unterstreichen die immense Bedeutung einer robusten und effektiven Datensicherung.

Doch es reicht nicht aus, sich der Notwendigkeit der Datensicherung bewusst zu sein. Es ist von entscheidender Bedeutung, zu verstehen, wie diese Daten optimal gesichert werden können. Eine oberflächliche oder schlecht durchdachte Sicherung kann genauso verheerend sein wie gar keine Sicherung. Daher müssen Sie nicht nur das „Warum" der Datensicherung verstehen, sondern auch das „Wie", um sicherzustellen, dass ihre wertvollen Dateninformationen jederzeit geschützt und wiederherstellbar sind.

Bevor wir in diesem Kapitel auf wichtige Elemente einer Datensicherungsstrategie eingehen, möchten wir zunächst noch auf ein paar relevante Kernkomponenten und Herausforderungen hinweisen.

Der Unterschied zwischen reaktiven und präventiven Ansätzen

In der IT-Infrastruktur- und Datenverwaltung unterscheiden wir häufig zwischen zwei Ansätzen, wenn es darum geht, auf potenzielle Risiken und Probleme zu reagieren: dem reaktiven und dem präventiven Ansatz.

Der reaktive Ansatz bezieht sich auf Maßnahmen, die erst nach dem Auftreten eines Problems oder eines Datenverlusts ergriffen werden. Dies könnte beispielsweise das Wiederherstellen von Daten aus einem Backup nach einem unbeabsichtigten Löschen oder einem Systemausfall sein. Während reaktive Maßnahmen wichtig sind, da sie die Folgen von Fehlern oder Vorfällen minimieren, können sie oft mit verlängerten Ausfallzeiten, potenziellem Datenverlust und erhöhten Kosten verbunden sein.

▶ **Reaktiver Ansatz** Maßnahmen, die ergriffen werden, nachdem ein Datenverlust aufgetreten ist. Oft in Verbindung mit hohen Kosten, sowohl finanziell als auch in Bezug auf Reputation.

Der präventive Ansatz hingegen beinhaltet vorbeugende Maßnahmen, um Probleme oder Risiken im Voraus zu erkennen und zu vermeiden. Das kann die regelmäßige Überwachung von Systemen auf Anzeichen von Fehlern, die Implementierung eines Patchmanagements zur Behebung von Sicherheitslücken oder die Durchführung von regelmäßigen Systemprüfungen und Tests beinhalten. Mit einem präventiven Ansatz können viele IT-Probleme vermieden oder zumindest ihre Auswirkungen gemindert werden, bevor sie eskalieren.

Im Kontext der Datensicherung ist der präventive Ansatz von besonderer Bedeutung, da er nicht nur die Wiederherstellung von Daten betrifft, sondern auch sicherstellt, dass Daten erst gar nicht verloren gehen oder kompromittiert werden.

▶ **Präventiver Ansatz** Vorausschauende Strategien und Pläne, um Datenverluste von vornherein zu vermeiden.

Die drei Schlüsselkomponenten einer Datensicherungsstrategie
In der komplexen Landschaft der Datensicherung sind drei Hauptkomponenten entscheidend, um eine robuste und effektive Sicherungsstrategie zu gewährleisten. Diese Komponenten sind das Fundament jeder Sicherungsinitiative und bieten sowohl Unternehmen als auch Einzelpersonen einen klaren Rahmen, um ihre wertvollsten digitalen Assets zu schützen. Kurz: Was – Wie – Wo?

Das „Was" Welche Daten müssen gesichert werden? Nicht alle Daten sind gleichwertig. Einige sind kritisch für den Geschäftsbetrieb, während andere weniger wichtig sein können. Die Betrachtung von Priorisierung und Datenklassifizierung hilft dabei, Daten gemäß ihrer Relevanz und Wichtigkeit zu organisieren. Dies führt oft zu einer differenzierten Sicherungsfrequenz und -tiefe je nach Datenkategorie, was wiederum die Effizienz und Wirksamkeit der Sicherung erhöht.

Das „Wie" Das Medium und die Methodik der Datensicherung sind ebenso kritisch. Von inkrementellen bis zu vollständigen Backups, von Cloud-basierten bis zu physischen Speicherlösungen – die Art und Weise, wie Daten gesichert werden, hat direkte Auswirkungen auf die Wiederherstellungszeit, die Integrität der Daten und letztlich auf die Sicherheit des gesamten Systems. In den nachfolgenden Abschnitten dieses Kapitels werden wir tief in die verschiedenen Backup-Methoden und -Technologien eintauchen, um ein klares Verständnis dafür zu entwickeln, wie diese den spezifischen Anforderungen unterschiedlicher Datensätze und organisatorischer Bedürfnisse gerecht werden können.

Das „Wo" Der Speicherort der Backups ist ein zentrales Element jeder Sicherungsstrategie. Es reicht nicht aus, Daten einfach nur zu sichern – sie müssen an einem Ort aufbewahrt werden, der sowohl sicher als auch zugänglich ist. Dies könnte lokal auf physischen Datenträgern, in einem privaten Rechenzentrum oder in der Cloud sein. Die Wahl des Speichermediums und des Speicherorts hängt von vielen Faktoren ab, einschließlich der Datenmenge, der erforderlichen Sicherheitsstufe und der Notwendigkeit, Daten schnell wiederherstellen zu können.

Die Schlüsselkomponenten der Datensicherungsstrategie
Was: Welche Daten müssen gesichert werden? Betrachtung der Priorisierung und Datenklassifizierung.
Wie: Welche Backup-Methoden und -Technologien werden verwendet? Dies wird in den nachfolgenden Abschnitten detaillierter behandelt.
Wo: Wo werden Backups gespeichert? Dies bezieht sich auf die Wahl des Speichermediums und des Speicherorts.

Die Herausforderungen in der Datensicherung

Die moderne IT-Landschaft ist durch ständige Veränderung und Evolution geprägt, was in der Datensicherung zu einer Reihe von Herausforderungen führt. Ein Hauptproblem sind die ständig wachsenden Datenmengen. Jeden Tag werden Petabytes an Daten generiert, und die Sicherungsinfrastrukturen müssen in der Lage sein, mit diesem Wachstum Schritt zu halten. Skalierbarkeit ist hierbei das Schlüsselwort. Die Systeme müssen flexibel genug sein, um sowohl aktuelle Datenmengen zu bewältigen als auch in Zukunft weiter zu wachsen.

Hinzu kommt die Komplexität durch diverse Datenquellen und -formate. Von traditionellen Datenbanken über mobile Geräte bis hin zu IoT-Endpunkten – die Vielfalt der Quellen, aus denen Daten strömen, erfordert differenzierte Ansätze zur Sicherung. Jede Quelle kann ein eigenes Datenformat, eigene Übertragungsprotokolle und eigene Sicherheitsanforderungen haben, was den Prozess noch weiter verkompliziert.

Parallel dazu müssen Sicherungssysteme die Balance zwischen alten und neuen Technologien halten. Während es wichtig ist, sich an die neuesten Technologie-Trends und -Standards anzupassen, haben viele Unternehmen immer noch Legacy-Systeme[1] in Betrieb, die kritische Geschäftsdaten enthalten. Eine effektive Datensicherungsstrategie muss sowohl diese älteren Technologien berücksichtigen als auch für zukünftige Innovationen gewappnet sein.

Schließlich erfordern Aufbewahrungs-, Löschpflichten und Compliance-Anforderungen besondere Aufmerksamkeit in der Datensicherung. Abhängig von der Branche und dem geografischen Standort können Unternehmen gesetzlich dazu verpflichtet sein, bestimmte Daten für einen festgelegten Zeitraum aufzubewahren und sie vor Verlust oder Kompromittierung zu schützen. Die Einhaltung dieser Vorschriften ist nicht nur für die gesetzliche Compliance, sondern auch für den Schutz von Markenimage und Kundenvertrauen von entscheidender Bedeutung.

5.1 Das 3-2-1-Prinzip

In der sich ständig wandelnden Landschaft der Datenverwaltung hat sich eine Regel als besonders beständig erwiesen.

Das 3-2-1-Prinzip

- **DREI Kopien der Daten:**
  Neben den Primärdaten, die Sie täglich nutzen, sollten Sie zwei weitere Kopien haben. Dies schafft eine ausreichende Redundanz, um viele gängige Gefahren abzuwehren.

[1] Legacy-Systeme sind ältere IT-Systeme oder Anwendungen, die oft noch in Betrieb sind, weil sie kritische Geschäftsprozesse unterstützen. Trotz neuerer Technologien können sie aufgrund von Kompatibilitäts- oder Kostengründen nicht leicht ersetzt werden.

- **Auf ZWEI verschiedenen Medien:**
  Diese Backups sollten auf mindestens zwei verschiedenen Medien oder Plattformen gespeichert sein. Dies minimiert das Risiko eines gleichzeitigen Ausfalls.
- **EINE Kopie außerhalb des Standortes:**
  Katastrophen wie Brände oder Überschwemmungen können mehrere Kopien gleichzeitig zerstören, wenn sie am gleichen Ort aufbewahrt werden. Eine Offsite-Kopie schützt davor.

5.2 Arten von Speichermedien/Speicherorten

Es gibt verschiedene Typen von Speichermedien, die je nach den spezifischen Anforderungen und dem Umfang der zu sichernden Daten, ausgewählt werden können. Die Wahl des richtigen Speichermediums hängt von verschiedenen Faktoren ab, wie der Menge der zu sichernden Daten, dem Budget, der gewünschten Geschwindigkeit für Backup und Wiederherstellung sowie speziellen Anforderungen wie z. B. Langlebigkeit oder physischer Schutz der Daten. Es ist wichtig, das Medium regelmäßig zu überprüfen und bei Bedarf zu aktualisieren, um sicherzustellen, dass es den sich ändernden Anforderungen entspricht. Die folgenden Speichermedien stellen die aktuell Gängisten dar.

Festplattenlaufwerke (HDDs) unterteilen sich in verschiedene Typen. *Interne Festplatten* sind direkt in Computern oder Servern eingebaute Speichereinheiten. *Externe Festplatten* hingegen sind portable Speichermedien, die mittels USB, eSATA oder Thunderbolt mit einem Computer verbunden werden können.

Solid-State-Laufwerke (SSDs) Diese sind ähnlich wie HDDs, sind jedoch ohne bewegliche Teile und daher schneller und robuster, allerdings oft teurer pro GB.

Magnetbänder (Tape Drives) Ein älteres, aber immer noch verwendetes Medium, besonders für Archivierungszwecke oder große Datensicherungen in Konzernen, da sie hohe Kapazitäten zu niedrigen Kosten bieten.

Netzwerkspeicherlösungen bieten verschiedene Ansätze zur Datenspeicherung und -verwaltung. *Network Attached Storage (NAS)* besteht aus unabhängigen Speichereinheiten, die über ein lokales Netzwerk, häufig bezeichnet als LAN, zugänglich sind. Im Gegensatz dazu steht das *Storage Area Network (SAN)*, ein dediziertes Netzwerk, das Speichergeräte direkt mit Servern verbindet, um eine hohe Leistung und Verfügbarkeit von Daten zu gewährleisten.

Optische Medien CDs, DVDs und Blu-ray-Discs. Weniger gebräuchlich für Backups aufgrund ihrer begrenzten Kapazität, aber immer noch in einigen Anwendungen relevant, wenn es um die Sicherstellung der Unveränderbarkeit geht.

Cloud-Speicher Speicher, bei dem die Daten über das Internet auf Servern gespeichert werden, die typischerweise von Drittanbietern in Datenzentren verwaltet werden. Solche Online-Dienste sind beispielsweise Dropbox, Google Drive, Microsoft OneDrive, AWS S3. Sie bieten oft eine einfache Möglichkeit zur Offsite-Sicherung.

5.3 Datensicherungsvarianten

In der digitalen Welt gibt es eine Vielzahl von Strategien und Methoden, um Daten zu sichern. Die Datensicherungsvarianten beziehen sich auf die Art und Weise, wie die Daten gesichert werden. Es ist wichtig zu verstehen, dass das Medium, auf dem die Sicherung durchgeführt wird, dabei nebensächlich ist. Was zählt, ist die Methode und Strategie, die zur Sicherung wertvoller Daten verwendet wird.

Manuelle Sicherung
Bei der manuellen Sicherung – oft als Copy-und-Paste-Sicherung bezeichnet – werden Daten durch die Auswahl der Ordner und die Anwendung der Befehle „Kopieren" und „Einfügen" gesichert. Es liegt in der Verantwortung der Benutzer:innen, alle relevanten Daten zu erfassen. Das Fehlen eines abschließenden Protokolls und das Risiko, wichtige Dateien oder Ordner zu übersehen, sind zwei der größten Nachteile dieser Methode. Wenn korrekt ausgeführt, entspricht die manuelle Sicherung einer Komplettsicherung und erfordert bei wiederholter Anwendung einen hohen Speicherbedarf.

Komplettsicherung (Vollsicherung)
Hierbei handelt es sich um eine vollständige Sicherung aller ausgewählten Dateien und Ordner. Bei jeder Anwendung wird die gesamte ausgewählte Datenmenge gesichert, unabhängig davon, ob seit der letzten Sicherung Änderungen vorgenommen wurden oder nicht. Dies führt zu einem erheblichen Speicherbedarf.

Differenzielle Sicherungen
Diese Methode setzt auf einer ersten Komplettsicherung auf und sichert anschließend nur die Dateien, die seit dieser ersten Komplettsicherung verändert oder neu erstellt wurden. Während sie effizienter als ständige Vollsicherungen ist, wächst der Speicherbedarf mit jeder Sicherung, da auch unveränderte Daten immer wieder erfasst werden.

Inkrementelle Sicherungen
Bei dieser Methode werden nur die Dateien gesichert, die seit der letzten inkrementellen Sicherung verändert oder neu erstellt wurden. Dies reduziert den Speicherbedarf erheblich und erlaubt eine schnelle Durchführung. Sie ermöglicht auch den Aufbau einer ausführlichen Versionshistorie.

Speicherabbilder und Snapshots
Das Erstellen eines Speicherabbilds ist eine fortgeschrittene Methode, die eine Kopie auf Bit-Ebene eines Speichermediums erstellt. Es erfasst nicht nur die sichtbaren Daten, sondern auch diejenigen, die aus dem Dateisystem entfernt wurden, jedoch physisch noch auf dem Datenträger vorhanden sind. Diese Methode wird häufig in der IT-Forensik verwendet, da sie potenziell gelöschte Daten erfassen kann. Für den regelmäßigen Gebrauch hat sie jedoch Nachteile in Bezug auf Speicherplatzbedarf, Dauer der Sicherung und Effizienz bei der Wiederherstellung.

Fazit
Die Wahl der richtigen Datensicherungsvariante hängt stark von den individuellen Anforderungen und dem verfügbaren Speicher ab. Obwohl inkrementelle Sicherungen in vielen Fällen zu bevorzugen sind, muss jede Methode im Kontext der spezifischen Bedürfnisse und Gegebenheiten betrachtet werden. Es ist entscheidend, die Strategie regelmäßig zu überprüfen und anzupassen, um sicherzustellen, dass die Daten effizient und sicher gespeichert werden.

5.4 Geplante Backups und kontinuierliche Datensicherung

Die digitale Transformation[2] hat in den letzten Jahren erheblich zugenommen, was dazu geführt hat, dass Daten zu einem der wertvollsten Vermögenswerte in vielen Organisationen und auch im privaten Bereich geworden sind. Mit der Zunahme der Datenmenge steigt auch das Risiko von Datenverlusten durch technische und menschliche Fehler oder böswillige Angriffe. Daher ist eine effektive Datensicherungsstrategie von entscheidender Bedeutung. In diesem Kontext spielen geplante Backups und die kontinuierliche Datensicherung eine zentrale Rolle.

Die Bedeutung von automatisierten Backup-Plänen
Manuelle Backups können fehleranfällig sein. Es besteht die Gefahr, dass sie vergessen oder nicht korrekt durchgeführt werden. Automatisierte Backup-Pläne stellen sicher, dass Daten in regelmäßigen Abständen und ohne menschliches Zutun gesichert werden. Sie sorgen für Konsistenz und Zuverlässigkeit im Sicherungsprozess. Durch die Festlegung bestimmter Zeitpunkte, zu denen Backups durchgeführt werden sollen, etwa außerhalb der Hauptgeschäftszeiten, können Systemressourcen effizienter genutzt und Betriebsunter-

[2] Die digitale Transformation ist ein Prozess, bei dem Unternehmen und Organisationen ihre Geschäftsmodelle, Prozesse und Kulturen anpassen, um die Vorteile digitaler Technologien voll auszuschöpfen. Dies kann die Einführung von Cloud-Computing, künstlicher Intelligenz, Automatisierung und anderer Technologien beinhalten. Die digitale Transformation zielt darauf ab, Effizienz zu steigern, neue Geschäftsmöglichkeiten zu schaffen und Wettbewerbsvorteile in einer zunehmend digitalisierten Welt zu erzielen.

brechungen minimiert werden. Zudem ermöglichen geplante Backups mehrere Versionen von Daten zu speichern. Dies kann besonders nützlich sein, wenn Sie zu einem früheren Stand zurückkehren müssen oder eine versehentlich gelöschte Datei wiederherstellen möchten.

Kontinuierliche Datensicherung für Echtzeit-Schutz
Anstatt Daten nur zu festgelegten Zeitpunkten zu sichern, erfasst die kontinuierliche Datensicherung Änderungen in Echtzeit oder in sehr kurzen Abständen. Dies minimiert das Datenverlustrisiko, da nahezu jede Version einer Datei oder eines Datenbank-Eintrags gespeichert wird. Somit kann im Falle eines Datenverlusts die kontinuierliche Datensicherung eine schnellere Wiederherstellung ermöglichen, da die Daten fast bis zum Zeitpunkt des Vorfalls aktuell sind. Bei einem möglichen Angriff durch Ransomware oder Malware können Sie schnell auf eine sichere Version ihrer Daten zurückgreifen, die kurz vor dem Angriff gespeichert wurde, wodurch der Schaden minimiert wird.

Fazit
Sowohl geplante automatische Backups als auch die kontinuierliche Datensicherung bieten ihre eigenen Vorteile. Während geplante Backups eine konsistente und zuverlässige Methode zur Sicherung von Daten bieten, gewährt die kontinuierliche Datensicherung einen nahezu ununterbrochenen Schutz, der besonders in datenintensiven Umgebungen oder in Branchen, in denen Daten in Echtzeit verarbeitet werden, von unschätzbarem Wert ist. Eine Kombination aus beiden Methoden kann oft den besten Schutz bieten und sicherstellen, dass Daten unter allen Umständen sicher und zugänglich bleiben.

5.5 Schutzmaßnahmen für Datensicherungen

Ein umfassender Schutz von Unternehmensdaten erfordert nicht nur, dass regelmäßige Datensicherungen durchgeführt werden, sondern auch, dass diese Sicherungen selbst effektiv geschützt sind. Die Integrität und Verfügbarkeit von Backup-Daten kann durch eine Vielzahl von Bedrohungen beeinträchtigt werden, weshalb es wichtig ist, ein mehrschichtiges Schutzkonzept zu verfolgen. Den allgemeinen Aufbau von IT-Sicherheitskonzepten und Schutzmaßnahmen haben Sie bereits in Kap. 4 kennengelernt, einige Aspekte sind jedoch für den Schutz von Backups besonders hervorzuheben.

Physikalische Schutzmaßnahmen fokussieren sich speziell darauf, die physischen Speichermedien der Backups zu schützen. Dies umfasst Maßnahmen wie Brandschutz, um die Daten vor Zerstörung durch Feuer zu bewahren, und Wasserschutz, um potenziellen Schäden durch Überschwemmungen oder Leckagen vorzubeugen. Es ist von entscheidender Bedeutung, sicherzustellen, dass Backup-Daten, die oft den Schlüssel zur Wiederherstellung im Notfall darstellen, physisch unversehrt bleiben.

Doch nicht nur physische Gefahren bedrohen die Integrität von Datensicherungen. Auf der technischen Ebene sind Verschlüsselungstechnologien unerlässlich, um Backups vor unbefugtem Zugriff zu schützen. RAID-Systeme erhöhen die Redundanz und stellen sicher, dass Daten selbst bei einem Hardwareausfall nicht verloren gehen. Die Netzwerksicherheit, die sich etwa durch Firewalls oder Intrusion Detection Systeme manifestiert (siehe Abschn. 4.2.1 und 4.4.2), sorgt dafür, dass externe Angriffe abgewehrt und Backups vor Cyberbedrohungen geschützt werden.

Die organisatorischen Schutzmaßnahmen betreffen schließlich die internen Abläufe sowie die Mitarbeitenden (siehe Abschn. 4.1). Durch definierte Zugriffsrechte wird sichergestellt, dass nur autorisierte Personen auf die Backups zugreifen können. Regelmäßige Schulungen erhöhen das Bewusstsein der Mitarbeitenden für Sicherheitsrisiken und fördern korrektes Verhalten im Umgang mit Datensicherungen. Unternehmensrichtlinien schaffen einen klaren und konsistenten Rahmen für alle diese Maßnahmen und sorgen für standardisierte Abläufe.

5.6 Remote-Backups und Cloud-Strategien

In der digital vernetzten Welt bieten Remote-Backups und Cloud-Strategien Ihnen moderne Möglichkeiten zur Datensicherung, die über traditionelle, lokale Backup-Lösungen hinausgehen.

Cloud-Backups bieten eine Vielzahl von Vorteilen. Zuallererst ermöglichen sie den Zugriff auf Daten von jedem Ort aus, solange eine Internetverbindung besteht. Dies fördert die Flexibilität und Kontinuität der Geschäftsabläufe, insbesondere wenn Ihre Mitarbeitenden von unterschiedlichen Standorten aus arbeiten. Zudem bieten Cloud-Lösungen in der Regel eine hohe Skalierbarkeit, denn Sie können ihre Speicherkapazität je nach Bedarf erweitern oder reduzieren. Dies macht nicht nur den Prozess effizienter, sondern hilft auch, Kosten im Zaum zu halten. Ein weiterer Vorteil ist die Redundanz, die viele Cloud-Anbieter bieten. Daten werden oft an mehreren geografisch verteilten Standorten gespeichert, wodurch das Risiko von Datenverlusten durch lokale Katastrophen minimiert wird.

Dennoch gibt es auch Risiken bei der Nutzung von Cloud-Backups. Datenschutz und Sicherheit sind Hauptanliegen vieler Unternehmen. Da die Daten außerhalb der eigenen Infrastruktur gespeichert werden, sind sie potenziell anfällig für Sicherheitsverletzungen. Außerdem gibt es rechtliche und regulatorische Überlegungen, insbesondere wenn Daten über nationale Grenzen hinweg gespeichert werden.

Aus diesem Grund ist die Auswahl des richtigen Cloud-Anbieters von entscheidender Bedeutung. Sie sollten Anbieter hinsichtlich ihrer Sicherheitsprotokolle, Verschlüsselungsstandards und Compliance-Richtlinien bewerten. Auch der Standort der Datenzentren und die geltenden Datenschutzgesetze sollten in die Entscheidungsfindung einbezogen werden. Service Level Agreements (SLAs),[3] die Verfügbarkeit und Wiederherstellungszeiten definieren, sind ebenso wichtig, um sicherzustellen, dass der gewählte Anbieter den geschäftlichen Anforderungen gerecht wird.

[3] Service Level Agreements (SLA) sind vertragliche Vereinbarungen zwischen Dienstanbietern und Kunden, die den Umfang, die Qualität und die Reaktionszeiten von zu erbringenden Dienstleistungen definieren. SLAs werden oft in IT- und Cloud-Diensten eingesetzt und enthalten spezifische Metriken, anhand derer die Serviceleistung gemessen und bewertet wird, z. B. Systemverfügbarkeit oder Antwortzeiten bei Störungen.

5.7 Exkurs: Optimierung für die Datensicherung

Neben den standardmäßigen Anforderungen an die Datensicherung gibt es spezielle Aspekte, die je nach Unternehmensstruktur und Datenanforderung zusätzliche Beachtung finden können und so Auswirkungen auf die Komplexität, Risiken und Kosten für Ihre Datensicherung haben. Wir möchten hierzu zwei etablierte Konzepte mit Ihnen teilen:

Langzeitarchivierung

Es gibt bestimmte Datenkategorien, die nicht nur für eine kurze Zeitspanne gesichert werden müssen, sondern über viele Jahre hinweg ihre Relevanz und Gültigkeit behalten. Beispiele hierfür sind abgeschlossene Buchhaltungsdaten, rechtliche Dokumente oder wichtige Geschäftsdokumentationen.

Für solche Daten ist ein gesonderter Archivspeicherplatz von Vorteil. Dieser sollte so konfiguriert sein, dass darauf nur in Ausnahmefällen und mit besonderen Berechtigungen zugegriffen werden kann. Die physische und digitale Sicherheit dieser Archive muss besonders hoch sein, um Manipulationen oder Datenverluste zu verhindern.

Durch eine einheitliche Struktur der archivierten Daten an einem zentralen Ort wird die Datenverwaltung weniger komplex. Sie profitieren von einem einfacheren Zugriff, einer erleichterten Suche und Wartung. Zudem entfällt die Notwendigkeit regelmäßiger Datenmigrationen, da diese Daten in einem stabilen Speichersystem aufbewahrt werden, was wiederum zur Reduzierung der Komplexität beiträgt.

Darüber hinaus minimiert die Langzeitarchivierung Risiken erheblich. Dank des eingeschränkten Zugriffs und hoher Sicherheitsstandards sind Daten weniger anfällig für unbeabsichtigte oder absichtliche Manipulationen. Sie können sich auch darauf verlassen, dass die Wahrscheinlichkeit von Datenverlusten durch Systemausfälle oder menschliche Fehler deutlich verringert wird. Ein weiterer wichtiger Aspekt ist die Rechtskonformität. Viele Branchen haben gesetzliche Vorschriften zur ordnungsgemäßen Aufbewahrung bestimmter Datenkategorien. Mit einer angemessenen Langzeitarchivierung können diese Vorschriften leichter eingehalten werden, was wiederum das Risiko von rechtlichen Konsequenzen minimiert.

Finanziell gesehen führt die Langzeitarchivierung zu langfristigen Kosteneinsparungen. Auch wenn anfängliche Investitionen notwendig sein könnten, werden die laufenden Kosten durch reduzierte Wartung, weniger Datenmigrationen und geringere Wiederherstellungskosten mehr als ausgeglichen. Die Speichersysteme für die Langzeitarchivierung sind zudem oft kosteneffizienter als herkömmliche Hochleistungs-Speichersysteme, da die Daten seltener abgerufen werden. Zudem können Sie finanzielle Strafen vermeiden, die durch Nichteinhaltung gesetzlicher Vorschriften entstehen könnten.

Zentrale Dateiablage

In Unternehmen, besonders großen oder solchen mit einer weitverzweigten IT-Infrastruktur, kann die Datenverwaltung rasch kompliziert werden. Dezentrale Datenhaltung auf diversen Computern oder Servern kann zu Inkonsistenzen führen, das Risiko von Datenverlusten erhöhen und auch zu unerwünschten Dopplungen beitragen.

Mit der Implementierung einer zentralen Dateiablage wird dieses Problem gelöst. Durch die Konsolidierung aller Daten an einem zentralen Speicherort werden die Sicherungsprozesse nicht nur einfacher und systematischer, sondern auch weniger anfällig für Fehler. Ein solches System reduziert die Komplexität, indem es den Überblick und den Zugriff auf Daten vereinfacht. Zudem können Sicherungen, Wartungsarbeiten und Systemüberwachungen zentralisiert durchgeführt werden, was den Arbeitsaufwand verringert und die Effizienz steigert.

In Bezug auf die Risiken, wird die Gefahr von Datenverlusten durch eine zentrale Ablage erheblich reduziert, da es weniger Schnittstellen und potenzielle Fehlerquellen gibt. Ebenso minimiert sich das Risiko von Dateninkonsistenzen, da alle Daten an einem Ort zusammengeführt und synchronisiert werden.

Auch aus Kostensicht hat die zentrale Dateiablage ihre Vorteile. Durch die Vereinfachung und Zentralisierung der Datenhaltung und -sicherung können Sie Ressourcen sparen, die sonst für die Verwaltung und Wartung mehrerer dezentraler Systeme aufgewendet werden müssten.

5.8 Notfallwiederherstellungsplan/Disaster-Recovery-Plan

Ein Notfallwiederherstellungsplan ist ein essenzieller Bestandteil des Business Continuity und IT-Notfallmangements bzw. der Geschäftskontinuitätsstrategie eines jeden Unternehmens (siehe Abschn. 4.1.2). Ein solcher Plan legt fest, wie im Falle eines Datenverlusts, sei es durch Naturkatastrophen, Cyberangriffe oder menschliche Fehler, vorgegangen werden soll.

Die Bedeutung eines gut strukturierten Wiederherstellungsplans im Krisenfall kann nicht hoch genug eingeschätzt werden. Er reduziert nicht nur Ausfallzeiten und den damit verbundenen Geschäftsverlust, sondern gibt Mitarbeitenden auch eine klare Anleitung, wie in solchen Situationen zu handeln ist. Dies minimiert die Wahrscheinlichkeit von Chaos und weiteren Fehlern, die den Schaden noch vergrößern könnten.

Grundlegende Schritte zur Erstellung eines effektiven Disaster-Recovery-Plans beinhalten:

1. **Risikobewertung und Geschäftsauswirkungsanalyse:**
   Identifizieren Sie die Hauptbedrohungen für Ihre Daten und bewerten Sie die möglichen Auswirkungen eines Datenverlusts auf Ihr Geschäft.
2. **Priorisierung von Geschäftsprozessen:**
   Bestimmen Sie, welche Systeme und Daten zuerst wiederhergestellt werden müssen, um den Betrieb so schnell wie möglich wieder aufzunehmen.
3. **Wiederherstellungsstrategien festlegen:**
   Entscheiden Sie, welche Backup- und Wiederherstellungsmethoden am besten geeignet sind, um Ihre prioritären Systeme und Daten zu schützen.
4. **Kommunikationsplan erstellen:**
   Legen Sie fest, wie und wann Mitarbeitende, Stakeholder und Kundinnen und Kunden über den Vorfall und die Wiederherstellungsmaßnahmen informiert werden.

5. **Regelmäßige Tests und Übungen:**
   Ein Plan ist nur so gut wie seine Umsetzung. Testen Sie regelmäßig die Wirksamkeit Ihres Plans und passen Sie ihn bei Bedarf an. Testen Sie ebenfalls die tatsächliche Wiederherstellung von Daten, um potenzielle Fehler im Sicherungsprozess aufdecken zu können.
6. **Aktualisierung des Plans:**
   Technologien, Geschäftsprozesse und Bedrohungen ändern sich ständig. Überprüfen Sie Ihren Plan regelmäßig und aktualisieren Sie ihn entsprechend.

5.9 Leitfaden zur Erstellung der Datensicherungsstrategie

Die richtige Strategie zur Datensicherung ist von zentraler Bedeutung, um Verluste und Beschädigungen von Informationen zu verhindern. Eine sorgfältig durchdachte und gut ausgeführte Sicherungsstrategie hilft dabei, Daten vor potenziellen Bedrohungen zu schützen und stellt sicher, dass sie im Notfall wiederhergestellt werden können.

Die Bestandsaufnahme
Bevor Sie mit gezielten Sicherungsmaßnahmen beginnen können, ist es essenziell, ein klares Verständnis darüber zu haben, was genau gesichert werden muss. Diese Erkenntnisse dienen Ihnen als Grundlage für die Entwicklung einer effizienten und effektiven Datensicherungsstrategie. Fragen zur Bestandsaufnahme:

Hardware und Systeme Welche Hardwarekomponenten und Systeme sind in Ihrem Unternehmen im Einsatz? Dies kann von Servern über Arbeitsstationen bis hin zu mobilen Geräten reichen.

Datenspeicherung Wo und wie werden Ihre Daten aktuell gespeichert? Nutzen Sie lokale Speichermedien, Netzwerkspeicher oder externe Speicherlösungen?

Datenaustausch Wie erfolgt der Austausch von Daten mit externen Parteien? Nutzen Sie hierfür spezielle Plattformen, verschlüsselte E-Mails oder physische Datenträger?

Geschäftspartner-Plattformen Über welche Plattformen und Schnittstellen interagieren Sie mit Ihren Geschäftspartnern? Welche davon sind kritisch in Bezug auf Datensicherheit?

Datentypen und Software Welche spezifischen Datentypen (z. B. Kundendaten, Finanzdaten) und Softwarekomponenten (z. B. Datenbanken, Anwendungen) sind in Ihrem Betrieb im Einsatz?

Externe Speicherquellen Falls Sie externe Speicherquellen nutzen, welche Daten werden dort gespeichert und wie erfolgt der Zugriff darauf?

Tipp Die Komplexität der IT-Systeme in Unternehmen kann erheblich sein, besonders wenn viele Personen darauf Zugriff haben. Es ist ratsam, die Bestandsaufnahme von mehreren Personen durchführen und überprüfen zu lassen. So stellen Sie sicher, dass keine kritischen Komponenten übersehen werden.

Entscheidungsfindung zur Datensicherung
Die Entscheidung, wie und wann Daten gesichert werden, ist ein entscheidender Schritt in der Datensicherungsstrategie Ihres Unternehmens. Sie beeinflusst, wie gut Sie auf Datenverluste oder -beschädigungen vorbereitet sind und wie schnell Sie nach einem solchen Vorfall wieder betriebsbereit sein können. Fragen zur Entscheidungsfindung:

Häufigkeit der Sicherungen Wie oft müssen Sicherungen durchgeführt werden, um einen effektiven Schutz Ihrer Daten zu gewährleisten? Dies hängt stark von der Art und Menge der Daten, der Frequenz ihrer Änderung und der kritischen Bedeutung bestimmter Daten ab.

Priorisierung der Daten Welche Daten sind für den Betrieb Ihres Unternehmens unerlässlich und sollten daher priorisiert gesichert werden? Umgekehrt: Gibt es Daten, die weniger kritisch sind oder die leicht wiederhergestellt werden können und daher nicht zwingend gesichert werden müssen?

Empfehlungen zur Sicherungshäufigkeit

- Tägliche Sicherungen: Ein Mindeststandard für viele Unternehmen ist die Durchführung von mindestens einer Sicherung pro Tag. Dies stellt sicher, dass Datenverluste auf einen Tag beschränkt bleiben.
- Sicherung bei wichtigen Änderungen: Darüber hinaus ist es ratsam, Sicherungen immer dann durchzuführen, wenn wichtige oder umfangreiche Daten hinzugefügt oder geändert wurden. Dadurch wird gewährleistet, dass kritische Informationen umgehend geschützt sind.
- Die Entscheidungen rund um die Datensicherung sollten regelmäßig überprüft und angepasst werden, insbesondere wenn sich Ihre Geschäftsanforderungen oder die technische Infrastruktur ändern.
- Es ist auch wichtig, die Wirksamkeit und Zuverlässigkeit der Sicherungsprozesse regelmäßig zu testen, um sicherzustellen, dass sie im Ernstfall funktionieren.

Umsetzung der Datensicherung
Die durchdachte Umsetzung einer Datensicherungsstrategie ist essenziell für den Schutz Ihrer wertvollen Unternehmensdaten. Die folgenden Punkte bieten Ihnen deshalb eine Hilfestellung, wie Sie eine effektive Datensicherung konkret umsetzen können:

Auswahl des Speichermediums Abhängig von der Datenmenge, der benötigten Zugriffszeit und dem Budget sollten Sie das passende Speichermedium auswählen. Dies könnte von herkömmlichen Festplatten über Netzwerkspeicher (NAS) bis hin zu Cloud-Speicherlösungen reichen.

Bestimmung der Anzahl der Sicherungsziele Hier gilt das 3-2-1-Prinzip. Dies bedeutet, dass Sie insgesamt drei Kopien Ihrer Daten haben sollten, zwei davon auf unterschiedlichen Medien und eine an einem externen Ort.

Reflexionsfrage: Wie haben Sie das 3-2-1-Prinzip in Ihrer Strategie umgesetzt?

Auswahl der Datensicherungsvariante Es gibt verschiedene Backup-Arten: Vollständige Backups, inkrementelle Backups und differenzielle Backups. Jede dieser Varianten hat Vor- und Nachteile hinsichtlich Speicherbedarfs, Geschwindigkeit und Wiederherstellung.

Reflexionsfrage: Welche Backup-Arten haben Sie gewählt und warum?

Auswahl des Datensicherungsprogramms Abhängig von Ihrem Betriebssystem, Ihren Sicherungszielen und Ihrem Budget gibt es verschiedene Programme und Tools. Einige bieten zusätzliche Funktionen wie Verschlüsselung oder Komprimierung.

Zeitpunkt der Datensicherung festlegen Wann sollen die Backups durchgeführt werden? Während der Geschäftszeiten, nachts oder in regelmäßigen Abständen?

Verantwortlichkeiten klären Wer ist für die Durchführung und Überwachung der Datensicherung verantwortlich? Es ist wichtig, eine klare Verantwortungs- und Vertretungsregelung zu haben, damit im Falle von Abwesenheiten oder Krankheit die Datensicherung weiterhin gewährleistet ist.

Automatisierung und Überwachung Durch die Automatisierung der Sicherungsprozesse können menschliche Fehler minimiert und die Einhaltung des Sicherungsplans sichergestellt werden. Es ist jedoch ebenso wichtig, regelmäßige Überprüfungen durchzuführen, um sicherzustellen, dass die Backups ordnungsgemäß funktionieren.

Nachbereitung und Überprüfung
Die effiziente Umsetzung einer Datensicherung endet nicht mit der eigentlichen Sicherung. Eine adäquate Nachbereitung und regelmäßige Überprüfung sind essenziell, um die Integrität und Verfügbarkeit der gesicherten Daten zu gewährleisten. Technologie und die Anforderungen an die Datensicherung entwickeln sich ständig weiter. Aus diesem Grund ist eine regelmäßige Überprüfung und Anpassung Ihrer Sicherungsstrategien daher unabdingbar. Die folgenden Aspekte sollten dabei Berücksichtigung finden:

Lagerungsort bestimmen Entscheiden Sie, wo Ihre Backups gelagert werden. Bei der Wahl sollte auch die physische Sicherheit des Ortes berücksichtigt werden, beispielsweise hinsichtlich Feuer, Überflutung oder anderer Katastrophen.

Maßnahmen gegen Datendiebstahl Überlegen Sie, wie Sie Ihre Backups vor unberechtigtem Zugriff schützen können. Hierzu könnten Verschlüsselung, sichere Aufbewahrungsorte oder spezialisierte Sicherheitssysteme gehören.

Aufbewahrungsfristen festlegen Je nach gesetzlichen Bestimmungen und unternehmensinternen Anforderungen sollten Sie klären, wie lange Backups aufbewahrt werden müssen.

Regelmäßige Überprüfung der Wiederherstellbarkeit Nicht alle Backups sind auch zuverlässig. Planen Sie regelmäßige Tests, um sicherzustellen, dass Daten im Ernstfall auch wiederhergestellt werden können. Wie oft und in welchen Abständen überprüfen Sie Ihre Backups?

Vorgehensweise bei Datenwiederherstellung Legen Sie einen klaren Prozess fest, wie im Fall der Fälle vorgegangen werden soll, und bestimmen Sie die Verantwortlichen. Gibt es einen festgelegten Prozess zur Datenwiederherstellung und wer ist dafür zuständig?

Remote-Backups und Cloud-Strategien Überlegen Sie, ob und in welchem Umfang externe Speicherlösungen für Sie in Frage kommen. Nutzen Sie Remote- oder Cloud-Backups? Falls ja, nach welchen Kriterien haben Sie Ihren Cloud-Anbieter ausgewählt?

Notfallwiederherstellungsplan Ein solcher Plan beschreibt genau, wie im Falle eines Datenverlustes oder einer anderen Katastrophe vorgegangen wird. Gibt es einen solchen Plan in Ihrem Unternehmen? Wer ist mit diesem vertraut und in welchen regelmäßigen Abständen wird er überarbeitet und aktualisiert?

Orientierungshilfe zur Erstellung der Datensicherungsstrategie
In Kap. 8 bieten wir Ihnen eine Orientierungshilfe für die Erstellung Ihrer Datensicherungsstrategie. Dieses Beispiel dient nicht nur als Veranschaulichung, sondern kann auch als Vorlage für Ihre Erstellung der eigenen Strategie-Checkliste herangezogen werden, um sicherzustellen, dass Ihre Daten vor potenziellen Bedrohungen geschützt sind und im Notfall verlässlich wiederhergestellt werden können.

Datensicherungsstrategie umsetzen 6

„Bei der Umsetzung einer Datensicherungsstrategie steht stets alles auf dem Spiel, es gibt keinen Raum für Halbheiten.“

(von den Autoren, angelehnt an Hermann Scherers Betonung der All-in-Mentalität)

Zusammenfassung

Kap. 3 bespricht die Gefahren für Daten, einschließlich Internetkriminalität. Kap. 5 erklärt, wie Sie diesen Risiken mit einer gut durchdachten Datensicherungsstrategie begegnen. Dieses Kapitel kombiniert die bisherigen theoretischen Grundlagen mit einer praktischen Anwendung, um ein robustes Sicherungskonzept gegen Datenverlust zu entwickeln. Dabei wird betont, dass Probleme häufig aus unvollständigen Strategien oder schlechter Umsetzung entstehen. Aus diesem Grund wird gesondert auf den technischen Aufbau der Sicherungsarchitektur und den organisatorischen Aufbau des Sicherungskonzeptes eingegangen.

Die vergangenen Kapitel haben das Fundament unseres Verständnisses von Datenverlust und den notwendigen Sicherungsstrategien gelegt. Während Kap. 3 die verschiedenen Gefahrenkategorien beleuchtete – von technischen über räumliche bis hin zu operativen Risiken – und insbesondere die wachsenden Bedrohungen durch Internetkriminalität hervorhob, konzentrierte sich Kap. 5 darauf, wie Sie diesen Gefahren mit einer durchdachten Datensicherungsstrategie begegnen. Ein ganzheitlicher Ansatz, der sowohl die Klassifizierung von Daten, die Wahl passender Backup-Methoden als auch die Entscheidung über den Speicherort einschließt, wurde hierbei als Schlüssel zum Schutz unserer wertvollen Datenressourcen identifiziert.

P. Müller et al., *Datensicherung als Teil der IT- und Cybersecurity*,
https://doi.org/10.1007/978-3-658-43701-5_6

Mit der Kombination der theoretischen Grundlagen der vorherigen Kapitel und der praktischen Umsetzung in diesem Kapitel, verfolgen wir das Ziel, ein umfassendes Sicherungskonzept zu schaffen, das sowohl den aktuellen als auch zukünftigen Gefahren des Datenverlusts gewachsen ist. Unsere Erfahrungen haben oft gezeigt, dass bei den Schadensfällen das Problem seltener in der Ausführung lag, sondern an einer nicht ausgereiften Strategie oder eines nicht ausgereiften Konzepts sowie dessen mangelhafte Implementierung.

Ein Datensicherungskonzept bezeichnet dabei den detaillierten, dokumentierten Plan, der auf Basis einer zuvor festgelegten Datensicherungsstrategie erarbeitet wird. Es konkretisiert, wie, wann und wo Daten gesichert und wiederhergestellt werden. Das Konzept enthält technische und organisatorische Maßnahmen, legt die genutzte Technologie, die Verantwortlichkeiten und Abläufe fest und beinhaltet auch Test- und Überprüfungsverfahren, um die Effektivität der Datensicherung regelmäßig zu gewährleisten.

Mit dem Verständnis der Gefahren und der Sicherungsstrategie im Rücken wenden wir uns nun der technischen Umsetzung dieser Erkenntnisse zu und steigen in die Materie der Datensicherungsarchitektur ein.

Dabei bezeichnet die Datensicherungsarchitektur die strukturierte und systematische Gestaltung von Hard- und Softwarekomponenten sowie Kopierprozessen und Zugriffsrechten, die für die effektive Sicherung und Wiederherstellung von Daten erforderlich sind. Sie legt fest, wie Datenflüsse organisiert, Speicherressourcen genutzt und Daten sicher und effizient übertragen, gespeichert und bei Bedarf wiederhergestellt werden. Dabei berücksichtigt die Architektur sowohl technische Aspekte als auch organisatorische Anforderungen, um eine konsistente, zuverlässige und skalierbare Datensicherung zu gewährleisten.

6.1 Technischer Aufbau der Sicherungsarchitektur

Bei der Entwicklung eines Sicherungskonzepts, das maßgeschneidert für Privatpersonen, Solo-Selbstständige oder Unternehmen ist, ist der Schlüssel zur Effizienz die Implementierung eines zentralen Backup-Servers. Denken Sie bei diesem Server an den neuralgischen Punkt Ihres Sicherungssystems – es ist entweder ein dedizierter Computer oder ein Server, der die gesamte Datenmenge überwacht.

Auf diesem Backup-Server ist eine spezialisierte Software installiert, die wir im weiteren Verlauf „Backup-Software" nennen. Diese Backup-Software ist das Herzstück des Systems und überwacht die kontinuierliche Sicherung Ihrer Daten. Angesichts der immer komplexer werdenden Datenlandschaften und der Notwendigkeit, einen zentralen Speicherort zu haben, empfehlen wir, bei überschaubaren IT-Infrastrukturen die Backup-Software auf dem gleichen Server wie Ihre Hauptdaten zu installieren. Dies stellt nicht nur die Konsistenz, sondern auch die Zugriffsgeschwindigkeit sicher. Allgemeine Schritte zur Konfiguration Ihrer Backup-Software werden in Abschn. 7.1 vorgestellt. Konkrete Hinweise zu den Besonderheiten bei ausgewählten Betriebssystemen werden in Abschn. 7.4 gegeben.

Ein wichtiger Aspekt der Backup-Software ist die Fähigkeit, mit verschiedenen Backup-Medien zu kommunizieren. Diese Medien sind die physischen oder virtuellen Orte, an denen Ihre Daten gesichert werden. Ob es sich um externe Festplatten oder Cloud-

Speicherdienste handelt (siehe Abschn. 5.2), entscheidend ist, dass die Software nahtlos mit ihnen interagieren kann.

Wenn Sie weitere Datenquellen verwenden, die über die primäre Festplatte hinausgehen, müssen die Zugriffsberechtigungen der Backup-Software sorgfältig überprüft werden. Wie eine Datenquelle an den Backup-Server angebunden wird, kann die Effektivität und Geschwindigkeit der Sicherung beeinflussen. Es wäre zum Beispiel möglich eine Datensynchronisation zu nutzen, die Daten als lokale Kopien beibehält oder einen direkten Datenzugriff, bei dem Daten immer auf ihrer Ursprungsquelle verbleiben. Für Datenquellen, die nicht ständig mit dem Backup-Server verbunden sein können, empfehlen wir, regelmäßige manuelle Backups durchzuführen. Ein konkretes Beispiel ist die periodische Sicherung von Website-Code.

Tipp Eine Überprüfung, ob die Backup-Software Zugriff auf alle Daten hat, erfolgt am besten über eine durchgeführte Datensicherung.

Um die verschiedenen Elemente und Zusammenhänge aus der vorhergehenden Beschreibung noch besser zu verdeutlichen, stellt Abb. 6.1 eine grafische Übersicht bereit. Dieses Schaubild visualisiert sowohl die Kernkomponenten als auch die Interaktionen zwischen ihnen, um ein erstes Bild des technischen Aufbaus der Sicherungsarchitektur zu bieten. Die Abbildung unterscheidet zwischen regulären IT-Komponenten, welche in

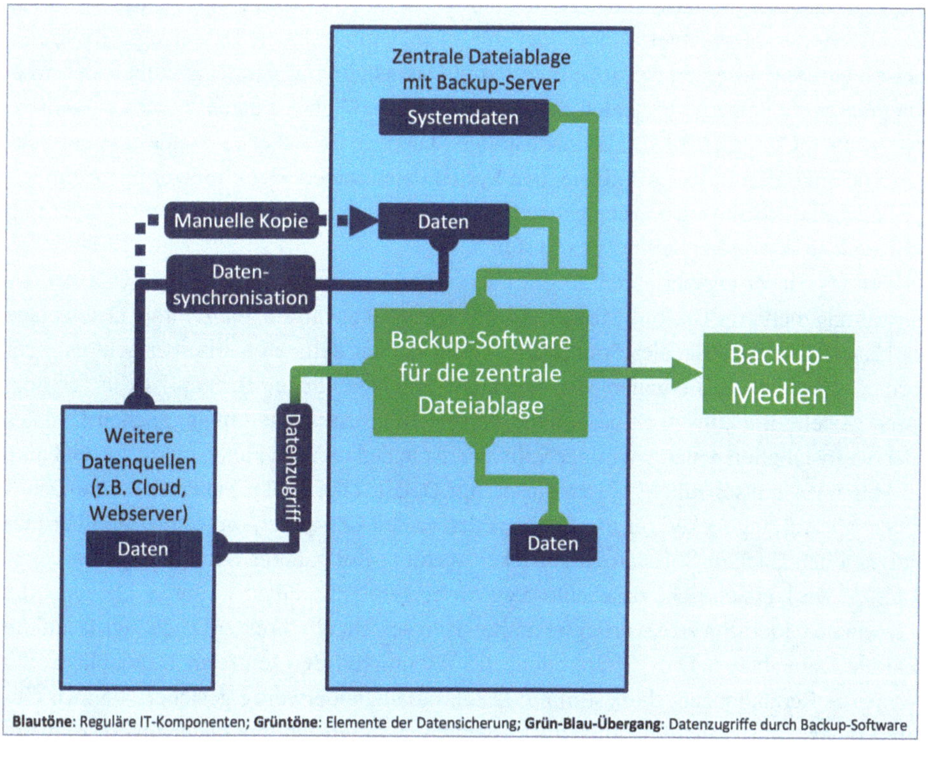

Abb. 6.1 Zentrale Dateiablage mit weiteren Datenquellen

Blautönen dargestellt sind, und den Elementen der Datensicherung, die in Grüntönen hervorgehoben sind. Übergänge von Grün zu Blau symbolisieren Datenzugriffe durch die Backup-Software; allerdings erscheinen diese Zugriffe für die angesprochenen IT-Komponenten wie gewöhnliche Datenzugriffe.

Wenn in einem komplexeren Systemumfeld mehrere Backup-Server oder zentrale Dateiablagen eingesetzt werden, ist es nicht nur ratsam, sondern oft auch notwendig, dass jede dieser Server über seine eigene, dedizierte Backup-Software verfügt. Diese Differenzierung gewährleistet eine klar definierte Zuordnung und Verantwortlichkeit für die jeweiligen Datensicherungen. Solche umfangreicheren Strukturen sind vornehmlich in größeren Unternehmen oder Organisationen anzutreffen, die über vielfältige Datenquellen und -speicherorte verfügen. Daher ist es von besonderer Bedeutung, in der Checkliste zur Sicherung der Daten detailliert festzulegen, welche Datenmengen oder -arten mit welcher spezifischen Backup-Software gesichert werden. Dies schafft nicht nur Transparenz, sondern erleichtert auch die Überwachung, Wartung und eventuelle Fehlerbehebung im Rahmen der Datensicherung. Die Visualisierung solcher erweiterten Sicherungsstrukturen und die Interaktion zwischen den einzelnen Komponenten wird in Abb. 6.2 veranschaulicht.

Im weiteren Verlauf werden wir die Vorgehensweise und Methodik anhand eines einzelnen Backup-Servers darlegen. Trotz dieser fokussierten Darstellung lassen sich die beschriebenen Schritte und Techniken problemlos auf mehrere Backup-Server übertragen und anwenden. Es handelt sich also um eine universelle Herangehensweise, die unabhängig von der Anzahl der verwendeten Backup-Server gleichermaßen gültig ist.

In den meisten geschäftlichen IT-Umgebungen wird oft ein wiederkehrendes Muster in der IT-Struktur beobachtet: Neben der zentralen, empfohlenen Dateiablage existieren meist mehrere Computer, die unbedingt in die Datensicherungsstrategie einbezogen werden müssen. Bei einem effizienten Sicherungssystem sollten Sie darauf achten, dass diese zusätzlichen Computer nicht als unabhängige Datenspeicher dienen, sondern hauptsächlich Systemkonfigurationen und wichtige Systemdaten tragen. Der Grund dafür ist simpel: Im Falle eines technischen Versagens ermöglichen genau diese Daten eine schnelle und problemlose Wiederherstellung des Systems.

Um das Sicherungsverfahren zu optimieren und gleichzeitig die Komplexität bei der Verwaltung mehrerer Backup-Medien zu verringern, ist es ratsam, die zentrale Dateiablage als Hauptbackupziel für diese peripheren Computer zu definieren. Hierbei geht es nicht darum, pausenlos Sicherungen vorzunehmen. Ein monatlicher Backup-Zyklus, ergänzt durch gezielte Backups nach besonderen Systemereignissen wie umfangreichen Updates oder der Installation neuer, wichtiger Software, ist in den meisten Fällen völlig ausreichend.

Abb. 6.3 veranschaulicht diesen Ansatz im Detail: Hier sehen Sie die zentrale Dateiablage als Auffangbecken für die Backups der beiden Computer, die wiederum über ihre individuellen Backup-Software abgewickelt werden. Bei näherer Betrachtung von Computer A wird ersichtlich, dass eine Synchronisation mit einer weiteren Datenquelle, z. B. einem Cloud-Service, vorliegt. Parallel dazu besteht ein direkter Datenzugriff auf die zentrale Dateiablage. Dies unterstreicht die Wichtigkeit der zentralen Dateiablage: Sie vermeidet Redundanzen, da bestimmte Daten bereits anderweitig gesichert sind. In diesem Kontext sind es ausschließlich die Systemdaten, die Beachtung finden und regelmäßig gesichert werden sollten, um den reibungslosen Betrieb sicherzustellen.

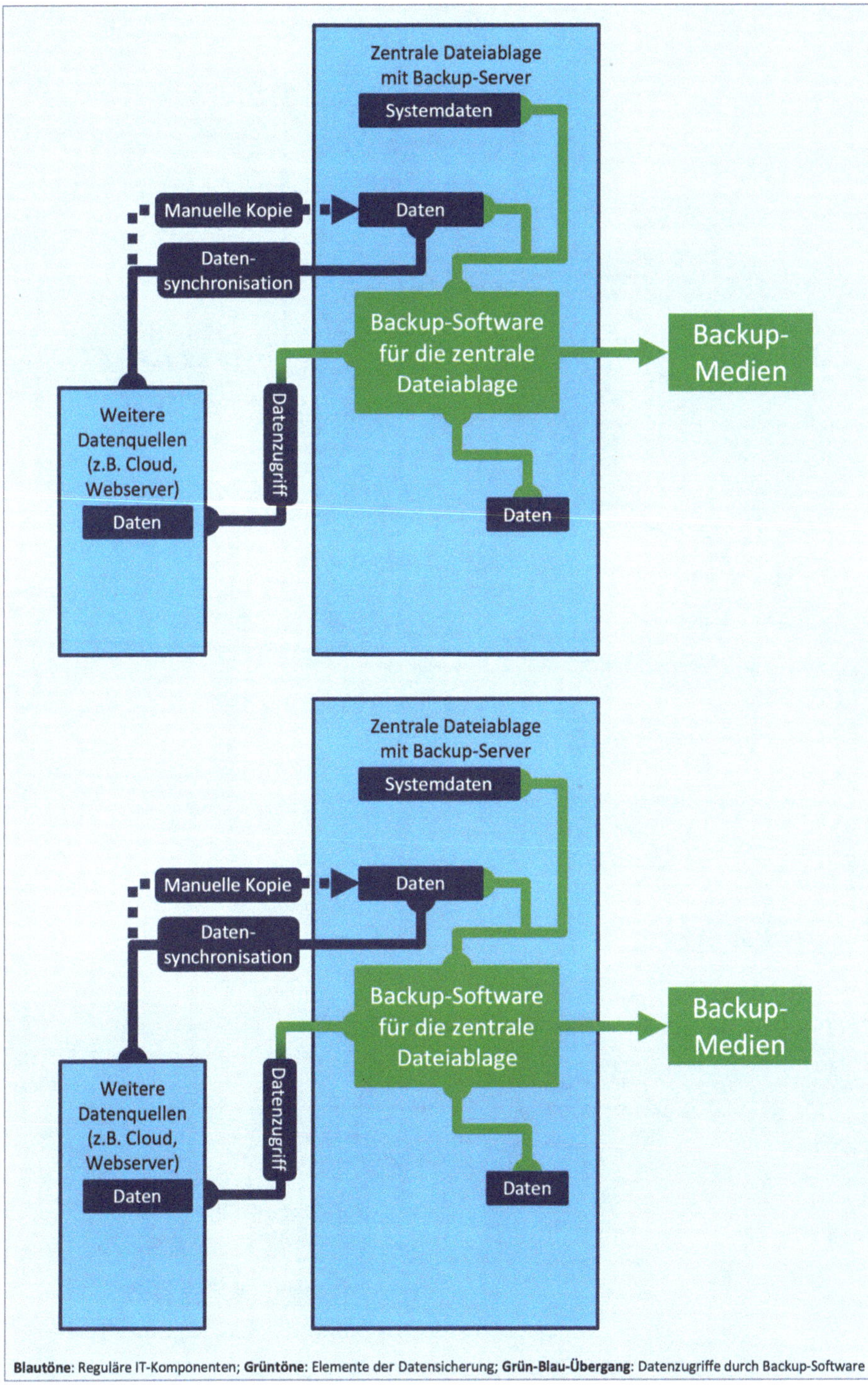

Abb. 6.2 Sicherungsarchitektur mit zwei zentralen Dateiablagen und Backup-Software

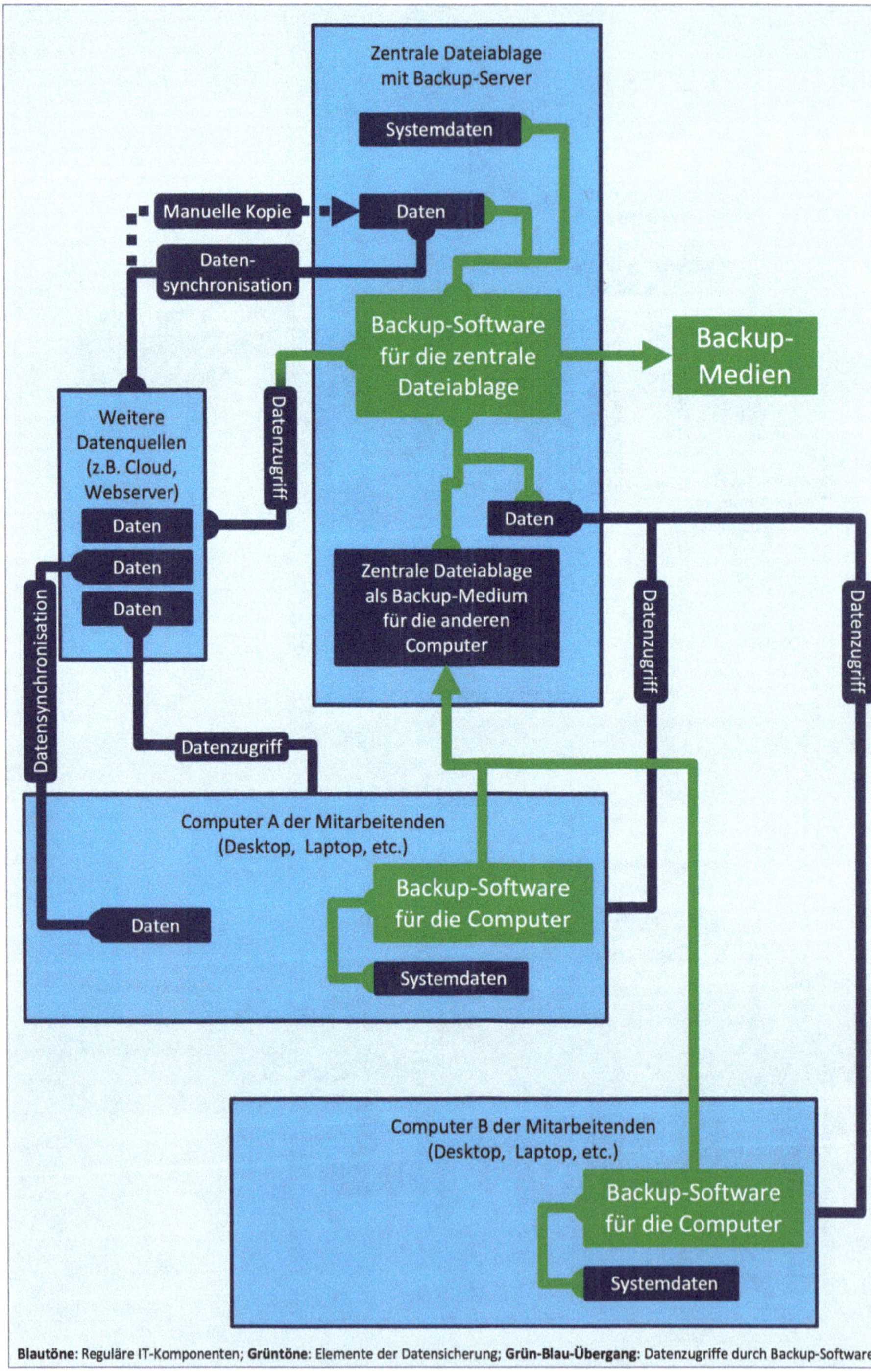

Abb. 6.3 Sicherungsarchitektur mit zwei weiteren Computern

Die umfassende Absicherung mobiler Endgeräte stellt in der heutigen, ständig vernetzten Welt eine zentrale Herausforderung dar. Ein zweistufiger Ansatz hat sich als besonders effektiv erwiesen, um sicherzustellen, dass keine Daten verloren gehen und sie an einem sicheren Ort aufbewahrt werden. In der ersten Phase werden die Daten vom mobilen Endgerät systematisch mit einer Cloud-Lösung synchronisiert. Dies gewährleistet nicht nur eine zusätzliche Sicherungsebene, sondern auch einen jederzeitigen Zugriff auf die Daten, unabhängig vom Standort. Der nachfolgende Schritt beinhaltet die Synchronisation dieser Cloud-gesicherten Daten mit einer zentralen Dateiablage. Dies sorgt dafür, dass alle Daten in einem einheitlichen System konsolidiert und effizient gesichert werden. Dieser zweistufige Prozess, obwohl er auf den ersten Blick komplex erscheinen mag, bietet in Wirklichkeit eine robuste Methode zur Sicherung mobiler Daten.

Zusätzlich ist es unabdingbar, die Daten der internen IT-Infrastruktur nicht zu übersehen. Die Komponenten wie Firewalls, Gateways und ähnliche Geräte spielen eine entscheidende Rolle im Schutz und in der Verwaltung unserer Netzwerke und Datenströme. Ihre Systemdaten und Konfigurationsinformationen sind von unschätzbarem Wert, insbesondere wenn es darum geht, Systeme nach einem Ausfall oder einer Kompromittierung wiederherzustellen. Außerdem sind die Protokolldaten dieser Geräte von besonderer Bedeutung. Sie bieten wertvolle Einblicke in den Netzwerkverkehr und können bei der Erkennung und Behebung von Sicherheitsvorfällen helfen. Daher müssen auch diese Daten regelmäßig gesichert und an einen sicheren Ort übertragen werden. Die Integration und Sicherung dieser kritischen Komponenten in die Sicherungsarchitektur garantieren, dass im Bedarfsfall eine nahtlose und vollständige Wiederherstellung der IT-Umgebung möglich ist.

Die Einbindung und Sicherung diverser IT-Elemente stellt einen wesentlichen Bestandteil der gesamten Datensicherungsstrategie dar. In Abb. 6.4 wird dargestellt, wie sowohl mobile Endgeräte als auch weitere Kernkomponenten der IT-Infrastruktur in die Datensicherungsarchitektur integriert werden. Dies bietet einen klaren Überblick über die vielschichtige Struktur und die verschiedenen Datenströme, die in einem umfassenden Sicherungskonzept berücksichtigt werden müssen.

In der schnelllebigen Welt der Informationstechnologie, in der Daten oft als das wertvollste Gut eines Unternehmens betrachtet werden, ist es unerlässlich, robuste und effektive Backup-Strategien zu entwickeln. Dabei geht es nicht nur darum, Daten regelmäßig zu sichern, sondern auch sicherzustellen, dass sie bei Bedarf schnell und effizient wiederhergestellt werden können.

In Anbetracht der diversen Risiken, die in der IT-Landschaft auftreten können (siehe Kap. 3), hat sich ein Ansatz entwickelt, der das Vorhalten mehrerer Kopien der Daten empfiehlt (siehe Abschn. 5.1). Während das 3-2-1 Prinzip vorsieht, dass 2 Kopien der Daten mit einer Datensicherung durchgeführt werden, empfehlen wir aus operativen Gründen eine weitere Kopie. Da Kopien auf unterschiedliche Speichermedien möglich sind (siehe Abschn. 5.2), sprechen wir im Folgenden weiterhin von Backup-Medien und nummerieren diese durch.

Unsere zusätzlich empfohlene Kopie stellt Backup-Medium 1 dar, welches dauerhaft mit dem System verbunden bleibt, als primäres Backup dient und den vollständigen Verlauf aller Backups enthält. Es ermöglicht eine schnelle und benutzerfreundliche Wiederherstellung von Daten im Falle eines Systemausfalls oder Datenverlusts inklusive der Versionierungen.

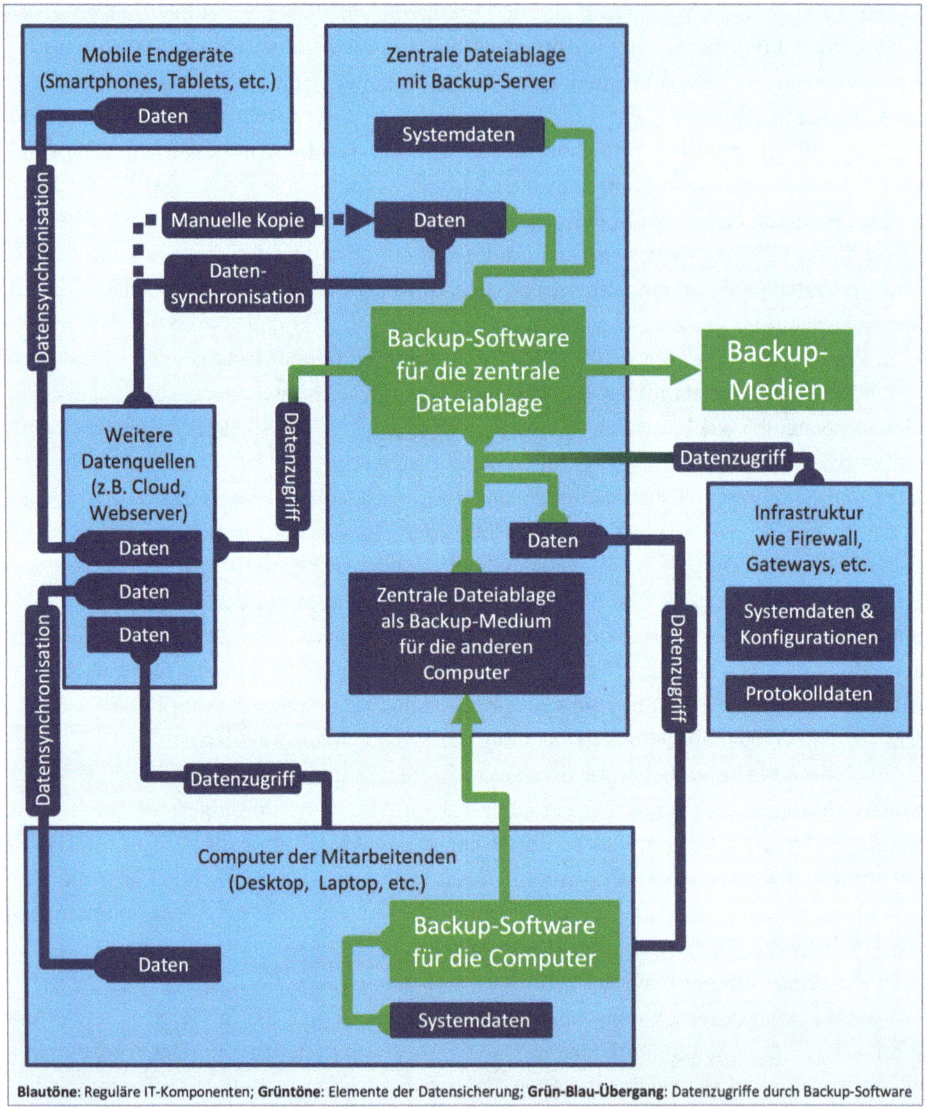

Abb. 6.4 Sicherungsarchitektur mit mobilen Endgeräten und Geräten der IT-Infrastruktur

Offline-Backup Die Backup-Medien 2 und 3, die abwechselnd an das System angeschlossen werden, bieten eine zusätzliche Sicherheitsebene. Während eines dieser Ziele aktiv mit dem System verbunden ist, sollte das andere in einem sicheren, entfernten Standort aufbewahrt werden, idealerweise in einem anderen Gebäude. Dies stellt sicher, dass selbst im Falle von physischen Katastrophen wie Bränden oder Überschwemmungen oder im Kontext von Internetkriminalität, Daten sicher und intakt bleiben.

Abb. 6.5 visualisiert diese Strategie und betont die zyklische Rotation zwischen Medium 2 und 3. Der hellere Pfeil deutet dabei den Wechselprozess an, wodurch die dynami-

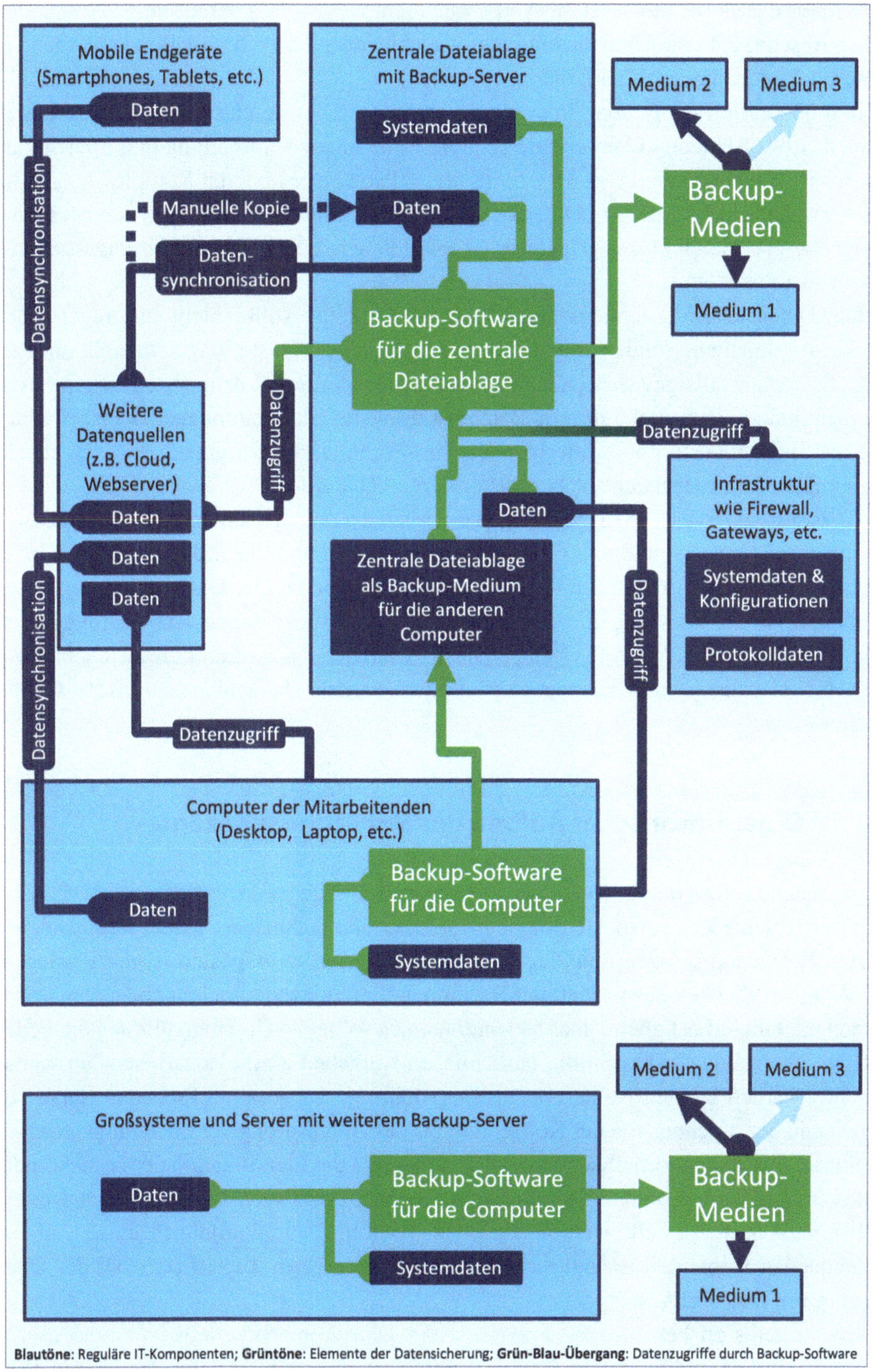

Abb. 6.5 Sicherungsarchitektur mit zwei Backup-Servern und jeweils drei Backup-Medien

sche Natur dieses Backup-Systems veranschaulicht wird. Es sei darauf hingewiesen, dass wir in Abschn. 6.3 eine Untersuchung der verschiedenen Risiken vornehmen werden, die diese Backup-Strategie zu adressieren versucht.

In größeren Infrastrukturen, in denen verschiedene Dienste und Anwendungen laufen, spielen Großsysteme und Server eine zentrale Rolle in der Verarbeitung und Speicherung kritischer Geschäftsdaten. Diese Systeme sind oft von einer höheren Komplexität geprägt und verwalten umfangreichere Datenmengen als herkömmliche Desktop-Systeme, mobile Endgeräte und Dateiablagen. Daher ist es unerlässlich, spezifische Sicherungsstrategien für sie zu entwickeln.

Die Datensicherungsstrategie für diese Großsysteme sollte nicht nur regelmäßige Backups beinhalten, sondern auch eine schnelle Wiederherstellungsfähigkeit im Falle eines Systemausfalls gewährleisten. Das erfordert in der Regel dedizierte Backup-Server oder zumindest eigens konfigurierte Backup-Lösungen. Hier kommt auch die Notwendigkeit ins Spiel, robuste und skalierbare Backup-Technologien zu nutzen, die den ständig wachsenden Anforderungen solcher Systeme gerecht werden.

Es ist jedoch wichtig zu betonen, dass trotz der eigenständigen Datensicherungslösungen für Großsysteme, die Grundprinzipien und Methodiken, die zuvor für Einzelsysteme dargelegt wurden, nach wie vor Anwendung finden. Der Unterschied liegt in der Skalierung und Anpassung dieser Strategien an die spezifischen Anforderungen und Herausforderungen der Großsysteme. Diese zusätzliche Konfiguration ist ebenfalls in Abb. 6.5 visualisiert und kann analog zu der zweiten Dateiablage aus Abb. 6.2 gesehen werden.

6.2 Organisatorischer Aufbau des Sicherungskonzeptes

Beim Erstellen eines umfassenden und effizienten Sicherungskonzeptes ist es unerlässlich, sich mit verschiedenen Aspekten organisatorischer und technischer Natur auseinanderzusetzen. Beginnend bei den grundlegenden organisatorischen Aspekten ist die Festlegung der Verantwortlichkeiten von zentraler Bedeutung. Ein Einzelunternehmer oder eine Privatperson trägt diese Last allein, doch in Unternehmen sollte die Geschäftsführung die Federführung übernehmen. Obwohl die tatsächlichen Aufgaben an die Mitarbeitenden weitergegeben werden können, sollte die Geschäftsführung die gesamte Prozedur genau verstehen und überwachen, von der Konzeption bis zur Überprüfung der Sicherungsprozesse.

Sobald die Verantwortlichkeiten geklärt sind, rückt die Identifikation der zu sichernden Daten in den Vordergrund. Alle relevanten Systeme und Daten müssen erfasst werden. Dabei muss sichergestellt werden, dass die Backup-Station ordnungsgemäß mit den Datenquellen verbunden ist und dass es keine Hürden beim Zugriff oder bei der Übertragung von Daten gibt.

Ein weiteres zu beachtendes Thema ist die Datenkomprimierung. Während es verlockend sein könnte, Daten vor ihrer Sicherung zu komprimieren, um Speicherplatz zu sparen, hat diese Methode ihre Tücken. Änderungen an komprimierten Dateien, insbesondere an ZIP-Archiven, können die Effizienz des Sicherungsprozesses beeinträchtigen und zu unerwünschten Redundanzen führen.

Die Kapazitätsplanung der Backup-Medien sollte nicht nur den aktuellen Datenbedarf, sondern auch zukünftiges Datenwachstum berücksichtigen. Eine Vorhersage von mindestens einem Jahr bietet einen angemessenen Sicherheitspuffer, insbesondere wenn Sie bedenken, dass unvorhergesehene Ereignisse, wie beispielsweise umfangreiche Projekte oder die Akquisition neuer Kundinnen und Kunden, zu einem sprunghaften Anstieg des Datenbedarfs führen können.

Es gibt zudem einen weiteren Grund die Backup-Medien groß genug zu wählen, um eine Historie von mindestens eineinhalb Jahren verfügbar zu haben. Bei der Erstellung von Jahresabschlüssen, Steuer-erklärungen, Folgeaufträgen, innerbetrieblichen Jahresrückblicken und weiteren Dokumenten hat es sich gezeigt, dass bislang unbemerkte Fehler, Verluste oder Lücken im Original am ehesten Auftauchen oder identifiziert werden.

Um diesen Entwicklungen gerecht zu werden, hat sich im Allgemeinfall unserer Erfahrung gezeigt, dass die Backup-Medien mindestens zweieinhalb Mal so viel Speicherkapazität haben sollten, wie alle an der Backup-Software angeschlossenen Laufwerke und Quellen zusammen.

In Bezug auf die Sicherungstechnik ist das inkrementelle Backup eine effiziente Methode, um Speicherplatz zu sparen und gleichzeitig sicherzustellen, dass alle Datenänderungen erfasst werden. Die Frequenz der Sicherungen hängt von mehreren Faktoren ab, insbesondere von der Unterstützung der Ausdünnungsstrategie[1] durch die Backup-Software, die das Volumen der Backup-Ziele effizient verwaltet.

Bei stündlicher Datensicherung bei Apple macOS lautet die Ausdünnungsstrategie wie folgt

- Stündliche Datensicherungen der letzten 24 h
- Tägliche Datensicherungen des vergangenen Monats
- Wöchentliche Datensicherungen aller vorherigen Monate
- Wenn das Volumen voll ist, werden die ältesten Datensicherungen gelöscht

Wird die Ausdünnungsstrategie von der Backup-Software unterstützt, empfiehlt sich eine stündliche Datensicherung – tut sie das nicht, ist davon abzuraten. Eine tägliche oder halbtägliche Datensicherung ist in diesem Falle ratsamer.

Da bei täglicher oder halbtäglicher Sicherung viel mehr Daten als bei einer stündlichen Ausführung gesichert werden müssen, kann es bei Serveranwendungen zu spürbaren Performancebeeinträchtigungen kommen. Aus diesem Grund empfehlen wir, tägliche Sicherungen in den späten Abendstunden durchzuführen. Bei halbtäglicher Sicherung bietet sich die Datensicherung in der Mittagspause und abends die Zeit nach Büroschluss an. Zudem ist bei täglicher oder halbtäglicher Datensicherung besonders darauf zu achten, alle Quellen verfügbar zu haben und sie zur Mittagspause oder zum Feierabend nicht auszuschalten.

---

[1] Die Ausdünnungsstrategie ist bei Datensicherungen ein Ansatz, bei dem ältere Sicherungen seltener und jüngere häufiger gespeichert werden. Mit der Zeit werden einige Sicherungen gelöscht, um Speicherplatz zu sparen, während Schlüsselsicherungen beibehalten werden.

Ein überaus kritischer Aspekt, der oft übersehen wird, ist die Sicherheit der gesicherten Daten selbst. Die Verschlüsselung aller Backup-Festplatten sollte zur Standardpraxis werden, um sowohl gesetzlichen Anforderungen gerecht zu werden als auch um die Datenintegrität und -vertraulichkeit zu gewährleisten.

Ein weiteres Kernelement ist die regelmäßige Rotation der Backup-Medien, insbesondere zwischen den Medien 2 und 3. Dies minimiert das Risiko eines Totalverlustes durch lokale Katastrophen oder technische Ausfälle. Dabei sollte der Rhythmus des Wechsels an die individuellen Anforderungen und die Datenaktivität angepasst werden.

6.3 Abdeckung der Risiken durch Anzahl der Backup-Medien

Die technische Sicherungsarchitektur, die in Abschn. 6.1 beschrieben wird, zusammen mit ihrem organisatorischen Rahmen aus Abschn. 6.2, adressiert die Ursachen für Datenverluste, die in Kap. 3 dargelegt sind. Wie bereits zu Beginn betont wurde, ist absolute Sicherheit in IT-Systemen aufgrund der Vielzahl an Konfigurationen unerreichbar. Insbesondere die Bedrohung durch Cyberkriminalität wird durch die intensive Motivation der Täter:innen definiert, Schaden zu verursachen.

Während ein einzelnes Backup-Medium für viele Risiken ausreichend ist, erfordern räumliche Gefahren das Vorhandensein eines zweiten, räumlich getrennten Mediums. Um den Bedrohungen der Cyberkriminalität wirksam zu begegnen, sind ebenso zwei Medien erforderlich, die nie gleichzeitig verbunden sein dürfen. Dies, kombiniert mit einem ständig angeschlossenen Backup-Medium für eine einfache Datenrettung, führt zur Notwendigkeit, insgesamt drei Backup-Medien einzuplanen.

Betrachten wir die bisher diskutierten Optionen, besonders in Bezug auf die Zahl der Backup-Medien, deren Häufigkeit und Rotation, sollte immer das Kosten-Nutzen-Verhältnis berücksichtigt werden. Mit anderen Worten, die Investition in die Datensicherung sollte in einem angemessenen Verhältnis zu den potenziellen Kosten einer Datenwiederherstellung stehen.

► Wir möchten Sie ermutigen, den Wert Ihrer Daten vollständig zu erkennen. Daten sind in der heutigen Zeit von unschätzbarem Wert, vergleichbar mit Öl. Im Falle eines Datenverlusts erinnern uns Sprichwörter wie „ein Backup ist kein Backup“ und „kein Backup, kein Mitleid“ an die Wichtigkeit einer sorgfältigen Datensicherung.

Sicherungskonzept implementieren 7

„Auch wenn wir die Risiken der Datensicherheit nicht in Gänze kontrollieren können, haben wir die Macht, unsere Schutzmaßnahmen entsprechend anzupassen."

(von den Autoren, inspiriert durch Aristoteles' Weisheit über Anpassungsfähigkeit und Kontrolle)

Zusammenfassung

Dieses Kapitel gibt einen allgemeinen Überblick und wichtige Überlegungen für ein Sicherungskonzept, ohne sich auf ein bestimmtes Betriebssystem oder Softwareprodukt zu konzentrieren. Es beginnt mit der Konfiguration, in der die korrekte Einrichtung von Sicherungen betont wird. Der Abschnitt Kontrolle hebt die Notwendigkeit hervor, regelmäßig zu überprüfen, ob Sicherungen zuverlässig durchgeführt werden. Eine Rücksicherung stellt nach Datenverlusten die Daten oder Systeme wieder her. Regelmäßige Tests durch eine Rücksicherung gewährleisten die Zuverlässigkeit von Backups. Bei großen Störungen kann ein Systemneuaufbau überdacht werden. Im letzten Abschnitt dieses Kapitels wird es konkreter, indem die Bordmittel verschiedener Betriebssysteme und Cloud-Dienste beschrieben werden.

Bevor Sie sich in die technischen Details Ihres Sicherungskonzepts stürzen, möchten wir Ihnen helfen, noch ein paar hilfreiche Grundlagen zu klären. Die Annahme, dass es eine universelle Backup-Software oder Umsetzung für jedes Unternehmen gibt, ist nicht nur irreführend, sondern kann auch riskant sein.

P. Müller et al., *Datensicherung als Teil der IT- und Cybersecurity*, https://doi.org/10.1007/978-3-658-43701-5_7

Unser allgemeiner Ansatz in diesem Kapitel
In diesem Kapitel bieten wir Ihnen einen allgemeinen Überblick und wichtige Überlegungen für ein Sicherungskonzept, ohne uns auf ein bestimmtes Betriebssystem oder Softwareprodukt zu konzentrieren. Unser Ziel ist es, Ihnen ein solides Grundverständnis zu vermitteln, sodass Sie die Informationen flexibel in Ihrer speziellen Umgebung anwenden können. Eine detaillierte Anleitung zur Implementierung mit den Bordmitteln ausgewählter Betriebssysteme erhalten Sie im Abschn. 7.4.

7.1 Konfiguration

Die Konfiguration Ihrer Datensicherungssoftware ist ein entscheidender Schritt, bei dem Ihre sorgfältig ausgearbeitete Sicherungsstrategie aus Kap. 5 und insbesondere der Leitfaden und die Hinweise aus Abschn. 5.9 in die Praxis umgesetzt werden. Es ist von essenzieller Bedeutung, dass Sie sich nicht nur auf die technischen Aspekte konzentrieren, sondern sicherstellen, dass alle identifizierten Themen Ihres Leitfadens zur Erstellung der Sicherungsstrategie auch wirklich in der Konfigurationsphase berücksichtigt und umgesetzt werden.

Bei der Software-Auswahl kann es schnell überwältigend werden, da es zahlreiche Produkte mit unterschiedlichen Funktionen gibt. Ein allzu häufiger Fehler ist, die Software nur basierend auf dem Preis auszuwählen. Hier sollten die langfristige Wartbarkeit, der Support, die Skalierbarkeit und insbesondere die Benutzerfreundlichkeit immer Vorrang haben. Wichtig ist auch, dass Sie bei der Software-Auswahl auf Ihre Bedürfnisse achten und die konkreten Funktionalitäten prüfen. Als ein Beispiel für unterschiedliche Software können Sie in Abschn. 7.4 die Vorgehensweisen mit den Bordmitteln ausgewählter Betriebssysteme betrachten.

Datenverschlüsselung ist ein absolutes Muss, denn auf den Datensicherungsmedien befinden sich alle Ihre Geschäftsdaten. Deswegen gilt: es reicht nicht, Ihre Daten einfach nur zu sichern; Sie müssen sie auch schützen. Ein wiederkehrendes Problem ist das Vergessen des Passworts oder Schlüssels zur Entschlüsselung. Stellen Sie sicher, dass Sie moderne Verschlüsselungsstandards wie AES-256[1] nutzen und Ihre Schlüssel sicher aufbewahren.

Auch das Umbenennen von Datenträgern spielt eine Rolle. Ein klares und konsistentes Namensschema kann viele spätere Probleme verhindern. Typische Fehler hierbei sind kryptische oder generische Namen, die keine klare Zuordnung erlauben. Notieren Sie die digitalen Laufwerksbezeichnungen ebenfalls auf den Festplatten.

Beim eigentlichen Einrichten der Datensicherung lauern viele Stolpersteine. Das Setzen von Backup-Zeitplänen, das Auswählen der zu sichernden Daten und das Einrichten von Benachrichtigungen sind nur der Anfang. Es ist entscheidend, dass Sie Ihre erstellte

[1] AES-256 ist ein symmetrischer Verschlüsselungsalgorithmus aus der AES-Familie (Advanced Encryption Standard) mit einer Schlüssellänge von 256 Bit. Er gilt als besonders sicher und wird häufig zum Schutz sensibler Daten eingesetzt.

Sicherungsstrategie beim Konfigurieren abhacken und prüfen, ob Sie sämtliche Themen aktiv eingestellt oder gegengeprüft haben.

Ein weiterer, oft gemachter Fehler ist, die regelmäßige Überprüfung von Backups zu vernachlässigen. Diese Überprüfungen sind von unschätzbarem Wert, denn sie sorgen dafür, dass im Notfall eine verlässliche Datenwiederherstellung möglich ist. Ohne regelmäßige Tests können eine Reihe von Problemen unentdeckt bleiben. Dazu gehören beschädigte Daten, fehlende Daten oder sogar unvollständige Backups. Ebenso können Probleme bei der Soft- oder Hardware, Kompatibilitätsprobleme oder Konfigurationsfehler erst während dieser Überprüfung auffallen. Das Überspringen solcher Tests kann dazu führen, dass Sie im Falle eines Datenverlusts feststellen, dass Ihr Backup unbrauchbar ist – eine Situation, die Sie unbedingt vermeiden möchten. Eine regelmäßige Überprüfung hilft Ihnen deswegen nicht nur, solche Probleme frühzeitig zu identifizieren, sondern gibt Ihnen auch das Vertrauen, dass Ihre Daten im Notfall sicher wiederhergestellt werden können.

7.2 Kontrolle

Vertrauen in Ihre Sicherungsprozesse ist essenziell, doch hier gilt: „Vertrauen ist gut, Kontrolle ist besser." Bei der Datensicherung könnte dieses Mantra nicht zutreffender sein.

Der absolute Goldstandard, um sicherzustellen, dass Ihre Sicherungsbemühungen fruchtbar sind, ist der Nachweis, dass Sie die gesicherten Daten in ihrer Vollständigkeit und innerhalb eines realistischen, betrieblichen Zeitraums wiederherstellen können. Eine reine Bestätigung, dass ein Backup abgeschlossen wurde, reicht nicht aus. Es gibt zahlreiche Beispiele von Unternehmen, die dachten, ihre Daten seien sicher, nur um später festzustellen, dass die Backups beschädigt, unvollständig oder schlichtweg nicht wiederherstellbar waren.

Zusammengefasst: es ist unerlässlich, sich nicht allein auf den Sicherungsprozess zu verlassen. Die regelmäßige und gründliche Kontrolle dieser Prozesse stellt sicher, dass Sie im Krisenfall auf Ihre Backups zählen können. Ein strukturierter Ansatz zur Überprüfung Ihrer Datensicherungen ist daher unerlässlich. Dieser lässt sich in folgende vier Prüfschritte unterteilen:

1. Überprüfung der Einstellungen

Selbst die fortschrittlichste Backup-Software ist nur so gut wie ihre Konfiguration. Eine gründliche Überprüfung der Einstellungen ist unverzichtbar. Ein häufiger Fehler ist beispielsweise das versehentliche Überschreiben älterer Backups oder das Fehlen wichtiger Daten in der Sicherungsauswahl. Hier sollten Sie sicherstellen, dass Ihre Backup-Software korrekt konfiguriert ist und alle kritischen Daten umfasst.

> **Tipp** Stellen Sie sicher, dass alle wichtigen Datenverzeichnisse und -banken in den Backup-Einstellungen ausgewählt sind. Überprüfen Sie auch die Frequenz und den Zeitpunkt der Backups sowie eventuelle Einstellungen für inkrementelle oder differenzielle Backups.

2. Überprüfung der Durchführung anhand der Datensicherungsprotokolle
Die Protokolle sind das „Tagebuch" Ihrer Backup-Aktivitäten. Sie können Aufschluss darüber geben, ob Backups erfolgreich durchgeführt wurden oder ob es Fehler gab. Zum Beispiel könnten Netzwerkabbrüche, fehlender Speicherplatz oder andere technische Probleme die Vollständigkeit des Backups beeinträchtigen.

Der Klassiker in größeren Unternehmen: Nächtliche Backups schlagen regelmäßig fehl, da sie mit regelmäßigen Serverwartungsarbeiten kollidieren.

> **Tipp** Überprüfen Sie regelmäßig die Protokolle auf Fehler oder Warnungen. Achten Sie auch auf ungewöhnlich schnelle oder langsame Backup-Zeiten, die auf Probleme hindeuten könnten.

3. Überprüfung der Durchführung anhand von Testdateien
Dieser Schritt stellt sicher, dass das Backup-System tatsächlich aktuelle Daten erfasst. Hierbei wird eine oder mehrere Dateien absichtlich modifiziert oder erstellt und anschließend überprüft, ob diese Änderungen oder Neuerungen im nächsten Backup korrekt erfasst wurden. Dies stellt beispielsweise auch sicher, ob das Backup-System in Echtzeit reagiert.

> **Tipp** Erstellen Sie gezielt Testdateien oder Ordner und überwachen Sie, ob diese in den regelmäßigen Backups korrekt erfasst werden. Ändern Sie auch die Inhalte dieser Dateien, um die Aktualität der Backups zu überprüfen.
>
> Beispiel: Erstellen Sie für diese Tests eine Textdatei und fügen Sie ihr jeden Tag das neue Datum hinzu. So können Sie zum einen prüfen, ob die Sicherung aktuell ist, und zum anderen über die Versionierungen, ob Lücken entstanden und wenn ja, an welchen Tagen.

4. Überprüfung der Datensicherung anhand eines Rücksicherungstests
Dies ist der wichtigste Test und somit die ultimative Überprüfung der Integrität und Zuverlässigkeit Ihrer Backups. Hierbei wird versucht, Daten aus dem Backup in einer Testumgebung oder auf einem anderen System wiederherzustellen. Nur so können Sie sicherstellen, dass die Daten im Ernstfall auch wirklich verfügbar sind.

Denn oftmals scheinen die Backups fehlerfrei zu sein, doch dann scheitert die Wiederherstellung aufgrund eines nicht kompatiblen Dateiformats. Oder es kann identifiziert werden, dass Sie eine Datensicherung des E-Mail Servers durchführen, die Daten wiederhergestellt werden können, jedoch mit diesen Daten keine Neukonfiguration des E-Mail Servers möglich ist.

> **Tipp** Planen Sie regelmäßige Rücksicherungstests in einer Testumgebung. Versuchen Sie, aus den Backups sowohl einzelne Dateien als auch komplette Systeme wiederherzustellen, um die Zuverlässigkeit sicherzustellen.

7.3 Rücksicherung

Der Gedanke, auf eine Rücksicherung angewiesen zu sein, ist oft beunruhigend. Daten können durch eine Vielzahl von Ereignissen verloren gehen, von Hardwareausfällen über menschliche Fehler bis hin zu Cyberangriffen. Die Vorbereitung auf solche Szenarien ist daher unerlässlich. Dies ist deswegen auch wichtig, da der Moment, in dem Daten oder Systeme im Ernstfall wiederhergestellt werden müssen, oftmals kritisch und stressig ist. Aus diesem Grund sollten Sie für die Rücksicherung genauso gut vorbereitet sein wie für die eigentliche Datensicherung.

Testrücksicherungen als Prophylaxe
Einer der Hauptgründe, warum Sie Testrücksicherungen durchführen sollten, liegt in der Unsicherheit verborgener Probleme. Was, wenn das Backup fehlerhaft ist oder bestimmte Daten aus irgendeinem Grund fehlen?

> **Tipp** Wenn Sie jeden Monat einen Zeitpunkt festlegen, an dem Sie eine Testrücksicherung durchführen, wird das Verfahren zur Routine und minimiert das Risiko, bei einem echten Datenverlust unvorbereitet zu sein.

Arten der Rücksicherung
Je nach Schweregrad des Problems und Bedarf können Sie entweder das gesamte System oder nur bestimmte Daten wiederherstellen. Einige moderne Betriebssysteme und Backup-Lösungen bieten auch Funktionen zur „Bare-Metal-Wiederherstellung",[2] wodurch ein System vollständig auf neuer Hardware wiederhergestellt werden kann, was besonders nützlich ist, wenn der vorherige Computer oder Server irreparabel beschädigt wurde.

> **Cyberangriffsvorsicht – die neue Realität** Wenn Sie eine Rücksicherung nach einem Cyberangriff durchführen, müssen Sie sicherstellen, dass Ihr System hundertprozentig frei von Schadsoftware ist, bevor Sie ein Datensicherungslaufwerk anschließen. Sollte nach dem Cyberangriff nur noch ein Datensicherungslaufwerk vorhanden sein, erstellen Sie unbedingt zuerst eine Kopie dieses Laufwerks. Nutzen Sie hierbei die Vorgehensweise wie bei der Erstellung von forensischen Beweismittelsicherungen, die eine Veränderung der Quelldaten technisch verhindern. Ihr Hauptaugenmerk sollte zuerst auf der Erhaltung der Daten liegen und danach auf der Wiederherstellung des Systems und der Dateien.

[2] Die Bare-Metal-Wiederherstellung ist ein Verfahren zur Wiederherstellung eines Computersystems direkt auf blanker Hardware ohne vorinstalliertes Betriebssystem. Es ermöglicht das schnelle Aufsetzen eines Systems nach einem schwerwiegenden Ausfall, indem ein komplettes Image, das sowohl das Betriebssystem als auch Anwendungen und Daten enthält, auf einen „nackten" Computer zurückgespielt wird.

Sonstige Prioritäten
In einer digitalen Krise kann der Instinkt sein, so schnell wie möglich wieder „online" zu gehen. Es könnte ggf. sinnvoll sein, sich bei einem schwerwiegenden Systemversagen für den Neuaufbau des Systems von Grund auf zu entscheiden und anschließend nur die notwendigen Daten aus dem Backup zurückzuholen. Ggf. ist es auch möglich, die tragische Gelegenheit zu nutzen, ein Altsystem auf die neueste Version zu bringen.

7.4 Bordmittel ausgewählter Systeme und Plattformen

Je nach Betriebssystem variieren die integrierten Werkzeuge zur Datensicherung und Rücksicherung hinsichtlich ihrer Funktionen und ihrer Implementierung. In diesem Abschnitt bieten wir Ihnen eine Orientierungshilfe, wie Sie je nach System oder Plattform agieren sollten und auf welche Besonderheiten Sie besonders achten müssen. Es gilt zu betonen, dass die in den Systemen eingebetteten Hilfsmittel zwar praktisch sind, aber oftmals nicht die Vielseitigkeit und den Umfang professioneller Backup-Lösungen erreichen. Deshalb sollten Sie die speziellen Anforderungen und Bedürfnisse Ihres Unternehmens oder Ihrer konkreten Anwendung genau prüfen, bevor Sie sich einzig auf die systemeigenen Mittel verlassen.

In diesem Buch können wir nicht ins Detail jeder Konfiguration und Nutzungsmöglichkeit der unterschiedlichen Systeme und Plattformen gehen. Wo möglich, verweisen wir jedoch auf schrittweise Anleitungen. Unser Hauptziel ist es, auf die charakteristischen Merkmale und Unterschiede hinzuweisen und Sie darauf aufmerksam zu machen, welche Aspekte besonders wichtig sind, wenn Sie sich für spezielle Backup-Software entscheiden.

7.4.1 Windows für Desktops und Laptops

Die Bordmittel zur Datensicherung
Windows bietet eine Reihe integrierter Werkzeuge zur Datensicherung, die speziell für Desktops und Laptops entwickelt wurden.

Dateiversionsverlauf Dieses integrierte Tool in Windows nimmt regelmäßig Sicherungen von Dateien in den Benutzerordnern vor. Es dient nicht nur als Absicherung gegen versehentliches Löschen oder Ändern von Dateien, sondern auch als Möglichkeit, zu einer früheren Version einer Datei zurückzukehren, falls dies erforderlich sein sollte.

Systemabbildsicherung Ein kritisches Instrument für die Systemwiederherstellung. Mit ihm kann ein genaues Abbild des gesamten Systems, einschließlich aller Anwendungen, Einstellungen und Dateien, erstellt werden. Im Falle eines schwerwiegenden Systemausfalls oder einer schweren Infektion durch Malware kann dieses Abbild verwendet werden, um den Computer in seinen früheren Zustand zurückzuführen.

Wiederherstellungslaufwerk Es ist unerlässlich, ein bootfähiges Notfalllaufwerk[3] zu haben. Dieses Laufwerk kann verwendet werden, um Windows wiederherzustellen, falls das Betriebssystem nicht mehr ordnungsgemäß startet.

Besonderheit der Bordmittel
Die standardmäßigen Datensicherungswerkzeuge von Windows für Desktops und Laptops unterstützen im Auslieferungszustand nur ein Backup-Medium. Es gibt jedoch einen Trick, durch den Sie mehrere Medien verwenden können. Dies kann besonders nützlich sein, wenn Sie rotierende Backups auf verschiedenen physischen Laufwerken haben möchten.

Vorgehen bei der Konfiguration
1. **Datenträger umbenennen:**
   Bevor Sie mit dem Backup beginnen, benennen Sie den Datenträger so um, dass er leicht erkennbar ist, z. B. „Backup_Drive_1".
2. **Einrichtung einer wöchentlichen Sicherung auf Laufwerk 1:**
   Nutzen Sie das integrierte Backup-Tool von Windows, um automatische Sicherungen auf Ihrem primären Backup-Laufwerk zu planen.
3. **Einrichtung der Sicherungsbefehle für Backup-Laufwerk 2 und 3:**
   Wenn Sie weitere Backup-Laufwerke haben, können Sie ähnliche Backup-Profile für diese Laufwerke einrichten. Achten Sie darauf, die Laufwerke jeweils korrekt zuzuordnen.
4. **Einrichtung der stündlichen Aufgabenausführung:**
   Mithilfe des Windows-Aufgabenplaners können Sie Backups auch stündlich planen, um sicherzustellen, dass Ihre neuesten Daten gesichert sind.
5. **Zusatz:**
   Wenn alles eingerichtet ist, empfiehlt es sich, sofort eine Einzelsicherung durchzuführen. Dies stellt sicher, dass alles ordnungsgemäß funktioniert und Sie ein aktuelles Backup zur Hand haben.

Vorgehen bei der Kontrolle
Bezogen auf den Abschn. 7.2 führen Sie die Kontrollschritte zuerst für Backup-Medium 1 durch. Nach Abschluss dieses Vorgangs wiederholen Sie den Kontrollprozess für die Backup-Medien 2 und 3. Dies stellt sicher, dass alle Ihre Backups korrekt und vollständig sind und dass Sie im Notfall auf sie zugreifen können.

Klick-für-Klick Anleitung
Eine detaillierte Anleitung für Windows 10 können Sie auch als PDF unter https://backup.patrick-mueller.de herunterladen. In den neueren Versionen von Windows hat sich bislang

---

[3] Ein bootfähiges Laufwerk ist ein Speichermedium (z. B. USB-Stick, CD, DVD), das so konfiguriert ist, dass ein Computer von ihm starten kann, ohne dass ein Betriebssystem auf der Hauptfestplatte des Computers vorinstalliert ist. Es enthält in der Regel ein Betriebssystem oder spezielle Wiederherstellungs- oder Diagnosetools.

mehr die Optik und weniger die Funktionalität verändert, sodass Sie auf diese Anleitung zurückgreifen können. Darin finden Sie eine Anleitung für Konfiguration, Kontrolle, Rücksicherung und den Rückbau, sofern Sie die Konfiguration wieder entfernen wollen. Zudem finden Sie dort eine Anleitung, um mehrere Backup-Medien bei Windows für Desktops und Laptops einzurichten.

7.4.2 Windows Server

Die Bordmittel zur Datensicherung
Windows Server bietet integrierte Werkzeuge, die speziell zur Sicherung und Wiederherstellung von Servern entwickelt wurden.

Windows Server-Sicherung Dies ist ein Tool, das in Windows Server integriert ist und Administrator:innen ermöglicht, vollständige Backups von verschiedenen Aspekten des Servers, einschließlich Serverrollen, Features, konfigurierten Einstellungen und natürlich den Daten, zu erstellen. Mit diesem Tool können Sie im Falle eines Systemausfalls oder Datenverlusts den Server in einen früheren Zustand zurückversetzen.

Wiederherstellungsumgebung Sollte der Server nicht mehr ordnungsgemäß starten, kann diese Umgebung dazu verwendet werden, das System von einem bootfähigen Medium wiederherzustellen.

Besonderheit der Bordmittel
Im Unterschied zu den Desktop-Versionen von Windows unterstützen die Bordmittel der Windows Server mehrere Backup-Medien. Standardmäßig wird jedoch bei der nächsten Sicherung immer das zuletzt verwendete Medium herangezogen. Erst wenn dieses nicht verfügbar ist, wird automatisch auf ein anderes verfügbares Laufwerk gewechselt. Diese standardmäßige Vorgehensweise mag nicht immer ideal sein, insbesondere wenn Sie die Medien rotieren möchten. Es gibt jedoch einen Trick, mit dem Sie die Laufwerke in einem rotierenden Modus abwechselnd verwenden können.

Vorgehen bei der Konfiguration
1. **Datenträger umbenennen:**
   Damit Sie die Datenträger leichter identifizieren können, benennen Sie diese entsprechend um, z. B. „ServerBackup_Drive_1".
2. **Installation der Windows Server-Sicherung:**
   Wenn das Feature noch nicht installiert ist, fügen Sie es über den Server-Manager hinzu.
3. **Konfiguration der Windows-Server-Sicherung:**
   Nach der Installation können Sie festlegen, welche Daten gesichert werden sollen und wohin sie gesichert werden sollen.

4. **Konfiguration für die stündliche Sicherung auf allen Backup-Zielen:**
   Mit etwas Zusatzprogrammierung können Sie erreichen, dass die Backups stündlich und rotierend auf den verschiedenen Laufwerken erfolgen.
5. **Zusatz:**
   Nach der Konfiguration ist es sinnvoll, sofort eine Einzelsicherung zu erstellen, um sicherzustellen, dass alles korrekt eingerichtet ist.

Vorgehen bei der Kontrolle
Die Kontrolle kann im Wesentlichen wie in Abschn. 7.2 durchgeführt werden. Jedoch ist es besonders wichtig, die Zusatzprogrammierung für den Wechsel der Laufwerke zu überprüfen. Diese Überprüfung sollte idealerweise durch die Analyse der Datensicherungsprotokolle der einzelnen Backup-Medien erfolgen, um sicherzustellen, dass die Daten korrekt und vollständig auf den jeweiligen Medien gespeichert werden.

Klick-für-Klick Anleitung
Eine detaillierte Anleitung für Windows Server 2019 können Sie auch als PDF unter https://backup.patrick-mueller.de herunterladen. In den neueren Versionen von Windows Server hat sich bislang mehr die Optik und weniger die Funktionalität verändert, sodass Sie auf diese Anleitung zurückgreifen können. Darin finden Sie eine Anleitung für Konfiguration, Kontrolle, Rücksicherung und den Rückbau, sofern Sie die Konfiguration wieder entfernen wollen. Zudem finden Sie dort eine Anleitung, um den automatischen Wechsel bei mehreren Backup-Medien einzurichten.

7.4.3 macOS als Desktop, Laptop oder Server

Die Bordmittel zur Datensicherung
macOS bietet leistungsstarke integrierte Werkzeuge zur Datensicherung, die sowohl für Desktops, Laptops als auch für Server geeignet sind.

Time Machine Time Machine ist die in macOS integrierte Backup-Lösung. Es erstellt stündliche Backups für die letzten 24 h, tägliche Backups für den letzten Monat und wöchentliche Backups für alle vorherigen Monate, bis der Backup-Datenträger voll ist. Mit Time Machine können Sie durch Ihre gesamte Systemgeschichte navigieren und ältere Versionen von Dateien oder sogar das gesamte System wiederherstellen.

macOS Wiederherstellungssystem Dies ist ein leistungsstarkes Tool in macOS, das Benutzer:innen ermöglicht, ihr Betriebssystem mithilfe eines Time Machine-Backups, eines Installationsdiskimages oder einer vollständigen macOS-Neuinstallation wiederherzustellen.

Besonderheit der Bordmittel
Eine der einzigartigen Eigenschaften von Time Machine ist, dass sie, wenn mehrere Backup-Medien verbunden sind, automatisch das nächste Medium für die Datensicherung auswählt.

Dies bedeutet, dass bei drei Medien und stündlicher Sicherung alle 3 h auf das gleiche Medium gesichert wird. Eine weitere nützliche Funktion von Time Machine ist die Fähigkeit, Backups auf Netzwerk-Medien zu erstellen, was die Einrichtung und Verwaltung von Backups in Netzwerkumgebungen vereinfacht.

Vorgehen bei der Konfiguration

1. **Datenträger umbenennen:**
   Um eine klare Identifizierung zu gewährleisten, sollten Sie Ihre Backup-Medien entsprechend benennen, z. B. „MacBackup_Drive_1".
2. **Einrichtung der Datensicherung:**
   Öffnen Sie die Systemeinstellungen und wählen Sie „Time Machine". Hier können Sie Ihre Backup-Medien auswählen und festlegen, wie oft Backups durchgeführt werden sollen.
3. **Zusatz:**
   Nach der Einrichtung empfiehlt es sich, sofort eine Einzelsicherung zu starten, um sicherzustellen, dass alles korrekt konfiguriert ist.

Prüfschritte und Rücksicherung

Für macOS und Time Machine gibt es bei den Prüfschritten und der Rücksicherung keine besonderen Hinweise oder Abweichungen zu Abschn. 7.2 bzw. Abschn. 7.3. Es ist einfach, ältere Versionen von Dateien oder das gesamte System über die Time Machine-Oberfläche wiederherzustellen. Dabei navigieren Sie durch eine Art „Zeitreise" und können den gewünschten Wiederherstellungspunkt auswählen. Die Konfigurationen und Protokolle sind zudem übersichtlich strukturiert.

Klick-für-Klick Anleitung

Eine detaillierte Anleitung für macOS Catalina und macOS Big Sur können Sie auch als PDF unter https://backup.patrick-mueller.de herunterladen. In den neueren Versionen von macOs Desktops, Laptops und Server hat sich bislang mehr die Optik und weniger die Funktionalität der Time Machine verändert, sodass Sie auf diese Anleitung zurückgreifen können. Darin finden Sie eine Anleitung für Konfiguration, Kontrolle, Rücksicherung und den Rückbau, sofern Sie die Konfiguration wieder entfernen wollen.

7.4.4 Weitere Systeme oder Plattformen

Jedes Betriebssystem und jede Cloud-Plattform hat eigene Werkzeuge und Ansätze, um Daten zu schützen. Mit dem aktuellen Trend zur Cloud-Nutzung ist es umso wichtiger, sich mit den Datensicherungsmöglichkeiten dieser Plattformen vertraut zu machen. Die Bandbreite und Unterschiedlichkeit dieser Werkzeuge kann anfangs verwirrend sein. In den folgenden Abschnitten bieten wir einen kurzen Überblick über die wichtigsten Datensicherungswerkzeuge für gängige Systeme und Plattformen, von Linux über Cloud-Dienste wie AWS, Google Cloud bis hin zu Microsoft Azure.

Die Bordmittel zur Datensicherung für Linux (Allgemein)
Linux bietet eine Vielzahl integrierter Tools zur Datensicherung, die sowohl leistungsstark als auch flexibel sind. Diese Bordmittel ermöglichen die Erstellung von Backups, das Klonen von Datenträgern und die Planung automatisierter Sicherungen. Im Folgenden werden die wichtigsten dieser Werkzeuge kurz erläutert.

Tar und rsync Diese beiden Kommandozeilen-Tools sind in der Linux-Community weit verbreitet. Während tar oft zum Archivieren von Dateien verwendet wird, ist rsync besonders für inkrementelle Backups und die Synchronisation von Verzeichnissen über Netzwerkgrenzen hinweg ideal.

dd Dies ist ein mächtiges, aber auch gefährliches Tool, das in der Lage ist, direkte Kopien von Datenträgern zu erstellen. Es wird oft zum Klonen von Datenträgern oder zur Wiederherstellung von Image-Dateien verwendet.

Cron Mit dem cron-Dienst können Sie automatisierte Aufgaben (wie Backups) zu festgelegten Zeiten planen.

LVM-Snapshots Der Logical Volume Manager (LVM) in Linux hat eine Snapshot-Funktionalität, die es erlaubt, Momentaufnahmen von Volumes zu erstellen. Diese Snapshots können zu einem späteren Zeitpunkt für Wiederherstellungszwecke verwendet werden.

Die Bordmittel zur Datensicherung für Amazon Web Services (AWS)[4]
AWS bietet eine Reihe integrierter Tools zur Datensicherung, die speziell für Cloud-Umgebungen entwickelt wurden. Diese Bordmittel ermöglichen es Nutzern, Daten sicher zu speichern, Backups zu automatisieren und Snapshots von Instanzen zu erstellen. Im Folgenden werden die wichtigsten dieser Werkzeuge kurz erläutert.

Amazon S3 Ein vielseitiger und robuster Speicherdienst, der oft als Backup-Ziel dient, insbesondere für langfristige Archivierungszwecke.

AWS-Backup Ein zentralisierter Backup-Dienst, mit dem Sie Backup-Aufgaben über verschiedene AWS-Ressourcen hinweg automatisieren und verwalten können.

Amazon EC2-Snapshots Mit dieser Funktion können Benutzer:innen Snapshots ihrer EC2-Instanzen erstellen, die dann für Wiederherstellungszwecke oder zum Klonen von Instanzen verwendet werden können.

[4] Amazon Web Services (AWS) ist ein umfangreicher und weit verbreiteter Cloud-Computing-Anbieter von Amazon. AWS bietet eine Vielzahl von Diensten für Computing, Speicherung, Datenbanken, Netzwerk, Analytics und mehr, die Unternehmen bei der Skalierung und Wachstum unterstützen.

Die Bordmittel zur Datensicherung für Google Cloud[5]

Google Cloud bietet eine Reihe integrierter Werkzeuge zur Datensicherung, die speziell für Cloud-Umgebungen entwickelt wurden. Diese Bordmittel ermöglichen es Nutzern, Daten sicher zu speichern, Snapshots zu erstellen und Backups von SQL-Instanzen durchzuführen. Im Folgenden werden die wichtigsten dieser Werkzeuge kurz erläutert.

Google Cloud Storage Ein dauerhafter Speicherdienst, der als sicheres Backup-Ziel für verschiedene Datenarten dient.

Persistent Disk Snapshots Diese Snapshots bieten eine einfache Methode zum Backup und zur Wiederherstellung Ihrer Google Compute Engine-Festplatten.

Google Cloud SQL Backups Mit dieser Funktion können Sie sowohl automatische als auch manuelle Backups Ihrer Cloud SQL-Instanzen durchführen.

Die Bordmittel zur Datensicherung für Microsoft Azure[6]

Microsoft Azure bietet eine Vielzahl integrierter Tools zur Datensicherung, die speziell für Cloud-Umgebungen konzipiert sind. Diese Bordmittel ermöglichen es Nutzern, Daten sicher zu speichern, Backups durchzuführen und Datenmigrationen zu verwalten. Im Folgenden werden die wichtigsten dieser Werkzeuge kurz erläutert.

Azure Blob Storage Dies ist ein Objektspeicherdienst, der sich hervorragend für Backups, Archivierung und andere großvolumige Datenbedürfnisse eignet.

Azure Backup Ein benutzerfreundlicher Dienst, der das Backup von Daten in Azure erleichtert, einschließlich VMs, SQL-Servern und mehr.

Azure Site Recovery Ursprünglich für Disaster-Recovery-Zwecke entwickelt, eignet sich dieser Dienst auch hervorragend zur Datenmigration und -verschiebung innerhalb von Azure.

---

[5] Google Cloud ist ein Paket von Cloud-Computing-Diensten von Google, das Rechenleistung, Datenspeicherung und Machine Learning bereitstellt. Mit diesen Tools können Unternehmen Anwendungen in der Cloud entwickeln, hosten und skalieren.

[6] Microsoft Azure ist die Cloud-Computing-Plattform von Microsoft, die eine Vielzahl von Diensten bietet. Azure ermöglicht das Erstellen, Testen, Bereitstellen und Verwalten von Anwendungen und Diensten in Microsoft-Managed-Rechenzentren weltweit.

8 Arbeitshilfen und Vorlagen

„Scheue dich nicht, selbst die Initiative zu ergreifen und Neues umzusetzen. Erinnere dich: Es waren Amateure, die die Arche bauten, während Profis die Titanic konstruierten."

(von den Autoren, angelehnt an eine populäre Weisheit, die den Wert des eigenständigen Handelns und des Mutes zur Eigeninitiative hervorhebt)

Zusammenfassung

Das vorherige Kap. 4 ist tief in die organisatorischen und technischen Aspekte der IT-Sicherheit eingetaucht und hat Ihnen einen detaillierten Überblick über verschiedene Schutzmaßnahmen gegeben. Dort wurde betont, wie essenziell IT-Sicherheit ist. Abschn. 5.9 stellte einen detaillierten Leitfaden zur Erstellung einer Datensicherungsstrategie vor. Dieses Kapitel gibt Ihnen Arbeitshilfen und Vorlagen zu den behandelten Themen an die Hand.

In diesem Kapitel bieten wir Ihnen exemplarische Arbeitshilfen und Vorlagen. Diese Beispiele dienen dabei nicht nur als Veranschaulichungen, sondern können auch als Vorlage für Ihre Erstellung der eigenen Checklisten und Richtlinien herangezogen werden. Diese exemplarischen Orientierungshilfen können Sie zudem als PDF unter https://backup.patrick-mueller.de herunterladen.

P. Müller et al., *Datensicherung als Teil der IT- und Cybersecurity*,
https://doi.org/10.1007/978-3-658-43701-5_8

Zunächst möchten wir Ihnen einen Überblick geben, welche Arbeitshilfen und Vorlagen in den nächsten Abschnitten folgen und Ihnen zudem eine Referenz zu den vorherigen Abschnitten mit weiteren Erläuterungen geben:

- Orientierungshilfe Erstellung Datensicherungsstrategie (siehe Abschn. 8.1; zum Nachlesen: Abschn. 5.9)
- Orientierungshilfe Aufbau IT-Sicherheitsrichtlinie (siehe Abschn. 8.2; zum Nachlesen: Abschn. 4.1.1)
- Orientierungshilfe Aufbau Business Continuity und IT-Notfallmanagement.pdf (siehe Abschn. 8.3; zum Nachlesen: Abschn. 4.1.2)
- Orientierungshilfe Aufbau User Lifecycle Management (ULM) (siehe Abschn. 8.4; zum Nachlesen: Abschn. 4.1.3)
- Orientierungshilfe Aufbau Network Security (siehe Abschn. 8.5; zum Nachlesen: Abschn. 4.2.1)
- Orientierungshilfe Aufbau Endpoint Security (siehe Abschn. 8.6; zum Nachlesen: Abschn. 4.2.2
- Orientierungshilfe Aufbau Update- und Patchmanagement (siehe Abschn. 8.7; zum Nachlesen: Abschn. 4.2.3)
- Orientierungshilfe Aufbau Sicherheitsrichtlinie für Auslandsreisen (siehe Abschn. 8.8; zum Nachlesen: Abschn. 4.3)
- Orientierungshilfe Einführung konkreter Schutzmaßnahmen (siehe Abschn. 8.9; zum Nachlesen: Abschn. 4.4)

8.1 Orientierungshilfe Erstellung Datensicherungsstrategie

Orientierungshilfe Erstellung Datensicherungsstrategie – Seite 1 von 3

Orientierungshilfe zur Erstellung der Datensicherungsstrategie (Seite 1 von 3)

ausgefüllt am ______________________________

ausgefüllt von ______________________________

ausgefüllt mit ______________________________

nächste Überprüfung am ______________________

Erinnerung dazu im Kalender erstellt? O Ja / O Nein

Datensicherungsstrategie - Bestandsaufnahme

A.) Welche Hardware und Systeme sind im Einsatz?		Berücksichtigt bei Frage F oder I? (Buchstabe + Nr. eintragen)
1.		
2.		
3.		
4.		
5.		
6.		
7.		
8.		
9.		
10.		
11.		
12.		
13.		
14.		
15.		
16.		
17.		
18.		
19.		
20.		

B.) Wo werden die Daten abgespeichert? Wie erfolgt der Datenaustausch mit Kunden und Lieferanten oder sonstigen Partnern?		Berücksichtigt bei Frage F oder I? (Buchstabe + Nr. eintragen)
1.		
2.		
3.		
4.		
5.		
6.		
7.		
8.		
9.		
10.		
11.		
12.		
13.		
14.		
15.		
16.		
17.		
18.		
19.		
20.		

C.) Auf welchen Systemen oder Plattformen sind Ihre Kunden oder Lieferanten aktiv und produzieren Informationen und Inhalte?		Berücksichtigt bei Frage F oder I? (Buchstabe + Nr. eintragen)
1.		
2.		
3.		
4.		
5.		
6.		
7.		
8.		
9.		
10.		
11.		
12.		
13.		
14.		
15.		
16.		
17.		
18.		
19.		
20.		

Orientierungshilfe Erstellung Datensicherungsstrategie – Seite 2 von 3

Orientierungshilfe zur Erstellung der Datensicherungsstrategie (Seite 2 von 3)

Datensicherungsstrategie - Bestandsaufnahme

D.) Welche Informations- oder Dokumenttypen sind im Einsatz und welche Softwarekomponenten? Sind die Speicherorte dazu oben aufgeführt?	
1.	
2.	
3.	
4.	
5.	
6.	
7.	
8.	
9.	
10.	
11.	
12.	
13.	
14.	
15.	

E.) Welche externen Speicher gibt es? Was wird dort gespeichert?		Berücksichtigt bei Frage F oder I? (Buchstabe + Nr. eintragen)
1.		
2.		
3.		
4.		
5.		
6.		
7.		
8.		
9.		
10.		
11.		
12.		
13.		
14.		
15.		

Datensicherungsstrategie - Häufigkeitsbestimmung

F.) Welche Systeme und Speicherorte müssen gesichert werden? (Gehen Sie hierzu die Fragen A, B, C & E durch)		G.) In welchen Abständen muss gesichert werden? (1.) Anlassunabhängige Sicherungen nach fixen Zeitintervallen: stündlich/ (halb-) täglich/ wöchentlich/ monatlich. (2.) Anlassabhängige Sicherungen erfolgen nach wesentlichen Änderungen.	H.) Wie hat die Backup-Software (BS) Zugriff darauf? (1.) Ist Teil vom System der BS. (2.) BS hat Datenzugriff. (3.) Automat. Synchronisation zum Server der BS vorhanden. (4.) Manuelle Kopie auf Server der BS.
1.			
2.			
3.			
4.			
5.			
6.			
7.			
8.			
9.			
10.			
11.			
12.			
13.			
14.			
15.			

I.) Welche Systemen und Speicherorte müssen aus welchem Grund nicht gesichert werden? (Gehen Sie hierzu die Fragen A, B, C & E durch)	
1.	
2.	
3.	
4.	
5.	
6.	
7.	
8.	
9.	
10.	

Orientierungshilfe Erstellung Datensicherungsstrategie – Seite 3 von 3

Orientierungshilfe zur Erstellung der Datensicherungsstrategie (Seite 3 von 3)
Datensicherungsstrategie - Durchführung
J.) Welches Speichermedium ist am besten geeignet? Wie viele Sicherungsmedien soll es geben? Sollen Wechselmedien zum Einsatz kommen?
K.) Welche Datensicherungsvariante soll angewandt werden?
L.) Welches Programm ist für die Sicherung zu verwenden? Möchten Sie eine spezielle Software kaufen oder die vom Betriebssystem bereitgestellten Funktionen nutzen?
M.) Wann – an welchem Tag und zu welcher Uhrzeit – hat die Datensicherung zu erfolgen? Vgl. Sie die Antworten der Frage G und achten Sie dabei auf Verfügbarkeit sowie Performance.
N.) Wer ist für die Datensicherung verantwortlich? Ist eine Vertretungsregelung notwendig?
Datensicherungsstrategie - Nach der Durchführung
O.) Wo werden die Festplatten mit den Datensicherungen gelagert?
P.) Wie sind diese Datensicherungen bzw. Festplatten vor Datendiebstahl zu schützen?
Q.) Wie lange sind Datensicherungen aufzubewahren?
R.) Wann und wie müssen Datensicherungen auf ihre Wiederherstellbarkeit überprüft werden? Sind im Kalender entsprechende Erinnerungen dazu erstellt?
S.) Wie ist das Vorgehen bei einer Wiederherstellung von Daten? Wer kann und darf das?
T.) Wann und wie oft müssen die Backup-Medien 2 und 3 getauscht werden? Sind im Kalender entsprechende Erinnerungen dazu erstellt?

8.2 Orientierungshilfe Aufbau IT-Sicherheitsrichtlinie

Orientierungshilfe Aufbau IT-Sicherheitsrichtlinie – Seite 1 von 2

Orientierungshilfe Aufbau IT-Sicherheitsrichtlinie (Seite 1 von 2)
ausgefüllt am ______________________ ausgefüllt von ______________________ ausgefüllt mit ______________________ nächste Überprüfung am ______________ Erinnerung dazu im Kalender erstellt? O Ja / O Nein
Wesentliche Fragen und Inhalte zum Aufbau einer IT-Sicherheitsrichtlinie
Was ist das Ziel der IT-Sicherheitsrichtlinie?
Welche IT-Sicherheitsrollen müssen festgelegt werden?
Wer sind die Verantwortlichen?
Welche Zuständigkeits- bzw. Tätigkeitsbereiche sollen den verschiedenen Rollen zugeordnet werden?
Welche IT-Verfahren und Prozesse sind im Unternehmen vorhanden?
Welche schützenswerten Informationen und Systeme sind mit diesen verbunden?
Sind diese dokumentiert, um eine effektive Überwachung der IT-Sicherheit zu ermöglichen?
Wie kritisch sind die jeweiligen IT-Verfahren und Prozesse für die IT-Sicherheit? Welche Auswirkungen hätte ein Ausfall auf den Geschäftsablauf?
Welche potenziellen Schwachstellen (Risiken) und Bedrohungen gibt es in den IT-Verfahren und Prozessen?

Orientierungshilfe Aufbau IT-Sicherheitsrichtlinie – Seite 2 von 2

Orientierungshilfe Aufbau IT-Sicherheitsrichtlinie (Seite 2 von 2)
ausgefüllt am ______________________ ausgefüllt von ______________________ ausgefüllt mit ______________________ nächste Überprüfung am ______________ Erinnerung dazu im Kalender erstellt? O Ja / O Nein
Wesentliche Fragen und Inhalte zum Aufbau einer IT-Sicherheitsrichtlinie
Wie hoch ist die Wahrscheinlichkeit des Eintritts der Risiken und welche Auswirkungen würden sie haben?
Wie soll mit den Risiken umgegangen werden?
Welche gesetzlichen und regulatorischen Sicherheitsanforderungen müssen eingehalten werden?
Welche IT-Sicherheitsmaßahmen sind nötig, um den Anforderungen zu entsprechen und einen angemessenen Schutz zu bieten?
Wie werden die Maßnahmen im Unternehmen umgesetzt?
Wie wird die Wirksamkeit der IT-Sicherheitsmaßnahmen überprüft?
Sind alle unternehmensspezifischen Sicherheitsmaßnahmen dokumentiert, umgesetzt und unterliegen einer kontinuierlichen Überprüfung und Verbesserung?
Weitere (ggf. unternehmensspezifische) Fragen

8.3 Orientierungshilfe Aufbau Business Continuity und IT-Notfallmanagement

Orientierungshilfe Aufbau Business Continuity und IT-Notfallmanagement – Seite 1 von 2

Orientierungshilfe Aufbau Business Continuity und IT-Notfallmanagement (Seite 1 von 2)
ausgefüllt am ______________________ ausgefüllt von ______________________ ausgefüllt mit ______________________ nächste Überprüfung am ______________ Erinnerung dazu im Kalender erstellt? O Ja / O Nein
Wesentliche Fragen und Inhalte zum Aufbau eines Business Continuity und IT-Notfallmanagements
Was ist das Ziel des Business Continuity und IT-Notfallmanagements?
Welche Rollen müssen festgelegt werden?
Wer sind die Verantwortlichen?
Welche Ressourcen stehen dem Unternehmen für die Einführung des Business Continuity und IT-Notfallmanagements zur Verfügung (Budget, Personal, etc.)?
Welche Zuständigkeits- bzw. Tätigkeitsbereiche sollen den verschiedenen Rollen zugeordnet werden?
Welche Kommunikationswege bzw. Anlaufstellen gibt es im Falle eines Notfalls?
Welche (kritischen) Geschäftsprozesse sind im Unternehmen vorhanden?
Welche Prozesse sind voneinander abhängig?
Welche Auswirkungen hätte ein Ausfall der Prozesse auf den Geschäftsablauf?

Orientierungshilfe Aufbau Business Continuity und IT-Notfallmanagement – Seite 2 von 2

Orientierungshilfe Aufbau Business Continuity und IT-Notfallmanagement (Seite 2 von 2)
ausgefüllt am ______________________________ ausgefüllt von ______________________________ ausgefüllt mit ______________________________ nächste Überprüfung am ____________________ Erinnerung dazu im Kalender erstellt? O Ja / O Nein
Wesentliche Fragen und Inhalte zum Aufbau eines Business Continuity und IT-Notfallmanagements
Welche Risiken und Bedrohungen bestehen für die Geschäftsprozesse?
Wie hoch ist die Wahrscheinlichkeit des Eintritts der Risiken? Welche Auswirkungen würden sie auf die Kontinuität des Geschäftsbetriebs bzw. der IT haben?
Wie soll mit den Risiken umgegangen werden?
Welche Anforderungen an ein Business Continuity und IT-Notfallmanagement bestehen für das Unternehmen, die sich aus gesetzlichen, vertraglichen oder unternehmenseigenen Umständen ergeben?
Welche Maßnahmen sind nötig, um den Anforderungen zu entsprechen und wie können diese im Unternehmen umgesetzt werden?
Wie können IT-Systeme nach einem Ausfall wieder hergestellt werden, um Geschäftskontinuität zu gewährleisten?
Werden Wiederherstellungs- und Notfallpläne regelmäßig getestet?
Sind alle Maßnahmen des Business Continuity und IT-Notfallmanagements dokumentiert, umgesetzt und unterliegen einer kontinuierlichen Überprüfung und Verbesserung?
Weitere (ggf. unternehmensspezifische) Fragen

8.4 Orientierungshilfe Aufbau User Lifecycle Management

Orientierungshilfe Aufbau User Lifecycle Management – Seite 1 von 2

Orientierungshilfe Aufbau User Lifecycle Management (Seite 1 von 2)
ausgefüllt am _________________________ ausgefüllt von _________________________ ausgefüllt mit _________________________ nächste Überprüfung am __________________ Erinnerung dazu im Kalender erstellt? O Ja / O Nein
Wesentliche Fragen und Inhalte zum Aufbau eines User Lifecycle Managements (ULM)
Was ist das Ziel des ULMs?
Welche Rollen müssen festgelegt werden?
Wer ist verantwortlich für das ULM?
Wer ist verantwortlich für die Vergabe von Zugriffsrechten?
Welche Ressourcen sind im Unternehmen vorhanden?
Welche Risiken und Bedrohungen bestehen für die Unternehmensressourcen?
Welche Unternehmensressourcen bzw. Daten müssen aufgrund von vertraglichen oder gesetzlichen Verpflichtungen besonders geschützt werden?
Wie sollen Zugriffe auf Unternehmensressourcen eingeschränkt werden?
Wie werden Benutzergruppen festgelegt (bspw. abteilungsübergreifend)?

Orientierungshilfe Aufbau User Lifecycle Management – Seite 2 von 2

Orientierungshilfe Aufbau User Lifecycle Management (Seite 2 von 2)
ausgefüllt am ______________________ ausgefüllt von ______________________ ausgefüllt mit ______________________ nächste Überprüfung am ______________ Erinnerung dazu im Kalender erstellt? O Ja / O Nein
Wesentliche Fragen und Inhalte zum Aufbau eines User Lifecycle Managements (ULM)
Welche Verfahren werden verwendet, um Zugriffsrechte zu vergeben?
Welche Benutzer:innen/ Benutzergruppen benötigen welche Informationen für die Ausübung ihrer Tätigkeiten (Need-to-Know-Prinzip)?
Welche systemseitigen Zugriffsrechte werden zu diesem Zweck benötigt (Least-Privilege-Prinzip)?
Wie werden Benutzeridentitäten authentifiziert?
Werden Zugriffsrechte überwacht und regelmäßig aktualisiert (bspw. in Folge eines internen Abteilungswechsels)?
Wie erfolgt die Löschung nicht benötigter Benutzerkonten (bspw. bei Austritt oder Gastkonten)?
Wird sichergestellt, dass Zugriffsrechte ausgeschiedener Mitarbeitender deaktiviert sind?
Sind alle Vorgänge des ULMs (Erstellung, Zuordnung, Löschung von Benutzerkonten & Zugriffsrechten) und damit verbundene unternehmensspezifische Sicherheitsmaßnahmen dokumentiert und umgesetzt? Unterliegen sie einer kontinuierlichen Überprüfung und Verbesserung?
Weitere (ggf. unternehmensspezifische) Fragen

8.5 Orientierungshilfe Aufbau Network Security

Orientierungshilfe Aufbau Network Security – Seite 1 von 2

Orientierungshilfe Aufbau Network Security (Seite 1 von 2)
ausgefüllt am ______________________ ausgefüllt von ______________________ ausgefüllt mit ______________________ nächste Überprüfung am ______________ Erinnerung dazu im Kalender erstellt? O Ja / O Nein
Wesentliche Fragen und Inhalte zum Aufbau von Network Security
Was ist das Ziel der Network Security?
Welche Rollen müssen festgelegt werden?
Wer ist verantwortlich für den Aufbau einer sicheren Netzwerkstruktur?
Welche Netzwerkgeräte sind im Unternehmen vorhanden (gibt es ein Inventar)?
Wie sind diese miteinander verbunden und wie ist das Netzwerk aufgebaut (gibt es einen Netzwerkplan)?
Welche Geräte müssen regelmäßig eine Verbindung mit dem Netzwerk aufbauen?
Welche Risiken und Bedrohungen bestehen für die Sicherheit der Netzwerke?
Welche Geräte und Daten innerhalb des Netzwerks sind besonders schützenswert?
Welche (kritischen) Geschäftsprozesse sind abhängig vom Erhalt des Netzwerks?

Orientierungshilfe Aufbau Network Security – Seite 2 von 2

Orientierungshilfe Aufbau Network Security (Seite 2 von 2)
ausgefüllt am ______________________
ausgefüllt von ______________________
ausgefüllt mit ______________________
nächste Überprüfung am ______________
Erinnerung dazu im Kalender erstellt? O Ja / O Nein
Wesentliche Fragen und Inhalte zum Aufbau von Network Security
Wie sind Netzwerkgeräte konfiguriert und gesichert (VPN, Firewall, etc.)?
Welche Zugriffskontrollen werden eingesetzt?
Welche Verschlüsselungsmaßnahmen werden eingesetzt?
Ist eine geeignete Netzwerksegmentierung eingeführt?
Werden Netzwerkaktivitäten überwacht, sodass Angriffe und Anomalien frühzeitig erkannt werden?
Welche Verfahren werden angewandt, um schnell und effizient auf Angriffe und Bedrohungen reagieren zu können?
Gibt es Backup- und Wiederherstellungspläne im Falle eines Ausfalls der Netzwerke?
Sind alle unternehmensspezifischen Sicherheitsmaßnahmen zur Gewährleistung der Netzwerksicherheit dokumentiert, umgesetzt und unterliegen einer kontinuierlichen Überprüfung und Verbesserung?
Weitere (ggf. unternehmensspezifische) Fragen

8.6 Orientierungshilfe Aufbau Endpoint Security

Orientierungshilfe Aufbau Endpoint Security – Seite 1 von 2

Orientierungshilfe Aufbau Endpoint Security (Seite 1 von 2)
ausgefüllt am ______________________________ ausgefüllt von ______________________________ ausgefüllt mit ______________________________ nächste Überprüfung am ____________________ Erinnerung dazu im Kalender erstellt? O Ja / O Nein
Wesentliche Fragen und Inhalte zum Aufbau von Endpoint Security
Was ist das Ziel der Endpoint Security?
Welche Rollen müssen festgelegt werden?
Wer ist für die Endgerätesicherheit und -verwaltung verantwortlich?
Welche Endgeräte sind im Unternehmen vorhanden (gibt es ein Inventar)?
Welche Betriebssysteme und Softwareversionen sind auf den jeweiligen Geräten vorhanden?
Welche Risiken und Bedrohungen bestehen für die Sicherheit der Endgeräte?
Welche Endgeräte sind besonders schützenswert?
Wie wird der Schutz vor unautorisiertem Zugriff sichergestellt (Verschlüsselung, Passwortvorgaben, Authentifizierung, etc.)?
Wie wird der Schutz vor Schadprogrammen sichergestellt (Virenschutzprogramme, etc.)?
Wer sind die Anwender:innen?
Wie können die Anwender:innen auf die Endgeräte zugreifen (Authentifizierungsmaßnahmen)?

Orientierungshilfe Aufbau Endpoint Security – Seite 2 von 2

Orientierungshilfe Aufbau Endpoint Security (Seite 2 von 2)
ausgefüllt am ____________________ ausgefüllt von ____________________ ausgefüllt mit ____________________ nächste Überprüfung am ______________ Erinnerung dazu im Kalender erstellt? O Ja / O Nein
Wesentliche Fragen und Inhalte zum Aufbau von Endpoint Security
Wissen die Anwender:innen, wie Endgeräte geschützt werden müssen bzw. sind sie ausreichend sensibilisiert?
Bringen die Anwender:innen weitere (private) Endgeräte mit in das Unternehmensnetzwerk?
Dürfen Anwender:innen private Endgeräte für geschäftliche Zwecke nutzen?
Werden Endgeräte angemessen konfiguriert, um potenzielle Risiken zu minimieren?
Sind geeignete Vorgaben bzw. Sicherheitsmaßnahmen zur Cloud-Dienst-Nutzung festgelegt?
Werden Endgeräte zentral von der IT gesteuert (Konfiguration, Fernlöschung, etc.)?
Werden sowohl Hard- und Software regelmäßig aktualisiert (siehe Update- und Patchmanagement)?
Wie werden potenzielle Bedrohungen auf den Endgeräten überwacht?
Sind alle unternehmensspezifischen Sicherheitsmaßnahmen zur Gewährleistung der Endgerätsicherheit dokumentiert, umgesetzt und unterliegen einer kontinuierlichen Überprüfung und Verbesserung?
Weitere (ggf. unternehmensspezifische) Fragen

8.7 Orientierungshilfe Aufbau Update- und Patchmanagement

Orientierungshilfe Aufbau Update- und Patchmanagement – Seite 1 von 2

Orientierungshilfe Aufbau Update- und Patchmanagement (Seite 1 von 2)
ausgefüllt am ____________________ ausgefüllt von ____________________ ausgefüllt mit ____________________ nächste Überprüfung am ________________ Erinnerung dazu im Kalender erstellt? O Ja / O Nein
Wesentliche Fragen und Inhalte zum Aufbau eines Update- und Patchmanagements
Was ist das Ziel des Update- und Patchmanagements?
Welche Rollen müssen festgelegt werden?
Wer ist verantwortlich für das Update- und Patchmanagement?
Wer genehmigt vorzunehmende Updates und Patches?
Welche Betriebssysteme, Anwendungen und Softwareversionen sind im Unternehmen vorhanden (gibt es ein Inventar)?
Welche Risiken und Bedrohungen bestehen für die Systeme und Anwendungen?
Werden kritische Betriebssysteme und Anwendungen eingesetzt, die priorisiert behandelt werden müssen?
Wie werden automatische Update-Mechanismen eingesetzter Betriebssysteme und Anwendungen konfiguriert?
Wie wird geprüft, ob manuelle Updates und Patches notwendig sind, um bestehende Fehlerquellen oder Sicherheitslücken zu schließen?

Orientierungshilfe Aufbau Update- und Patchmanagement – Seite 2 von 2

Orientierungshilfe Aufbau Update- und Patchmanagement (Seite 2 von 2)
ausgefüllt am ______________________________ ausgefüllt von ______________________________ ausgefüllt mit ______________________________ nächste Überprüfung am ____________________ Erinnerung dazu im Kalender erstellt? O Ja / O Nein
Wesentliche Fragen und Inhalte zum Aufbau eines Update- und Patchmanagements
Wie erfolgt die Priorisierung von Updates und Patches (Bugfix, Hotfix, etc.)?
Wie wird die zeitnahe Umsetzung von Updates und Patches sichergestellt?
Wie wird die Wirksamkeit von Updates und Patches getestet, sowohl vor und nach Umsetzung?
Gibt es im Fall von fehlerhaften Updates und Patches einen Rollback-Plan?
Sind alle unternehmensspezifischen Sicherheitsmaßnahmen zum Update- und Patchmanagement dokumentiert, umgesetzt und unterliegen einer kontinuierlichen Überprüfung und Verbesserung?
Weitere (ggf. unternehmensspezifische) Fragen

8.8 Orientierungshilfe Aufbau Sicherheitsrichtlinie für Auslandsreisen

Orientierungshilfe Aufbau Sicherheitsrichtlinie für Auslandsreisen – Seite 1 von 2

Orientierungshilfe Aufbau Sicherheitsrichtlinie für Auslandsreisen (Seite 1 von 2)
ausgefüllt am ______________________________ ausgefüllt von ______________________________ ausgefüllt mit ______________________________ nächste Überprüfung am ____________________ Erinnerung dazu im Kalender erstellt? O Ja / O Nein
Wesentliche Fragen und Inhalte zum Aufbau einer Sicherheitsrichtlinie für Auslandsreisen
Was ist das Ziel der Sicherheitsrichtlinie für Auslandsreisen?
Welche Rollen müssen festgelegt werden?
Wer ist verantwortlich für die Festlegung der Sicherheitsmaßnahmen auf Reisen?
Welche Risiken und Bedrohungen bestehen bei Auslandsreisen?
Wie werden Risikoländer bestimmt und bewertet?
Sind gesetzliche und regulatorische Bestimmungen der jeweiligen Zielländer bekannt und wird geprüft, ob diese den unternehmenseigenen (nationalen) Anforderungen entsprechen?
Welche Datenträger bzw. Daten dürfen von Mitarbeitenden auf Reisen mitgeführt werden?
Gibt es sensible bzw. besonders schützenswerte Daten, dessen Mitnahme ein besonderes Risiko darstellt oder verboten sein sollte?

Orientierungshilfe Aufbau Sicherheitsrichtlinie für Auslandsreisen – Seite 2 von 2

Orientierungshilfe Aufbau Sicherheitsrichtlinie für Auslandsreisen (Seite 2 von 2)
ausgefüllt am ______________________________ ausgefüllt von ______________________________ ausgefüllt mit ______________________________ nächste Überprüfung am ____________________ Erinnerung dazu im Kalender erstellt? O Ja / O Nein
Wesentliche Fragen und Inhalte zum Aufbau einer Sicherheitsrichtlinie für Auslandsreisen
Wie müssen Datenträger bzw. Daten verschlüsselt sein, um einen Zugriff Dritter zu vermeiden?
Welche Sicherheitsmaßnahmen müssen eingehalten werden, um einen Verlust der Daten zu vermeiden?
Wie werden Mitarbeitende über die jeweiligen Risiken und Sicherheitsmaßnahmen sensibilisiert und informiert?
Wie wird sichergestellt, dass die Sicherheitsmaßnahmen auf Reisen eingehalten werden?
Wird sichergestellt, dass vor, nach und während Reisen regelmäßige Backups der Daten erstellt werden?
Welche Maßnahmen werden im Fall eines Datenverlusts ergriffen?
Sind alle unternehmensspezifischen Vorgaben und Sicherheitsmaßnahmen zu Auslandsreisen dokumentiert, umgesetzt und unterliegen einer kontinuierlichen Überprüfung und Verbesserung?
Weitere (ggf. unternehmensspezifische) Fragen

8.9 Orientierungshilfe Einführung konkreter Schutzmaßnahmen

Orientierungshilfe Einführung konkreter Schutzmaßnahmen – Seite 1 von 3

Orientierungshilfe Einführung konkreter Schutzmaßnahmen (Seite 1 von 3)
ausgefüllt am ______________________ ausgefüllt von ______________________ ausgefüllt mit ______________________ nächste Überprüfung am ________________ Erinnerung dazu im Kalender erstellt? O Ja / O Nein
Beispielhafte Fragen zur Einführung **präventiver** Schutzmaßnahmen
Wie sollen Mitarbeitende gegenüber Bedrohungen sensibilisiert werden? Sollen regelmäßig Schulungen gemacht werden? Wollen Sie Flyer, Webinare oder Newsletter zu bestimmten Themen erstellen?
Wie sollen Informationen verschlüsselt werden?
Wie kritisch sind die Informationen und welches Verschlüsselungsniveau ist notwendig? Was kann mit den gegebenen IT-Systemen umgesetzt werden?
Wie sollen die Systeme auf Schwachstellen getestet werden?
Wie kann sichergestellt werden, dass alle Anforderungen zu Sicherheitaudits erfüllt sind? Auf welcher Grundlage möchten Sie aufbauen (ISO/IEC 27001, IT-Grundschutz, etc.)?
Umfasst das Backup Management alle nötigen Aspekte, um einen ausreichenden Schutz zu gewährleisten?
Weitere (ggf. unternehmensspezifische) Fragen

Orientierungshilfe Einführung konkreter Schutzmaßnahmen – Seite 2 von 3

Orientierungshilfe Einführung konkreter Schutzmaßnahmen (Seite 2 von 3)
ausgefüllt am ____________________ ausgefüllt von ____________________ ausgefüllt mit ____________________ nächste Überprüfung am ______________ Erinnerung dazu im Kalender erstellt? O Ja / O Nein
Beispielhafte Fragen zur Einführung **detektierender** Schutzmaßnahmen
Sollen Trainings und Praxisübungen („Tabletop Exercises") eingeführt werden, um die Reaktionsfähigkeit des Unternehmens zu stärken?
Welche IDS- bzw. IPS-Systeme (netzwerkbasiert oder hostbasiert) sind für das Unternehmen von Vorteil?
Sollen diese mit einem SIEM-System gekoppelt werden?
Welche Logfiles sind im Unternehmen vorhanden und müssen gesichert werden?
Wie soll die Logfile-Analyse gestaltet werden?
Wie müssen die Monitoring-Systeme konfiguriert werden?
Werden Datenbanken regelmäßig aktualisiert?
Weitere (ggf. unternehmensspezifische) Fragen

Orientierungshilfe Einführung konkreter Schutzmaßnahmen – Seite 3 von 3

Orientierungshilfe Einführung konkreter Schutzmaßnahmen (Seite 3 von 3)
ausgefüllt am ______________________________ ausgefüllt von ______________________________ ausgefüllt mit ______________________________ nächste Überprüfung am ______________________ Erinnerung dazu im Kalender erstellt? O Ja / O Nein
Beispielhafte Fragen zur Einführung **reaktiver** Schutzmaßnahmen
Wie soll das Incident-Response-Team aussehen? Soll es ein internes oder externes Team sein?
Was muss alles im Incident-Response-Plan festgelegt sein? Wie sollen Beweise gesichert und untersucht werden?
Welche gesetzlichen Anforderungen bestehen an das Unternehmen zur Meldung eines Vorfalls sowie zum Umgang?
Wie soll die konkrete Vorgehensweise zur Eindämmung eines Sicherheitsvorfalls aussehen?
Ist ein effektives Kommunikationsprotokoll erstellt, um im Falle eines Sicherheitsvorfalls schnell reagieren zu können? Wer muss informiert werden?
Welche Tests sollen durchgeführt werden, um Systeme und Prozesse nach einem Vorfall zu prüfen?
Weitere (ggf. unternehmensspezifische) Fragen

Literatur- und Quellenverzeichnis

Abrams, Lawrence (2020): New CoronaVirus Ransomware Acts as Cover for Kpot Infostealer; https://www.bleepingcomputer.com/news/security/new-coronavirus-ransomware-acts-as-cover-for-kpot-infostealer; abgerufen am 15. Oktober 2024

BBC (2017): Ransomware cyber-attack threat escalating – Europol; https://www.bbc.com/news/technology-39913630; abgerufen am 15. Oktober 2024

Bisson, David (2020): Attack Campaign Leveraged Coronavirus Theme to Deliver Remcos RAT; https://www.tripwire.com/state-of-security/security-data-protection/attack-campaign-leveraged-coronavirus-theme-to-deliver-remcos-rat; abgerufen am 15. Oktober 2024

Böhm, Markus (2019): Computerattacke auf Norsk Hydro – Angreifer legten Alu-Konzern mit Erpressersoftware lahm; https://www.spiegel.de/netzwelt/netzpolitik/norsk-hydro-hackerangriff-war-eine-lockergoga-ransomware-attacke-a-1258627.html; abgerufen am 15. Oktober 2024

Bundesamt für Sicherheit in der Informationstechnik, BSI (2021): Kritische Schwachstellen in Exchange-Servern; https://www.bsi.bund.de/DE/Themen/Unternehmen-und-Organisationen/Informationen-und-Empfehlungen/Empfehlungen-nach-Angriffszielen/Server/Microsoft-Exchange_Schwachstelle/schwachstelle_exchange_server_node.html; abgerufen am 15. Oktober 2024

Bundesamt für Sicherheit in der Informationstechnik, BSI (2022): Hinweise zur IT-Sicherheitsrichtlinie nach § 75b SGB V; https://www.bsi.bund.de/SharedDocs/Downloads/DE/BSI/Publikationen/Broschueren/Hinweise_IT-Sicherheitsrichlinie-SGB.pdf; abgerufen am 15. Oktober 2024

Bundesamt für Sicherheit in der Informationstechnik, BSI (2023): Die Lage der IT-Sicherheit in Deutschland 2023; https://www.bsi.bund.de/SharedDocs/Downloads/DE/BSI/Publikationen/Lageberichte/Lagebericht2023.pdf; abgerufen am 15. Oktober 2024

Check Point Software Technologies (2021): Cyber Security Report 2021; https://resources.checkpoint.com/cyber-security-resources/cyber-security-report-2021; abgerufen am 15. Oktober 2024

dm-drogerie markt (2023): Künstliche Intelligenz bei dm: Start von dmGPT als unternehmenseigener KI-Chatbot für Mitarbeiterinnen und Mitarbeiter im dialogicum; https://newsroom.dm.de/news/kuenstliche-intelligenz-bei-dm-start-von-dmgpt-als-unternehmenseigener-ki-chatbot-fuer-mitarbeiterinnen-und-mitarbeiter-im-dialogicum-470764; abgerufen am 15. Oktober 2024

Eswar (2023): Cloud Hosting Provider Lost all Customer Data Following Ransomware Attack; https://gbhackers.com/cloud-hosting-provider-lost-data; abgerufen am 15. Oktober 2024

Holland, Martin (2019): TikTok: Gericht erlaubt Rückkehr in App-Stores in Indien; https://www.heise.de/newsticker/meldung/TikTok-Gericht-erlaubt-Rueckkehr-in-App-Stores-in-Indien-4407116.html; abgerufen am 15. Oktober 2024

P. Müller et al., *Datensicherung als Teil der IT- und Cybersecurity*,
https://doi.org/10.1007/978-3-658-43701-5

Holland, Martin; Kannenberg, Axel (2017): WannaCry – Angriff mit Ransomware legt weltweit Zehntausende Rechner lahm; https://www.heise.de/newsticker/meldung/WannaCry-Angriff-mit-Ransomware-legt-weltweit-Zehntausende-Rechner-lahm-3713235.html; abgerufen am 15. Oktober 2024

IBM (2020): Cost of a Data Breach Report 2020; https://www.ibm.com/security/digital-assets/cost-data-breach-report/1Cost%20of%20a%20Data%20Breach%20Report%202020.pdf; abgerufen am 15. Oktober 2024

International Organization for Standardization, ISO (2020): ISO/IEC 27000 family – Information security management; https://www.iso.org/standard/iso-iec-27000-family; abgerufen am 15. Oktober 2024

Kerkmann, Christof (2019): Cyberangriff auf Norsk Hydro treibt den Aluminiumpreis; https://www.handelsblatt.com/unternehmen/industrie/aluminiumkonzern-cyberangriff-auf-norsk-hydro-treibt-den-aluminiumpreis-/24119924.html; abgerufen am 15. Oktober 2024

Maak, Niklas (2021): Rechenzentrum im Flammen – Am Rhein brennt Europas Datenschatz; https://www.faz.net/aktuell/feuilleton/medien/groesstes-rechenzentrum-europas-brennt-komplett-nieder-17241629.html; abgerufen am 15. Oktober 2024

Müller, Patrick (2021): Wenn die Cloud anfängt zu brennen; https://mr01analytics.de/blog-de/wenn-die-cloud-brennt; abgerufen am 15. Oktober 2024

National Institute of Standards and Technology, NIST (2018): Cybersecurity Framework V1.1; https://www.nist.gov/cyberframework/framework; abgerufen am 15. Oktober 2024

Norsk Hydro (2019): Hydro subject to cyber-attack; https://www.facebook.com/story.php?story_fbid=2215043288517996&id=106673529354993; abgerufen am 15. Oktober 2024

Paganini, Pierluigi (2020): New Coronavirus-themed malware campaign delivers formbook malware; https://securityaffairs.co/wordpress/99156/cyber-crime/coronavirus-spam-campaign.html; abgerufen am 15. Oktober 2024

Reuters (2019): Aluminium-Riese Norsk Hydro von Hackern angegriffen; https://www.reuters.com/article/norwegen-norsk-hydro-hackerangriff-idDEKCN1R01ZC; abgerufen am 15. Oktober 2024

Scheytt, Stefan (2020): Lehrreiche Attacke – Das Familienunternehmen Pilz verkauft Sicherheit für Maschinen – und wurde dann Opfer eines Cyberangriffs; https://www.brandeins.de/magazine/brand-eins-wirtschaftsmagazin/2020/arbeiten/lehrreiche-attacke; abgerufen am 15. Oktober 2024

Schindler, Jürgen (2023): State of Ransomware 2023 – Ein Ende der Datenverschlüsselung ist nicht in Sicht; https://news.sophos.com/de-de/2023/05/10/state-of-ransomware-2023-ein-ende-der-datenverschluesselung-ist-nicht-in-sicht; abgerufen am 15. Oktober 2024

Sophos (2020): The state of Ransomware 2020; https://www.sophos.com/en-us/medialibrary/Gated-Assets/white-papers/sophos-the-state-of-ransomware-2020-wp.pdf; abgerufen am 15. Oktober 2024

Sophos (2023): Ransomware-Report 2023; https://assets.sophos.com/X24WTUEQ/at/svpmfvq7h6748rmrvrp8njb/sophos-state-of-ransomware-2023-wpde.pdf; abgerufen am 15. Oktober 2024

South China Morning Post (2018): Indonesia overturns ban on Tik Tok after video streaming service agrees to increase security controls; https://www.scmp.com/tech/article/2154788/indonesia-overturns-ban-tik-tok-after-video-streaming-service-agrees-increase; abgerufen am 15. Oktober 2024

Trendmicro (2020): COVID-19 Used in Malicious Campaigns; https://www.trendmicro.com/vinfo/us/security/news/cybercrime-and-digital-threats/coronavirus-used-in-spam-malware-file-names-and-malicious-domains; abgerufen am 15. Oktober 2024

Universitätsklinikum Düsseldorf (2020): IT-Ausfall an der Uniklinik Düsseldorf; https://www.uniklinik-duesseldorf.de/ueber-uns/pressemitteilungen/detail/it-ausfall-an-der-uniklinik-duesseldorf; abgerufen am 15. Oktober 2024

Waqas (2020): Coronavirus Tracking App is ransomware – locks phones for ransom; https://www.hackread.com/coronavirus-tracking-app-ransomware-scam-locks-phones-ransom; abgerufen am 15. Oktober 2024

Waterson, Dave (2020): Managing endpoints, the weakest link in the security chain; https://www.sciencedirect.com/science/article/pii/S1353485820300933; abgerufen am 15. Oktober 2024

Welt (2020): Trump erwägt Verbot von TikTok; https://www.welt.de/politik/ausland/article211225669/Donald-Trump-erwaegt-Verbot-von-TikTok.html; abgerufen am 15. Oktober 2024

Zeit Online (2020): Ermittlungen zu Hackerangriff auf Uniklinik führen nach Russland; https://www.zeit.de/digital/datenschutz/2020-09/duesseldorf-uniklinik-hackerangriff-russland-ermittlungen-schadsoftware-trojaner; abgerufen am 15. Oktober 2024

Zivadinovic, Dusan (2017): https://www.heise.de/newsticker/meldung/WannaCry-Microsoft-liefert-Sicherheits-Patches-fuer-veraltete-Windows-Versionen-3713417.html; abgerufen am 15. Oktober 2024

Stichwortverzeichnis

P. Müller et al., *Datensicherung als Teil der IT- und Cybersecurity*,
https://doi.org/10.1007/978-3-658-43701-5

Kolibri 360 GmbH
Ferdinand-Jühlke-Straße 7
99095 Erfurt, Deutschland
produktsicherheit@kolibri360.de